Eine Biographie

키스 자렛

Keith Jarrett

볼프강 잔트너 지음 | 이정엽 옮김

마르코폴로

목차

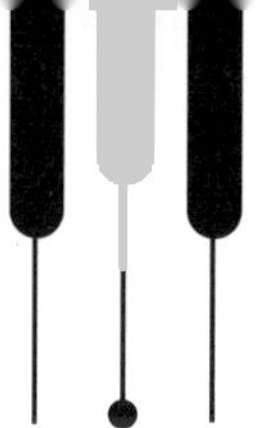

서문

세상에 '친절한 예술가'는 많지 않다. 하지만 분명히 존재하기는 한다. 우리에게 시간을 내어주고, 다소 평범한 질문에도 성실히 답하며, 자신의 예술과 창작 과정을 열어 보여주고, 영감이 떠오르지 않아 방황하는 시간조차 솔직히 이야기해 주는 이들 말이다. 그러나 그런 예술가보다 더 많은 건 회의적인 예술가들이다. 이들은 삶을 곧장 예술로 혼동하는 사람들을 경계한다. 작품이나 예술적 성취보다, 예술가라는 삶의 겉모습을 더 중시하며 소문과 일화를 퍼뜨리는 태도를 의심한다. 피아니스트 알프레드 브렌델은 이렇게 말한 바 있다.

"예술계에서 떠도는 일화에 맞서려면 무장해야 한다."

일화를 통해 예술의 본질을 이해하려는 건, 토성의 고리를 연구해서 토성을 알 수 있다고 믿는 것과 같다.

그리고 세 번째로 '분노하는 예술가들'이 있다. 이들은 해석 자체를 거부한다. 해석은 결국 지적인 도둑질의 다른 이름이라고 믿기 때문이다. 이런 태도는 특히 재즈에서 강하게 나타난다. 예를 들어, 트럼펫 연주자 프레디 케파드는 이 방어적인 태도의 상징 같은 인물이었다. 그는 1916년, 세계 최초의 재즈 음반을 녹음할 기회를 거절했다. 이유는 단순했다. "누군가 내 연주를 반복해서 들으며 베끼는 것"을 원치 않았기 때문이다. 당시 백인 중심 사회에서 흑인 음악가에게 '복제'는 곧 '착취'와 다름없었다. 아이러니하게도 1년 뒤, 첫 재즈 음반은 백인 연주자들로만 구성된 오리지널 딕시랜드 재즈 밴드의 차지가 되었다.

마지막으로 '급진적인 예술가들'이 있다. 이들은 음악이란 어떤 묘사적 언어도 피해 가는, 가장 밀폐된 예술이라고 믿는다. 심지어 열린 사고를 가진 이들조차, 음악을 이해하는 길은 이성보다 감성에 있다는 생각을 받아들이곤 한다. 알베르트 슈바이처가 바흐 음악을 두고 쓴 문장이 이를 잘 보여준다.

"모든 무력한 언어는 침묵하라. 이제 그의 음악만이 말하게 하라."

키스 자렛에 관한 글이 의외로 적은 이유도 여기 있다. 동시대 가장 영향력 있고 독창적인 피아니스트 중 한 명인 그는 스스로 언어를 거부하는 예술가다. 파울 힌데미트가 바흐를 두고 했던 표현처럼, "그는 근엄한 침묵에 속한 사람"이다. 따라서 자렛의 음악에 대해 말하는 건 결국 그의 의지와 무관한 일이다. 만약 그가 직접 선택할 수 있었다면, 이 전기는 존재하지 않았을지도 모른다.

2014년 1월 14일, 뉴욕 링컨센터에서 키스 자렛은 미국에서 재즈 음악가에게 주어지는 최고의 영예인 '재즈 마스터스(Jazz Masters)' 칭호를 받았다. 당시 그는 간단한 수상 소감에서 이렇게 말했다.

"음악은 말로 표현할 수 없다. 음악은 오직 음악일 뿐이다."

이 말을 얼핏 신비주의적 사고처럼 들릴 수 있지만, 사실은 분석적 언어가 음악의 본질을 담아낼 수 없다는 회의론에 기반한다. 음악은 만들어진 과정을 설명할 수 있을 뿐, '무엇인지'는 정의할 수 없다는 것이다.

내가 자렛의 음악을 처음 접한 건 1960년대 찰스 로이드 쿼텟 시절이었다. 이후 ECM 프로듀서 만프레트 아이허를 통해 키스 자렛을 직접 만나 뉴저지 옥스퍼드의 자택에서 대화를 나누기도 했다. 전기 집필 제안에 자렛은 처음엔 호감을 보였지만, 쾰른 콘서트를 두고 의견 충돌이 생겼고, 결국 대화는 완전히 중단됐다.

자렛에게 쾰른 콘서트는, 세계적 성공을 거두었음에도 불구하고 연주 환경이 열악해 만족하지 못한 작품이었다. 음반은 재즈 역사상 가장 많이 팔린 솔로 연주 음반이 되었지만, 그는 스스로 '성공'이라 부르지 않았다. 완벽주의자였던 그에게 열악한 피아노와 조건은 도저히 받아들일 수 없었던 것이다.

결국 대화는 끝났지만, 음악은 남는다. 작가의 해석이 아니라, 음악 그 자체가 이야기를 들려준다. 저자는 이 전기를 통해 키스 자렛의 침묵을 존중하면서도, 언어라는 도구를 최대한 활용해 그의 음악 세계에 한 걸음 더 다가가려 한다.

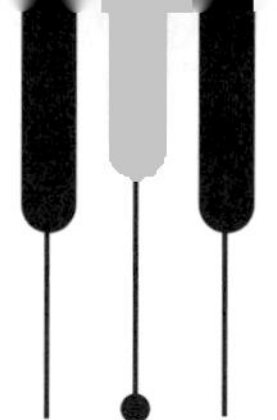

서곡 (Overture)

뉴욕에서 망명 생활을 하던 알프레드 칸토로비츠는 1945년 5월 8일, 자신의 일기에 이렇게 썼다.

"오늘은 혼자 있는 게 좋다."

그는 덧붙였다.

"끝났다. 천 년의 죄악이 12년 동안 쌓였다. 저편에서 무슨 일이 일어나고 있는지 상상하려 하지만, 내 머릿속 어떤 그림도 수백만 개의 현실 앞에 무너질 수밖에 없다. 더는 생각할 용기가 없다. 누군가 베토벤 〈교향곡 5번〉을 듣고 있다. 승리의 찬가인가? 승리는 없다. 전쟁 후 남은 건 패배자들뿐이다."

수십 년 뒤, 또 다른 작가는 이 표현—"저편의 수백만 현실"—을 재료 삼아, 파편화된 기억, 목격자의 진술, 공식 보고서와 사적인 고백, 절망적 자각과 황급히 남긴 메모를 한데 엮어 거대한 문학적 모자이크를 완성했다. 발터 켐포프스키의 대작 《에코롯》[1]은 당시 역사적 공기의 총체적 집약이자, 생존자들의 영혼을 담은 기록이었다.

1945년 5월 8일, 전쟁의 먹구름은 아직 걷히지 않았지만, 사람들은 오래된 세계관이 무너지고 새로운 시대가 열리는 걸 직감했다. 바로 그날, 유럽 열강들은 미국 없이는 어떤 '새로운 시작'도 불가능하다는 사실을 깨달았다. 단순히 정치적 재건뿐 아니라, 문화적으로도 마찬가지였다. 그날로 유럽의 패권은 끝났고, 폴 발레리는 극단적인 문장으로 이를 요약했다.

"유럽은 그 역할을 다했다."

미국 문화는 이미 이전부터 스며들고 있었다. 재즈는 20세기의 오락 음악을 넘어, '신세계의 고전음악'처럼, 지친 유럽을 뒤흔드는 거대한 힘의 장으로 자리 잡았다. 래그타임 피아니스트들은 수없이 많은 당김음을 도입하며, 20세기 초 음악적 자의식 자체를 재편해 버렸다. 래그타임은 말 그대로 '찢겨진 시간(torn apart time)'이었다. 규칙적인 박자를 해체하는 당김음은 처음으로 유럽적 시간 감각에 맞선 아프리카계 미국 음악의 반란이었다. 그것은 행진하는 다리 사이에 몽둥이를 던져 넣는 듯한 충격이었다.

곧 모든 것이 뒤섞였다. 누구도 예전 같은 방식으로 연주하지 않으려 했다. 부르주아적 사고와 감정의 모서리를 지그재그로 비껴가는 비르투오소적 연주가 하나의 패션이 되었다. 창작의 생기를 잃어버린 유럽 예술가들은 미국 음악을 통한 '미학적 수혈'을 갈망했다.

---

1   Echolot, 1993년부터 2005년까지 독일에서 출간된 방대한 다큐멘터리 서사 시리즈로, 제2차 세계대전 당시 독일 사회와 개인들의 경험을 집단적 목소리로 복원하려는 프로젝트

                                                        키스 자렛

20세기 전반, 예술 전반은 4/4박자의 직선성에서 벗어난 리듬에 대한 찬가로 가득했다. 드뷔시는 양식화된 플랜테이션 댄스로, 라벨은 블루스로, 밀로는 자신만의 창조 신화로 재즈의 감각을 받아들였다. 회화에서도 피카비아의 《흑인의 노래》(1913), 오토 딕스의 《대도시 삼부작》(1927-28), 몬드리안의 《브로드웨이 부기우기》(1942), 마티스의 《재즈 시리즈》(1947)가 같은 흐름에 있었다. 장 콕토, 에릭 사티, 보리스 비앙, 장-뤽 고다르, 훌리오 코르타사르까지, 이들은 모두 재즈적 리듬감에 감화된 예술가들이었다.

1918년 스트라빈스키가 피카소가 삽화를 그린 〈래그타임〉 악보를 출판하고, 마신이 이를 안무로 옮겼을 때, 재즈는 마침내 '예술'로서 공인을 받은 셈이었다. 하지만 유럽이 재즈를 받아들인 건 단순히 그 기묘한 리듬이나 이국적 매력 때문만은 아니었다. 에릭 홉스봄이 지적했듯, 재즈는 '미국적 근대성'의 정수였기 때문이다. 헨리 포드의 자동차와 마찬가지로, 반짝이는 브라스 밴드는 신세계의 상징이었다.

전쟁 전 유럽도 재즈를 알고 있었다. 그러나 1945년 5월 8일 이후, 재즈의 울림은 모든 다른 소리를 압도하기 시작했다. 파리는 특히 실존주의 철학과 재즈를 결합해 독창적인 "특별한 향(parfum spécial)"을 창조했다. 생제르맹 가의 카페 플로르와 레 두 마고에서는 시몬 드 보부아르와 알베르 카뮈의 논쟁이 흘러나왔고, 줄리엣 그레코는 '실존주의의 목소리'로 노래했다. 그녀가 부른 자크 프레베르의 샹송 〈고엽〉은 불타는 듯 붉은 입술을 통해 전후 세대에게 약속처럼 다가왔다. 프랑수아 모리아크는 이 노래를 두고 "전후 시대를 완벽히 표현한 한 곡"이라 말했다.

1장 앨런타운에서의 성장기

펜실베이니아주 애팔래치아 산맥 기슭에 자리 잡은 앨런타운은 우연히 들르게 되는 도시가 아니다. 일부러 찾아가야 하는 곳이다. 그런데 굳이 누가 그곳에 가려고 할까? 인구 약 12만 명 규모의 산업 도시로, 미국에서 224번째로 큰 도시이며, 비공식적으로는 미국에서 가장 보수적인 공동체 순위에서 12위를 차지한다.

1982년, 빌리 조엘이 앨범 《The Nylon Curtain》에 실린 곡 〈Allentown〉으로 이 도시를 음악적으로 기념하기 전, 그는 아마 베르톨트 브레히트의 질문을 떠올렸을 것이다. "나쁜 시절에도 노래가 불릴까?" 브레히트의 답은 이랬다. "그렇다, 나쁜 시절엔 나쁜 시절에 대한 노래가 불린다."

빌리 조엘은 원래 자신이 성장한 뉴욕 근처 소도시 레빗타운에 대해 노래하려 했다. 그러나 결국 선택한 건 앨런타운의 이웃 도시 베들레헴이었다. 1980년대 초 경기 침체로 철강소와 탄광이 문을 닫으며 가장 큰 타격을 입은 곳이었다. 하지만 '레빗타운'도 '베들레헴'도 노랫말에 넣기엔 발음과 리듬이 어색했다. 그래서 결국 '앨런타운'이라는 이름을 택했고, 이는 경제적 절망을 노래하는 노동가처럼 울려 퍼졌다. 빌리 조엘은 앨런타운 자체를 부각한 것이 아니라, "앨런타운은 미국을 상징하는 은유"라고 말했다. "앨런타운은 하나의 은유이다. 지미타운, 바비버그, 애니타운처럼 들린다. 정말 미국적인 이름이다. 산업이 무너져가는 미국 도시들이 겪는 어려움을 대표하는 상징이다."

곡이 발표되고 인기를 얻자, 앨런타운 시장은 빌리 조엘에게 명예시민증을 수여하고 도시의 상징 열쇠를 건넸다. 물론 그렇게 한 데는 이유가 있었다. 일부 주민들은 도시의 이미지가 곡으로 인해 '경제적 절망의 상징'으로 굳어진 것을 불편해했지만, 앨런타운은 결국 이 곡 덕분에 세계적으로 이름을 알리게 되었다. 전 세계적으로, 그리고 노래가 발표된 이후 오랜 시간이 흐른 뒤에도, 앨런타운 출신 사람들이 자신의 고향을 언급할 때면, 대중음악에 대해 어느 정도 아는 사람들(사실상 거의 모든 사람)이 이렇게 반응하곤 했다. "아, 앨런타운 출신이세요? 빌리 조엘이 당신들에 대해 노래하지 않았나요?" 미국에서는 이런 현상을 "지도를 그려 넣는다(putting the place on the map)"고 부른다.

이 사례는 대중음악의 편재성(遍在性)과, 어떤 의미에서는 전능성(全能性)을 드러낸다. 키스 자렛이 그가 태어난 도시로부터 명예 시민권을 받은 적이 있었던가? 그 지역 출신으로 가장 위대한 음악가였던 자렛이 과연 앨런타운을 세상에 알렸는가? 설령 그가 "앨런

타운"이라는 제목의 재즈 피아노와 대규모 관현악을 위한 모음곡
을 작곡했더라도, 그가 고향의 명성을 드높였을 가능성은 희박하
다. 세상의 관심을 모으려면, 빌리 조엘처럼 소매를 걷어붙이고 관
객 앞에 선 사람이 필요하다. 프랭크 시나트라, 라이자 미넬리, 토
니 베넷 같은 다른 가수들도 마찬가지다. 하지만 그들이 가령 "시
카고", "뉴욕", "샌프란시스코" 대신 "앨런타운, 나의 앨런타운"이
나 "내 마음을 앨런타운에 두고 왔네"라고 불렀다면, 아무도 그들
을 진지하게 받아들이지 않았을 것이다.

앨런타운은 한때 번영을 누렸으며 세계에서 가장 거대한 공업
지역 중 하나였던 제조업 벨트(Manufacturing Belt)의 한복판에 자리 잡
고 있다. 이 '벨트'는 거의 위스콘신에서 뉴저지까지 이어지는데,
1970년대 이후 중공업의 저임금 개발도상국 이전, 더 저렴한 수입
품 유입, 그리고 노동자의 이주 등으로 경제적 충격을 받기 시작하
면서, 이 지역은 '러스트 벨트(Rust Belt)'라는 슬픈 이름으로 더 잘 알
려지게 되었다. 독일의 루르 지역과 마찬가지로 이 러스트 벨트 역
시 구조적으로 어려운 지역으로, 많은 시간과 노력을 들였음에도
불구하고 오늘날에 이르기까지 제대로 기능하는 비즈니스 서비스
지역으로 전환되지 못하고 있다.

디트로이트는 이러한 경제 위기가 이 지역에 어떤 영향을 끼쳐
왔는지 보여주는 사례다. 한때 자동차 산업의 중심지로 번영을 누
렸던 디트로이트는 1950년대에는 약 150만 명의 인구를 자랑했으
나, 30~40년 뒤에는 그 절반 수준으로 줄어들었다. 남아 있는 인
구는 대부분 아프리카계 미국인으로, 이들에게는 극히 암울한 고
용 전망만이 남아 있었다. 85,000채의 빈집 혹은 파손된 주택, 폐

쇄된 학교들로 인해, 디트로이트는 마치 유령 도시 같은 상태에 이르렀다. 2013년 7월, 디트로이트는 미국의 대도시 중 처음으로 파산을 선언했고, 그 이후로 이 도시는 지구상에서 가장 절망적인 장소 중 하나이자 극도로 위험한 지역으로 여겨졌다. 훗날 몇몇 디트로이트 기업가들의 노력 덕분에 상황은 어느 정도 개선되었다. 건설업자들은 시내의 여러 블록과 고층 건물들을 매입하여 철거하거나 재건축하였고, 그렇게 하여 천천히 생기와 비즈니스, 그리고 새로운 스타트업들을 도시의 도심 지역으로 다시 끌어들이기 시작했다. 시 정부 역시 개보수를 통해, 그리고 덜 부유한 시민들이 저렴한 가격의 부동산을 구매할 수 있도록 장려하는 정책을 통해 새로운 낙관주의의 시대를 여는 조치를 취하고 있다.

키스 자렛은 펜실베이니아주의 앨런타운 출신이며, 잠시 머물렀던 뉴욕과 버클리 음악학교에서의 짧은 수학 기간 중 머물렀던 보스턴을 제외하면, 줄곧 자신의 고향 지역에 충실한 삶을 살아왔다. 1972년 이후에는 뉴저지 인근의 옥스퍼드에 거주해왔는데 그의 출생지에서 그리 멀지 않은 거리다. 자렛이 태어났던 당시의 앨런타운 지역, 그리고 동부 펜실베이니아와 인접한 서부 뉴저지를 잇는 리하이 밸리 전체는 오늘날과는 전혀 다른 모습이었다. 석탄, 철강, 석유 생산은 물론이고 공구 및 기계 제조업이 활발히 이루어지던 이곳에서는 대규모 산업이 번창하고 있었고, 안정된 고용과 소박한 번영, 젊은 가정을 위한 희망이 존재했다. 하지만 키스 자렛은 앨런타운에 대해 큰 애정을 품고 자라진 못했을 것이다. 특히 문화적 측면에 있어 그는 자신의 유년 시절을 쓰라린 말투로 회고한다. "앨런타운은 음악적으로 미국에서 가장 한심한 도시 중 하나예요. 그 도시에 존재하는 건 아무것도 없어요. 음식도 없고, 음악도 없고, 삶도 없어요. 죽은 도시예요.”

이 말에서 드러나는 것은 철저하게 급진적인 예술가의 관점이다. 그는 음악의 중심에 있거나, 혹은 묵상의 공간 속에서 자유롭게 호흡할 수 있을 때만 비로소 견딜 수 있는 인물이다. 그럼에도 앨런타운은 한때 ‘밴드의 도시’로 알려져 있었는데, 이곳이 미국에서 가장 오래된 콘서트 밴드의 본거지였기 때문이다. 이 밴드는 독일이나 유럽 여러 나라의 아마추어 브라스 밴드들과 유사한 성격을 지닌다. 이 밴드를 비롯한 지역 앙상블들은 도심의 웨스트 파크에 있는 야외 공연장에서 정기적으로 연주를 펼쳤다.

또한 이 도시는 매년 세계 각지에서 가장 재능 있는 청소년 마칭 밴드와 댄스 그룹 드럼 앤 버글 군단들을 위한 경연 대회(Drum Corps Eastern Classic)를 개최하며 일종의 문화 포럼을 제공하기도 했다. 예컨대 찰스 아이브스와 같은 작곡가는 이런 야외 행사의 민속적이고 대중적인 밴드들로부터 많은 영감을 얻었다. 1896년에는 시장 건물이 지어졌고, 이 건물은 3년 후 각종 문화 행사를 위한 공간으로 리모델링되었으며, 1959년부터는 1951년에 창단한 앨런타운 심포니 오케스트라의 상주 공연장이 되었다. 현재 밀러 심포니 홀이라 부르는 이 건물에서는 20세기 초 사라 베르나르부터, 성공적인 브로드웨이 뮤지컬(I'll Say She Is)의 시연 연습을 거쳤던 막스 형제, 팝 보컬리스트 빙 크로스비, 그리고 투어 도중 앨런타운에 들렀던 재즈 거장 베니 굿맨 등 수많은 유명 예술가가 무대에 올랐다.

키스 자렛은 어린 시절 앨런타운에서 자랄 당시에는 물론, 이미 확립된 예술가가 된 이후에도 이러한 역사적 사실들에 크게 의미를 두지 않았다. 그는 성장기와 자기 발견의 시절을 되돌아보며, 어려움으로 흔들렸던 가족을 기억하고 있다. 키스 자렛의 부모는 제2차 세계대전 발발 이전에 만났으며, 1942년에 결혼했다. 키스 자렛의 아버지인 다니엘 마틴 자렛(Daniel Martin Jarrett, 1919-2004)의 가계는 18세기경 미국으로 이주한 스코틀랜드-아일랜드계 및 프랑스계 이민자에게서 유래했다고 오랫동안 믿어져 왔다. 하지만 더 그럴듯한 가능성은, 그의 부계 혈통이 주로 독일에 뿌리를 두고 있다는 가정이다. 펜실베이니아주, 특히 리하이 카운티와 그 일대 앨런타운 지역은 독일계 이민자 공동체의 강한 영향 아래 있었기 때문이다. 자렛 가문의 부계 혈통을 18세기 초의 아이작 자렛까지 거슬러 올라가 보면, 하스(Haas), 베첼(Wetzel), 크나펜베르거(Knappenberger), 슈타블러(Stabler), 비더(Wieder), 셰러(Scherer) 같은 수많은 독일계 성씨가 등장한다.

추적할 수 있는 여러 가계는 독일 남서부, 오늘날의 바덴-뷔르템베르크주를 포함한 슈바벤 지역에서 건너온 것으로 확인된다. 이들은 신세계인 미국으로 이주한 뒤, 펜실베이니아에서 오랜 세월에 걸쳐 독일어를 지속적으로 사용하였다. 이를 보여주는 흥미로운 사례가 하나 있다. 아이작의 아들인 요한(John 'Johannes' Jarrett, 1759-1846)이 지은 집의 석재에는 그의 이름이 독일식으로 표기된 'Tscherret'이라는 철자가 남아 있다. 그는 안나 마리아 슈타인만(Anna Maria Steinmann)이라는 여성과 결혼했다. 한편, 자렛의 외할머니 쪽 모계의 가계는 오스트리아-헝가리 제국까지 거슬러 올라간다.

그의 외할머니 안나 템린은 1896년 오스트리아-헝가리 제국의 동남부 슈튀리아 지방의 작은 마을 죄거르스도르프에서 태어났다.

이 지역은 이후 국경이 새로 설정되면서 유고슬라비아에 편입되었고, 현재는 슬로베니아의 '세고브치'라 불린다. 1910년경, 안나는 미국 펜실베이니아주 베들레헴으로 이주했는데, 그녀보다 앞서 미국으로 건너간 두 언니와 합류하기 위해서였다. 베들레헴에서 안나는 슬로베니아 북동부 프레크무리예 지방 출신의 슬로베니아인 조제프 쿠즈마를 만나게 되었다. 이 지역은 슬로베니아, 오스트리아, 헝가리, 크로아티아 4개국의 국경이 만나는 지점이다. 안나가 20세였을 때 그녀는 조제프와 결혼했고, 둘은 오하이오주 클리블랜드로 이주하여 두 자녀를 두었다. 첫째 루돌프는 다섯 살 때 자동차에 치여 사망했고, 둘째는 미래에 키스 자렛의 어머니가 되는 이르마였다. 안나는 세 번째 아이를 임신하던 중 남편의 가출로 인해 펜실베이니아로 돌아갔으며, 그곳에서 둘째 아들 조제프를 낳았다. 4년 뒤 안나는 폐결핵에 걸렸고, 이르마와 조제프는 고아원에 보내졌다.

그녀가 겨우 30세였을 때, 요양소에서는 더 이상 치료가 불가능하다고 판단해 리하이 카운티 호스피스 시설로 이송했다. 그곳에서 안나는 크리스찬 사이언스 교회의 신자와 만나게 되었다. 두 사람의 대화는 일종의 기적 같은 치유를 가져왔고, 안나는 점차 회복되어 완치 판정을 받았으며, 엑스레이에서도 병의 흔적이 전혀 나타나지 않았다. 이후 그녀는 두 자녀가 학교에 다니는 앨런타운으로 이주했다. 그러나 고등학교 졸업을 얼마 남기지 않은 아들 조제프는 얼어붙은 강 위에서 스케이트를 타다가 얼음이 깨져 익사하고 만다. 이르마는 학교를 졸업한 후 부동산 중개업자 로스코 Q. 자렛의 비서로 일하다 그의 아들과 결혼했다. 안나가 완전히 회복

한 직후 그녀와 이르마는 크리스찬 사이언스 교회에 입교했다.

　이안 카가 쓴 키스 자렛 전기는 자렛의 모계 가문의 민족적 기원에 대해 약간의 혼란을 퍼트렸다. 이안 카는 안나 쿠즈마가 헝가리어, 독일어, 영어 그리고 '윈디시(Windish)'라는 언어를 구사했다고 썼는데, 이 '윈디시'를 "헝가리 집시 방언"으로 잘못 소개했다. 실제로 이르마 자신도 평생 자신이 헝가리 집시의 후손이라고 믿고 있었던 것으로 보인다. 그러나 '윈디시'는 집시 언어가 아니며, '쿠즈마(Kuzma)'라는 성도 헝가리 계통을 드러내지 않는다. 오스트리아-헝가리 제국의 다민족·다언어 체제에서 '윈디시'는 슬로베니아인을 (때로 경멸적인 의미로) 지칭하는 단어였다. '쿠즈마'라는 성은 우크라이나, 슬로바키아, 러시아, 폴란드, 세르비아, 크로아티아 등 거의 모든 슬라브 언어권에서 발견되며, 특히 안나 템린과 조제프 쿠즈마가 태어난 슬로베니아 북동부 지역에서 흔하다. 프레크무리예 지역에는 '쿠즈마'라는 지명까지 존재한다. 현재도 키스 자렛의 슬로베니아 쪽 가족은 프레크무리예와 슈튀리아 지역에 거주하고 있으며, 헝가리 혹은 집시 혈통과 관련된 어떤 증거도 없다. 당시 이민자들이 흔히 그랬듯, 새로운 조국에 동화되기 위해 본래 출신 지역에 대한 문서화는 소홀히 했던 것으로 보인다. 키스 자렛 자신도 이후 여러 인터뷰에서 심지어 스스로 의심하면서도 이 '헝가리 집시 혈통' 신화를 되풀이했는데, 어쩌면 버르토크 음악에 대한 친화성이 타고난 것처럼 보이게 만들기 위한 의도였을지도 모른다.

　키스 자렛의 부모는 부유하지는 않았지만, 부동산 중개인으로 일하던 아버지 덕에 그럭저럭 안정적인 수입을 올리고 있었다. 외할머니 안나 쿠즈마는 가족과 함께 살며 자녀들을 돌보았다. 아들

　　　키스 자렛

은 다섯이었고, 1945년에 태어난 키스가 장남이었으며, 크리스는 그보다 11년 뒤에 태어난 막내였다. 양가 모두 음악적 재능이 있었으나, 특별히 두드러질 정도는 아니었다. 키스의 어머니는 보수적인 성향의 아버지보다 더 진보적인 신념을 가진 사람이었을 뿐만 아니라, 예술적으로도 더 세련된 감각을 지녔던 것으로 보인다. 그녀는 앨런타운의 해리슨-모턴 중학교에서 트럼펫, 트롬본, 드럼을 연주했으며, 아마도 아름다운 음색의 목소리를 지녔던 듯하다. 키스의 높은 지능, 번개처럼 빠른 사고력, 탁월한 음악성, 완벽한 절대음감, 한 번 들은 곡을 그대로 연주하거나 심지어 즉흥적으로—정확히 말하자면 자유롭게 변형하여—재해석하는 능력은 특히 그의 어머니가 보기에는 너무나 분명한 재능의 징후였기 때문에, 키스는 세 살 때부터 정규 피아노 교육을 받기 시작했다. 이 고전음악 수업은 대단히 비옥한 토양에 뿌리를 내렸다. 그는 다섯 살 무렵 필라델피아에서 전 밴드 리더였던 폴 화이트먼이 진행하던 'TV 틴스 클럽'에 출연하여 연주를 선보였고, 상까지 받았다.

그의 첫 독주회는 일곱 살 때 1953년 4월 12일 오후 3시, 앨런타운 여성클럽에서 열렸으며, 바로크에서 고전-낭만주의 양식에 이르는 피아노 음악으로 구성되었다. 그 프로그램에는 2세기에 걸친 유럽 예술 음악의 파노라마가 포함되었는데, 칼 필리프 에마누엘 바흐, 요한 제바스티안 바흐, 모차르트, 베토벤, 슈만, 멘델스존, 그리그, 브람스, 생상스, 모슈코프스키, 무소륵스키 등이 포함되었고, 거기에 더해 그가 어린 시절 작곡한 장난기 어린 표제음악 작품 몇 곡도 연주되었다.

이 시점까지 재즈는 그의 음악적 레퍼토리에 포함되지 않았다.

이 피아노 '신동(Wunderkind)'의 미래는 과거, 즉 고전음악에 있을 것으로 여겨졌다. 그렇기에 1988년, 자유로운 즉흥연주의 선구자로 찬사를 받던 이 재즈 피아니스트가 바흐의 〈평균율 클라비어곡집〉 전곡 녹음 중 제1권을 공개했을 때, 많은 이들이 놀라움을 금치 못했다. 그의 재즈 경력이 그의 고전음악 출발점을 완전히 가려버렸던 것이다. 자렛이 재즈와 더불어 항상 고전음악에도 관심을 가져왔으며, 바흐에서 현대 작곡가에 이르기까지의 음악을 결코 놓치지 않았다는 사실은 평론계에서는 거의 비밀처럼 여겨졌던 사실이었다.

이후 자렛은 몇 년간 다양한 기회를 통해 공개 연주회를 열기도 했다. 자신이 다니던 사립 라이트 스쿨에서도 연주회를 열었는데, 그는 이미 두 학년을 월반한 상태였다. 이 가운데 한 공연에서는 세 살 반 아래인 바이올린 연주자 동생 에릭의 바이올린 협주곡 편곡 연주를 피아노로 반주하기도 했다. 이후에도 그는 애틀랜타의 라이언스 클럽 강당, 뉴욕의 매디슨 스퀘어 가든, 그 외의 여러 무대에서 독주회를 열었고, 청중은 그의 놀라운 재능에 감탄을 금치 못했다.

키스 자렛의 부모는 그의 재능을 아주 이른 시기에 알아보고 지지했을 뿐 아니라, 재능 있는 자녀의 부모들이 흔히 저지르는 실수도 모두 피한 것으로 보인다. 몇몇 예술가들의 회고록을 읽어보면, 그 화려한 경력 뒤에 감춰진 인간적인 비극들을 짐작할 수 있다. 1934년 레닌그라드 음악원 교수 사마리 사브신스키가 당시 세 살짜리 제자 라자르 베르만에 대해 내린 평가는 마치 키스 자렛의 선생이 썼던 평가를 요약한 듯하다. "이 소년은 절대음감을 가졌고, 악보를 읽을 줄 알며, 건반 위에서 매우 능숙하게 움직이며, 다양한 곡을 놀라울 정도로 쉽고 익숙하게 익힌다. 때때로 감정까지 담겨 있다. 특히 바흐의 미뉴에트를 언급하고 싶다.” 3주 후, 국립 음악원에서 도시 단위의 콩쿠르가 열렸고, 베르만은 이 대회에 참가했다. 안나 블라소바의 심사 기록에는 “그에게 최대한의 지원을 제공하고, 발달 과정을 전문적으로 관찰할 수 있도록 아동 발달 전문가를 곁에 두어야 한다”고 적혀 있다. 이러한 국가적 지원과 부모의 야망이 결합된 결과는, 베르만이 2005년 세상을 떠날 때까지 세계 곳곳의 훌륭한 연주회에서 확인할 수 있었다. 하지만 피아니스트 자신의 회고록에서는 이 이야기의 숨겨진 이면이 드러난다. 그는 자신이 치러야 했던 대가에 대해 이렇게 말한다. “내 인생엔 행복이 없었다. 아무도 진심으로 아껴주는 사람이 없다는 느낌이 들었다. 나는 단지 연습만 시켜야 하는 기계일 뿐이었다. 나는 정말 어릴 때부터 전시물처럼 내보여졌다.”

키스는 어머니 덕분에 좋은 운을 타고났다. 예를 들어, 그의 두 번째 피아노 선생인 드보도 박사가 제자에게 “너는 다른 아이들보다 우월하므로 그들과 어울리지 마라”라고 조언했다는 사실을 알게 되었을 때, 그의 어머니는 즉시 그 수업을 그만두게 했다. 어쩌면 그녀가 ‘크리스찬 사이언스’ 교회의 신도였다는 점이 도덕적, 윤리적 가치를 물질적 성공보다 우선시하게 만든 이유였을지도 모른다. 하지만 이 단순한 사례만 봐도 이들 부모가, 특히 재능이 뛰어난 키스를 포함한 자녀들이 평범한 어린 시절을 보내는 것을 얼마나 중요하게 여겼는지를 알 수 있다. 여기에는 아버지가 일깨워준 다양한 종류의 스포츠에 대한 흥미도 포함된다. 키스의 경우,

이 스포츠에는 농구, 탁구, 미식축구, 체스, 레슬링까지 포함되었다. 당시에는 자각하지 못했겠지만, 어린 시절에 길러진 운동 능력과 지구력은 음악 경력을 쌓아가는 동안 그에게 큰 도움이 되었다.

키스 자렛의 네 형제—에릭, 스콧, 그랜트, 크리스—모두 음악가로 활동했다. 그러나 세 명의 어린 동생들에게는 키스의 비범한 재능이 동시에 영감이자 위압으로 작용했을 수도 있다. 여덟 살 어린 동생 그랜트는 드럼과 피아노 연주자로 미 동부 지역의 클럽과 호텔 바를 전전하다가 두 번째 경력인 작가로 전향한 후에는 2002년 자전적 저서(More Towels)의 서문과 결말 등에서 키스가 자신의 음악 경력을 지원해주지 않았다고 거리낌없이 비판한다. 에릭은 훌륭한 바이올리니스트였고, 세 살 반 위의 형처럼 일종의 신동이었을 가능성이 있다. 중간 순서에 해당하는 스콧은 1952년생으로 기타리스트, 싱어송라이터, 팝 작곡가로 활동했고, 키스도 그의 앨범 몇 곡에서 연주에 참여했으며 두 사람은 꽤 사이가 좋은 듯하다. 막내 크리스는 1956년생으로, 형의 천재적인 길을 가장 가깝게 따라간 인물이다. 오랜 여행 끝에 작곡가이자 피아니스트로서 특히 독일에서 주목받는 경력을 쌓았다. 그는 클리블랜드 근처의 오벌린 음악원을 재정 문제로 중퇴한 후, 독일 올덴부르크 대학교에서 학업을 이어갔고 곧 교원으로 채용되어 수년간 재직했다. 현재 그는 독일 남서부 팔츠 지역의 프랑스 국경 인근에 거주하고 있다.

그러나 이 네 동생에게 키스의 천재성보다 훨씬 더 큰 영향을 미친 사건은, 아마도 1956년경 시작된 부모의 별거였을 것이다. 이로 인해 안정된 가정은, 어머니와 다섯 명의 미성년 자녀에게는 개인적인 악몽으로 변해버렸다. 가장 어린 아이는 아직 아기였고, 키스는 열한두 살쯤이었다. 전기 작가 이안 카는 키스의 어머니 이르마 자렛이 당시를 회상하며 한 말을 인용했다. "그때부터 정말 힘들었어요. 어린 아이가 다섯이나 있었죠. 저는 신경쇠약에 걸렸고, 죽을 것 같았어요. 그런데 그 아이들 얼굴을 보면서 알았어요. 모든 걸 팔아야 했어요, 청구서를 감당할 수 없었으니까요. 완전 엉망이었죠! 그 아이들을 먹여 살리는 데만도 시간이 빠듯했어요. 밥을 못 먹을 때도 있었고, 월세를 못 낼 때도 있었어요. 저는 늘 두세 개의 일을 병행했어요. 그래도 후회하진 않아요."

결혼 생활을 끝맺은 두 사람 사이에 우정 어린 작별은 없었다. 다니엘 자렛은 경제적으로 가족을 지원하긴 했지만, 두 사람은 서로 말을 섞지 않았고, 자녀들은 무려 10년 넘게 아버지와 연락조차 하지 않았다. 다니엘과 아들들 사이의 관계는 훨씬 뒤에야, 그것도 장남을 시작으로, 이후에야 다른 아들들과도 다시 이어졌다. 다섯 아이가 성장기에 겪었을 이별의 충격은 상상하기 어렵지 않다. 특히 당시 여덟 살이던 에릭에게 이 충격은 치명적이었다. 그는 부모의 이혼 이후 방향을 잃고 바이올린을 완전히 포기했다.

반면 키스는 이런 개인적 변화의 시기에 음악이라는 고치 속으로 자신을 깊이 감췄다. 가족 환경이 삭막해진 상황에서, 그는 음악을 일종의 보호막처럼 삼은 것으로 보인다. 동시에, 의식적이든 무의식적이든 그의 음악적 지향 역시 이 시기를 거치며 변화했다. 클래식 음악은 점차 뒷전으로 밀려났고, 열다섯 살 무렵에는 피아노 레슨도 중단했다. 대신 그는 점점 아버지가 즐겼던 고급 오락 음악과 재즈 쪽으로 기울었다.

그러나 이처럼 음악에 몰두하는 태도는 오히려 가정의 조화를 깨뜨리는 요인이 되기도 했다. 가족은 여러 차례 이사를 다녀야 했고, 생활 공간은 점점 좁아졌다. 두 아들이 동시에 연습하려 하거나, 키스가 피아노에 몰두할 때 다른 가족들이 집안일을 하면서 생기는 마찰은 피할 수 없었다. 심지어는 피아노 주변을 이리저리 뛰어다니는 개 때문에 소음을 막는 것도 어려웠다. 그 시절의 자렛 가족은 작은 불씨만 튀어도 곧 폭발할 듯한 '화약고' 같았고, 그런 긴장 속에서 살았다. 심리학적으로 너무 깊이 파고들 필요는 없지만, 이런 성장기의 경험들이 훗날 키스 자렛이 솔로 콘서트에서 보이는 거의 신경증적인 소음 반응과 무관하지 않다고 추측해볼 수 있다.

이즈음 키스 자렛은 다른 또래 음악가들과 함께 활동을 시작했다. 앨런타운 지역의 바와 클럽에서 연주했는데, 이 '죽은 도시'라 불리던 고향은 그리 많은 기회를 제공하지 않았다. 그나마 마트 길레스피라는 인물이 이끄는 빅밴드와 함께 자렛은 학교 파티나 지역 행사에서 연주하며 첫 무대 경험을 쌓았다. 이 무렵 재즈의 거장 중 하나인 데이브 브루벡을 공연장에서 처음 마주했다. 키스는 브루벡의 피아노 편곡을 세심하게 연구하면서, 엄청난 기교가 없더라도 집중력 있는 음악적 콘셉트만으로도 충분히 훌륭한 결과를 낼 수 있다는 결론을 내렸고, 이는 그의 음악 미학에도 중요한 영향을 남겼다.

자렛이 재즈 음악가로 진지하게 진로를 정하게 된 계기 중 하나는, 미시간 주립대학교에서 열린 스탠 켄튼 여름 캠프였다. 그는 재즈 전문 잡지 『다운 비트』를 통해 이 캠프의 존재를 알게 되었고, 일주일간 참가했다. 그곳에서 젊은 음악가들은 스탠 켄튼 밴드 멤버들과 노스텍사스 주립대 교수진의 지도 아래 소규모 그룹으로 연주하거나, 대학 빅밴드를 위해 작곡할 기회를 가졌다. 키스 자렛은 〈Carbon Deposit〉이라는 곡을 작곡하고 편곡했으며, 이 작품은 큰 호응을 얻어 현장에 있던 미네소타 출신의 한 지휘자가 자신의 오케스트라를 위해 곡을 사고 싶다는 제안까지 했을 정도였다. 자렛은 결국 이 곡을 출판하지 않았다.

곧이어 자렛은 인디애나에서 열린 재즈 클리닉에도 참가했는데, 그곳에서도 켄튼 밴드 출신 연주자들을 다시 만나게 되었다. 자렛이 남긴 인상은 매우 강렬했던 듯하다. 그는 스탠 켄튼 밴드와 함께 애틀랜틱 시티와 펜실베이니아 포츠빌에서 열린 두 차례의 공연에 바로 초청되어 연주하게 된다. 16세 소년에게 이보다 더 큰 영광을 상상하기는 어려울 것이다. 이는 짧은 시간 안에 키스 자렛이 얼마나 높은 음악적 수준에 도달했는지를 보여주는 인상적인 일화라 하겠다.

키스는 열여섯 살에 에마우스 고등학교에서 졸업장을 받았고, 보스턴의 버클리 음악학교에 진학할 기회를 얻었다. 그러나 그는 대신 몇 달 동안 앨런타운에서 사무직 일을 하면서 소규모 클럽에서 재즈 뮤지션으로서 경험을 쌓기를 택했다. 그러던 중, 앨런타운에서 멀지 않은 포코노 산맥의 클럽 '디어 헤드 인(Deer Head Inn)'에서 피아니스트가 병으로 자리를 비운 동안 몇 주간 트리오 공연을 하도록 초대받았다. 그것은 첫 번째 본격적인 피아니스트 일자리였다. 이후에도 그는 이 클럽에서 여러 차례 연주했으며, 한 번은 기타로 공연하기도 했다. 그 공연 당시, 테너 색소폰 연주자 스탠 게츠가 우연히 관객석에 앉아 있었고, 키스 자렛은 나중에 다소 부드러운 아이러니를 담아 그가 실제로 자신에게 기타리스트로서 일자리를 제안했다고 설명했다. 그로부터 정확히 30년 뒤인 1992년 9월 16일, 이미 당대 최고의 재즈 뮤지션 중 한 명으로 평가받던 자렛은 다시 이 클럽에서 게리 피콕과 폴 모션과 함께 트리오 공연을 열었다. 그는 이를 통해, 오랜 세월 동안 음악을 지켜온 이 클럽과 그 주인에게 좋은 음악을 알아봐 준 데 대한 존경을 표했다.

1962년으로 돌아가 보면, 지역 재즈 인사였던 프레드 워링이 키스의 연주를 듣고 '디어 헤드 인'에서의 일정이 끝나는 대로 자신의 클럽에서 딕시랜드 밴드의 일원으로 고용하고자 했다. 이후 워링은 키스에게 자신의 그룹인 '프레드 워링의 펜실베이니언스'와 함께 투어 공연에 참여할 기회도 주었다. 얼마 지나지 않아, 자렛은 얼마 전 자신이 대타로 앉았던 바로 그 피아니스트 조니 코츠와 함께 연주하기도 했다. 그는 별다른 어려움 없이 역할을 전환해, 피아노를 내려놓고 드럼을 잡았다.

그 직후인 1962년 봄, 자렛은 처음으로 공식적인 녹음을 할 기회를 얻게 되었다. 데카 레이블은 대학생들로 구성된 '칼리지 올스타 밴드'와 해마다 한 장씩 앨범을 제작하기로 빅밴드 리더 돈 자코비와 계약을 맺었고, 참여 멤버는 매년 다양한 대학교 학생들로 교체되었다. 프레드 워링의 주선으로 자코비에게 초청을 받은 자렛은 자신을 '학생'이라 기재했지만, 실제로는 아직 정식 등록된 학생은 아니었다. 같은 해 발매된 이 LP에서 그는 '최연소 멤버'이자 '보스턴의 버클리 음악학교 재학생'으로 소개되었다. 당시 재즈 잡지 『다운 비트』의 편집장이던 찰스 수버는 앨범의 라이너 노트에서 그의 다재다능한 연주를 "흥미롭고 전형적_(interesting and typical)"이

　　　　　　　　　　　　　　　　　　　　　　　　키스 자렛

라 묘사했는데, 그것이 정확히 무슨 의미인지는 다소 애매하다. 그는 한층 수수께끼 같은 언급도 덧붙였는데, 그것은 키스 자렛이 아직 버클리에 입학하지 않았지만 이미 오디션은 본 상태였다는 정황에서만 의미를 갖는다. "어머니(자코비가 아닌)가 동행한 오디션에서 그는 브람스와 거슈윈의 협주곡을 훌륭하게 연주했고, 이어서 재즈 자작곡들을 연주했다."

그 앨범의 연주자 18명의 이름을 쭉 살펴봐도, 키스 자렛과 자코비 외에는 훗날 재즈의 판테온에 이름을 올릴 인물은 없다. 자렛은 한 번도 녹음실에 가본 적이 없었고, 함께 연주한 다른 음악가들을 알지도 못했지만, 피아노 파트가 카운트 베이시식 화음을 제외하면 거의 텅 비어 있다고 느꼈다. 그는 발라드에서 약간의 장식을 더하는 것이 허용되었지만, 전반적으로 음악은 그의 평가와 부합한다. 수록곡은 찰리 파커의 〈Lover Man〉이나 디지 길레스피의 복잡한 업템포 곡 〈Groovin' High〉 같은 비밥 곡, 중간 템포의 스윙 곡, 〈Anema e core〉 같은 재즈풍 발라드 등으로 구성되어 있었으나, 자코비 본인을 위한 트럼펫 솔로 외에는 즉흥연주의 여지가 거의 없었다.

키스 자렛은 이와 같은 앙상블에서 보통 영리한 피아니스트가 하는 일을 했다. 그는 몸을 사리며, 브라스 섹션 사이 적절한 순간에 타이밍 좋게 몇 개의 코드를 치고, 절제된 태도로 배경에 머물렀다. 발라드에서는 멜로디를 보완하는 카운터포인트나 장식음을 더하는 정도였다. 하지만 발라드 두 곡 〈Young Man With The Blues〉, 〈Just For A Thrill〉의 서주에서 훗날 그의 연주에서 드러나게 될 인상적인 스타일이 엿보인다. 그는 관악기 섹션이 연주하는 지속 화음을 피아노의 멜로디 프레이즈로 반향하며, 극도로 섬세한 터치로 연주한다. 각 음은 여유롭지만 아주 또렷한 아티큘레이션으로 울리며, 관악기가 어떤 특정한 모티프를 연주하면, 자렛은 멜로디에 대한 감각을 발휘하여 이를 따라간다. 어쩌면 이는 센세이션을 일으킬 만한 것은 아닐 수 있지만, 노련한 음악가라면 이미 귀를 쫑긋 세우며, 어쩌면 1~2년 안에 자신의 밴드에 새 피아니스트를 영입할 필요가 생길 경우를 대비해 그 피아니스트의 이름을 적어둘 법한 수준이었다.

프레드 워링은 단지 음악가에 그치지 않았다. 그는 텔레비전 프로듀서, 출판인, 그리고 극장 단장으로도 활동했다. 자렛은 그와 함께 순회공연을 하며, 당시 게리 피콕이 베이스를, 폴 모션이 드럼을 맡고 있던 빌 에반스 트리오를 접하게 되었다. 훗날 자렛은 이 둘과 각각 자신의 첫 번째 트리오(모션)와 두 번째 트리오(피콕)에서 함께하게 된다. 자렛이 라이브로 빌 에반스를 들은 것은 이때가 처음이었다. 당시의 다른 어떤 피아니스트보다도 롤모델로 여겨졌으며, 마일스 데이비스의 혁신적 앨범《Kind of Blue》에 참여한 인물이기도 하다. 워링의 음악적 선견지명은 이 지점에서도 드러나는데, 그는 자렛에게 파리로 건너가 나디아 불랑제를 사사해보라고 제안한다. 불랑제는 유럽과 미국을 오가며 활동하던 아티스트로, 애런 코플런드, 레너드 번스타인, 퀸시 존스, 필립 글래스를 비롯한 수많은 미국 및 유럽 작곡가들의 뮤즈였다. 파리와 미국 양쪽에서 가르치던 그녀는 피아니스트이자 오르가니스트, 작곡가, 이론가로서 매우 높은 수준의 요구를 제자들에게 부과하곤 했으며, 자렛에게 이는 큰 도전이 되었을 것이다. 그러나 그는 여전히 그런 대담한 걸음을 내딛기를 주저했다. 만약 이 만남이 실현되었다면 어떤 관계가 형성되었을까? 알 수 없는 일이다. 자유로운 영혼의 소유자인 키스 자렛은, 다른 많은 천재들과 마찬가지로 경력 초기부터 학습이나 교육의 틀에 대해 의심을 품는 성향이 있었기에, 체계적인 교육 방식에 잘 반응하지 않았을 수도 있다. 세상에는 예술 아카데미에 한 번도 발을 들이지 않았음에도, 졸업생보다 훨씬 더 큰 예술적 영향을 끼친 이들이 많다. 그런 예술가의 이름을 따서 명명된 음악원조차, 정작 그 내부에서는 예술의 보존에만 집중할 뿐, 혁신을 꿈꾸는 신인들에게는 교육의 장이 되지 못한다.

자렛과 불랑제의 관계가 성공적으로 이어지지 못했을 가능성은 여러 정황에서 드러난다. 예컨대, 그는 스탠 켄튼 오케스트라와의 마스터클래스를 거쳐 1963년 보스턴의 버클리 음악학교 장학금을 받게 된다. 현재 '버클리 음악대학'이라 불리는 이 학교는 오늘날에도 가장 명성 있는 재즈 교육기관 중 하나이다. 이는 마일스 데이비스가 잠시 다녔던 뉴욕의 줄리어드 음악원과 비슷한 입지를 지닌다. 참고로 마일스 데이비스는 줄리어드에서 자신의 음악적 개념에 맞는 것을 배울 수 없다는 판단하에 곧 자퇴했다. 자렛에게도 마일스는 이미 일종의 롤모델이었던 듯하며, 그는 버클리에서 대체로 좌절감을 안은 1년을 보내고 결국 학교를 그만두었다. 심지어 학교 측이 그가 떠나는 데 일조하기까지 했다고 전해진다.

어떤 수업들(특히 대위법)은 꽤 괜찮아 보였지만, 다른 수업에서는 데이브 브루벡이 캘리포니아에서 쇤베르크 밑에서 짧은 기간 동안 공부했을 때 겪었던 것과 비슷한 상황에 직면했다. 쇤베르크는 브루벡에게 어떤 작곡에서 왜 특정 음을 썼는지 물었고, 브루벡은 단지 그 소리가 좋게 들려서라고 답했다. 그러자 쇤베르크는 그건 충분하지 않다고 분명히 말했다. 왜 하필 그 음이어야 하고, 왜 다른 음이 아니라 그 음이 그 자리에 있어야 하는지, 반드시 알고 설명할 수 있어야 한다는 것이었다. 그것이 브루벡이 쇤베르크와 가진 마지막 수업이었다. 키스 자렛도 특히 로버트 셰어와의 세미나에서 이와 유사한 경험을 했다. 셰어는 자렛의 작곡 일부를 빨간색으로 표시하며, 어떤 화음에서 다음 화음으로 조바꿈하는 것이 불가능하다고 설명하곤 했는데, 이는 이미 학교 음악회에서 성공적으로 연주된 작품들에 대한 지적이었다.

자렛은 여전히 자신이 버클리에서 퇴출된 이유가, 당시 함께 연주하던 트리오 멤버들과 함께 반(反)버클리 캠페인을 벌일 수도 있다는 두려움 때문이었다고 생각한다. 그 트리오의 다른 두 멤버는 모두 버클리 중퇴자들이었다. 결정적인 계기는 학교 안에서의 한 잼 세션 중에 벌어진 사건이었다. 자렛은 피아노 내부의 현을 튕기며 소리를 만들어내고 있었는데, 학교 관계자 중 한 명이 "당장 나가!"라고 외쳤다. 자렛은 "정말 고맙네요"라고 응수하며 자리를 떴다. 자렛은 이후 다소 자부심을 담아 이야기했는데, 개리 버튼과 함께 뉴포트 재즈 페스티벌에서 연주한 후 그 관계자가 그 일에 대해 사과했다고 한다. 이에 자렛은 "그 일 덕분에 제 명성이 만들어졌다는 걸 모르셨나요? 당신이 저를 학교에서 쫓아낸 덕에 지금의 제가 있습니다"라고 답했다. 2014년 1월 재즈 마스터 상을 수상하면서 한 연설에서도, 자렛은 여전히 그 '중퇴 트리오(drop-out trio)'에 대해 자부심을 드러냈다.

그러나 자부심은 1964년 당시 좋은 조언자도, 생계 수단도 아니었다. 자렛은 학교를 떠나야 했고, 중퇴 트리오와 함께 연주 활동을 이어가긴 했지만 보스턴에서는 공연 기회가 많지 않아 몇 달을 버티며 지냈다. 자렛이 "미국에서 가장 보수적인 도시"라고 부른 그곳에서 살아남기 위해 처음이자 마지막으로 음악적 타협을 해야 했다. 칵테일바에서 공연하거나 배경 음악을 연주하는 일도 마다하지 않았다. 그런 그에게 고등학교 시절 1년 연하였던 여자친구 마고 앤 어니가 찾아왔다. 그녀는 당시 뉴잉글랜드 디자인 스쿨에서 학업을 막 시작한 참이었다. 두 사람은 다시 친분을 쌓았고, 같은 해에 결혼했다. 자렛은 고향과 떨어진 거리와 불안정함이 두 사람을 다시 엮었다고 말했다. 점차 감식가들 사이에서 이름을 알리고는 있었지만 대중에게는 여전히 낯선 인물로, 경제 상황은 여전히 넉넉지 않았다. 자렛은 끊임없이 보스턴 음악계에서 트리오로 자리를 잡으려 했지만, 그의 실력과 미학적 기준을 감안하면 보스턴의 음악계는 매우 한정적이었다. 결국 그는 결심했다. 아무도 자신을 기다리고 있지는 않더라도, 재즈가 늘 존재해왔던 곳으로 가야 한다는 것. 그는 그렇게, 젊은 아내와 함께 뉴욕으로 떠났다.

2장 재즈를 위한 세 가지 단계:
예술 - 찰스 - 마일스

뉴욕에 오는 음악가들은, 그것만으로도 자신의 꿈이 실현되리라 기대한다. 그러나 그들을 맞이하는 현실은, 뉴욕 재즈 씬의 화려한 배후 인물이자 많은 재즈 음악가의 뮤즈이며, 델로니어스 몽크의 연인이자 찰리 파커의 마지막 안식처였던 바노니카 드 쾨닉스워터의 담담한 말로 요약된다. "내가 재즈 음악가들과 함께하면서 겪은 단 한 가지는, 그들은 항상 일이 없었다는 거예요." 록 음악이 둑을 허물기 시작한 것은 특히 1964년 비틀즈의 '미국 침공' 이후였고, 이로 인해 재즈는 점점 더 주변화되거나 별 볼일 없는 상업적 영역으로 밀려나게 되었다. 1950년대에는 대중들이 데이브 브루벡, 게리 멀리건, 쳇 베이커의 신보를 손꼽아 기다리곤 했지만, 그러한 폭넓은 청중이 점차 사라지자, 재즈는 사회적으로 고립된 자들이 항상 그래야 하듯, 자기 독백을 해야 하는 처지가 되었다.

　이 무렵은 재즈 클럽들이 문을 닫고 디스코텍이 생겨나던 시기였으며, 아트 파머나 조니 그리핀 같은 일류 아티스트는 일자리를 찾아 유럽으로 떠났고, 다른 재즈 음악가들은 브로드웨이 오케스트라 피트 안으로 피신했다. 음악 잡지들은 "우리가 알던 재즈"의 급조된 부고 기사를 쓰기 시작했으며, 이러한 변화는 1960년경부터 오넷 콜먼, 돈 체리, 세실 테일러 같은 "10월의 재즈 혁명가들"이라 불리는 이들의 프리 재즈 운동에 의해 장면이 분열되면서 촉발되기도 했다. 바로 이 시기, 1964년 말, 열아홉 살의 피아니스트 키스 자렛과 그의 아내 마고는, 부서진 꿈의 도시로 이주해 재즈 세계에서 일거리를 찾으려 했다.

　이런 상황에서는, 음악가라면 가능한 일이라면 무엇이든 받아들일 법도 하다. 그러나 키스 자렛은 그렇지 않았다. 그는 진짜 재즈를 연주하고자 했고, 즉흥연주를 하거나 어쩌면 작곡을 하려 했으며, 어떤 경우에도 '오락'을 생계 수단으로 삼는 삶을 단호히 벗어나고자 했다. 그는 차라리 집에 앉아 손가락을 비비고, 드럼 연습을 하고, 마고가 전화 교환기에서 부업으로 버는 돈에 의존하며, 예술적 은퇴 상태에서 배를 곯기로 했다. 그의 이러한 강제적 무위는 "무한한 가능성의 나라"라는 미국의 오래된 신화가 암시하는 것보다 훨씬 복잡한 상황 때문이었다. 현지 음악가 조합은 유료 클럽 공연에서 단 한 음이라도 연주하려면 최소 4개월간 조합원 자격을 요구했고, 그보다 더한 문제는, 자렛처럼 "재즈 역사를 다시 쓰겠다"는 포부를 가진 무명 아티스트가 어떻게 뉴욕의 그 누구도 이름조차 들어본 적 없는 '앨런타운 출신 키스 자렛'으로서 콘서트 기회를 찾을 수 있었겠는가 하는 점이다.

　　　　　　　　　　　　　　　　　　　　　　　　　　　키스 자렛

그들의 거처를 '집'이라 부르는 건 완전히 완곡어법일 것이다. 젊은 자렛 부부는 스패니시 할렘이나 로어 맨해튼의 초라한 셋방에서 시골에서 올라온 눈치 없는 친척들을 맞이하지 않아도 된다는 사실에 그저 안도하고 있었다. 무엇보다도 키스는 빌리지 뱅가드나 돔에서 밤늦도록 이어지는 잼 세션에 참여하며, 거기 모인 음악가들과 함께 연주할 기회를 기다리고 있었기 때문이다. 돔에서는 그래도 여러 차례 클라리넷 연주자 토니 스콧이나 맹인 멀티 색소폰 연주자 라산 롤랜드 커크와 함께 무대에 설 수 있었다. 그러나 빌리지 뱅가드에서는 몇 달 동안 인내심을 시험받아야 했다. 그러던 어느 날, 버클리 음악대학의 옛 학생 한 명이 피아니스트 없이 나타나 키스에게 함께 연주해달라고 청한 것이다.

이것은 슈테판 츠바이크가 《인류의 별의 순간들》에서 묘사한 순간 가운데 하나였다. 예측할 수 없는 별자리의 조합이 중요한 전환점을 이끌어내는 경우다. 물론 이 경우는 인류 전체에 관한 것은 아니지만. 빌리지 뱅가드는 신예들을 위한 무대로서 명성이 높았기 때문에 유명 음악가들이 새로운 인재를 찾기 위해 자주 들르는 곳이었다. 1965년 가을의 어느 저녁, 아트 블레이키가 그곳을 찾았다. 그는 키스 자렛의 피아노 연주를 딱 10분 듣고는 뉴 재즈 메신저스에 초대했다. 당시 밴드에는 트럼펫 연주자 척 맨지오니, 테너 색소폰 연주자 프랭크 미첼, 베이시스트 레지 존슨이 있었는데, 이들은 모두 드러머이자 밴드 리더였던 아트 블레이키보다 거의 절반 가까이 젊었다. 블레이키는 당시 이미 쉰 살에 가까웠다.

자렛은 블레이키와 함께 딱 넉 달 동안 객원 연주를 했지만, 그 짧은 기간에도 유명 재즈 뮤지션조차 얼마나 고된 여건 속에서 무대에 서는지를 체험할 수 있었다. 그들은 로드 매니저와 모든 악기를 포함한 밴드 전원이 한 차량에 끼어 타고 광대한 지역을 횡단하며 이동했다. 모두가 늘 지쳐 있었고, 운전도 돌아가며 해야 했으며, 도착지에 그들을 기다리는 것은 호화 호텔이 아니라 허름한 숙소였다. 그럼에도 자렛에게 블레이키와의 협연은 그가 바라던 기회였다. 관객 앞에서 즉흥연주를 펼치며, 세 살 때부터 딱딱한 피아노 의자에 앉아 있기를 좋아하던 천재 연주자가 얼마나 많은 것을 해낼 수 있는지를 보여줄 기회 말이다. 그것도 재즈계에서 명성을 얻은 강력한 밴드와 함께.

재즈 메신저스는 1954년 피아니스트 호레이스 실버에 의해 결성되었으며, 이후에는 아트 블레이키가 이끌었다. 이들은 '하드 밥(hard bop)'이라는 새로운 강건한 스타일의 교과서적인 사례로, 이는 할리우드 스튜디오에서 만들어진 매끈하고 다림질된 듯한 '쿨 재즈(cool jazz)'에 대한 동부 해안의 응답으로 간주되었다. 하드 밥은 1940년대의 비밥(be-bop)에 명백히 뿌리를 두고 있었지만, 더 단순한 화성 구조를 사용하고 블루스, 가스펠, 노동요 등 아프리카계 미국인의 보컬 음악 요소들을 다시 끌어온다는 점에서 차별화되었다. 활기차고 직접적이며 황홀한 하드 밥은, 때로 비밥이 받았던 '지나치게 지적이고 엘리트적이며 복잡하다'는 비판에서 자유로웠다. 잡지 『다운 비트』는 아트 블레이키를 감정적으로 얽매이지 않은 연주자, 그리고 동료 연주자들에게 실질적 추진력이 되어주는 인물로 묘사했다. 그의 코러스 말미에 등장하는 스펙터클한 '프레스 롤(press roll)'과 끊임없는 오프비트 하이햇 연주는 늘 청중을 깜짝 놀라게 하고 전율하게 만들었다.

찰리 파커보다 한 살 위였던 블레이키는, 그 자신이 비밥의 거장이었던 파커로부터 많은 영감을 받은 것으로 보인다. 파커가 세상을 떠난 1955년 3월 12일, 블레이키는 뉴욕의 파커 아파트를 방문했다. 대화 중 블레이키는 파커에게 어떤 레코드가 본인의 최고작이라고 생각하느냐고 물었다. 파커는 이렇게 대답했다. "아직 만들지 못했어. 지금 새로운 걸 작업 중이야."

블레이키 역시 매번 새로운 것을 시도하고, 새로운 뮤지션들과 함께했다. 그는 1965년 뉴 재즈 메신저스를 조직할 때 "늘 똑같은 패거리들과 연주하는 데 싫증이 났다"며, "항상 새로운 사운드, 새로운 얼굴을 찾아야 한다. 내 밴드가 이전 밴드의 복사판처럼 들리는 건 원치 않아. 각 밴드는 저마다의 개성과 새로운 개념, 앞으로 나아가려는 의지를 가져야 해"라고 말했다. 그는 종종 젊은 뮤지션들과 연주할 때 두뇌가 더 활발히 움직인다고 말하곤 했다. 당시 테너 색소폰 주자 프랭크 미첼은 열아홉 살, 키스 자렛은 그보다 한 살 위였으며, 척 맨지오니와 레지 존슨은 스물여섯 살로 모두 젊은 혈기 넘치는 인물들이었다. 이들은 그를 음악적으로 끊임없이 자극했다.

1966년 1월, 캘리포니아 허모사 비치의 라이트하우스에서 열린 뉴 재즈 메신저스의 공연 실황이 우연히 녹음되었다. 이 앨범은 키스 자렛의 첫 정식 녹음으로, 다재다능함과 즉흥연주의 독창성이 일찍부터 돋보인다. 첫 곡 〈Buttercorn Lady〉는 경쾌한 칼립소 스타일로 시작되며, 조지 시어링 풍의 피아노 도입과 재치 있는 연주, 존 루이스 스타일의 단순 탐색형 솔로가 특징이다. 청자는 이를 듣고 부드러운 캘리포니아풍 재즈 앨범을 예상하게 되지만, 다음 곡 〈Recuerdo〉에서는 전혀 다른 깊이와 분위기가 펼쳐진다. 〈Recuerdo〉는 마일스 데이비스의 〈Sketches of Spain〉과 델로니어스 몽크의 〈Round Midnight〉을 연상시키는 무드로, 초반에는 척 맨지오니의 뮤트 트럼펫이 자유로운 리듬 속에서 울려 퍼진다. 이어지는 자렛의 피아노 연주는 악기의 내부를 두드리며 하프 아르페지오를 끌어내고, 현을 손으로 눌러 존 케이지의 〈프리페어드 피아노를 위한 소나타와 간주곡〉에 경의를 표하는 듯하다. 이 모든 사운드 연상은 아트 블레이키의 펠트 말렛을 이용한 탐탐 연주로 극대화되며, 다가오는 폭풍 같은 긴장감을 자아낸다.

다른 트랙들은 한층 전통적인 하드 밥 양식에 가깝고, 간결한 두 파트 관악기 테마와 강렬한 솔로들이 특징적이다. 키스 자렛의 블록 코드 아래에서 연주자들이 편안함을 느낄 수 없었다면, 그들은 정말 연주를 제대로 마칠 수 없었을 것이다. 특히 마지막 곡 〈Secret Love〉에서는 레니 트리스타노의 냉정함을 연상시키는 자렛의 세련된 프레이징과 진주 목걸이처럼 연결된 선율이 인상적이다. 그 속도감은 아트 테이텀의 기교, 빌 에반스의 섬세함, 폴 블레이의 신비함이 결합된 듯한 자렛의 독창적인 스타일을 보여준다.

당시 이 공연을 찾은 180여 명의 관객 중 일부는 자렛이 재즈 피아노, 혹은 재즈 전체의 발전을 이끌 인물이라는 예감을 가졌을지도 모른다. 그러나 자렛은 블레이키 밴드가 자신의 음악적 방향성과는 맞지 않다고 느꼈고, 그들의 음악은 이미 1950년대에 전성기를 지난 것이라 판단했다. 자렛과 블레이키는 자주 충돌했고, 두 사람의 협업은 오래가지 못했다. 결국 뉴욕의 다섯 곳, 그리고 보스턴의 한 클럽에서의 공연 이후 자렛은 밴드를 떠났다.

찰스 로이드의 드러머였던 잭 디조넷은 뉴욕에서 자렛의 연주를 듣고 그를 로이드에게 추천했으며, 공교롭게도 자렛 역시 로이드에게 연락하여 밴드에 참여 의사를 밝혔다. 보스턴의 칵테일바에서 자렛을 처음 들었던 로이드는 기억을 떠올려 그를 받아들였고, 이 만남은 마치 운명처럼 새로운 밴드의 결성을 이끌었다. 그것은 하늘에서 정해진 듯한 음악적 결합이었다.

몇 달 사이에 키스는 음악 활동의 중심부로 들어서게 되었다. 아트 블레이키의 밴드가 재즈의 최근 과거를 대변했다면, 찰스 로이드 쿼텟은 다가오는 '록의 시대'를 미리 인식하고 록의 황홀한 포용적인 제스처와 다채로운 플라워 파워[2] 상징, 끝없는 청년 숭배의 문화를 받아들여 이미지에 반영한 밴드였다. 여기에는 로이드의 매니저였던 조지 아바키안―듀크 엘링턴, 루이 암스트롱, 마일스 데이비스와 최근까지도 작업한 바 있는 노련한 레코드 프로듀서―의 공도 컸다.

이 시기 로이드는 또 다른 인물, 빌 그레이엄의 도움도 받게 되었다. 그레이엄은 샌프란시스코의 필모어 웨스트와 뉴욕의 필모어 이스트라는 두 콘서트홀을 운영했으며, 모든 진정한 실천가가 그러하듯 어떤 현상이 발생하려면 적절한 무대와 충분한 홍보가 필수라는 것을 알고 있었다. 빌 그레이엄은 역사가들이 종종 판단을 유보하는 인물군에 속한다. 그는 단지 시대정신을 직감하고 그것을 이용한 것일까, 아니면 그 시대정신 자체를 창조한 것일까? 확실한 것은 그레이엄에게는 뛰어난 조직 능력과 확고한 사업 감각,

---

2 flower power; 1960년대 후반에서 1970년대 초반 사이에 있었던 미국 비폭력 저항의 상징

그리고 무엇보다도 시대의 흐름을 꿰뚫는 감각이 있었다는 점이다. 예술이 정치가 되고, 반문화가 고착화되기 시작하며, 권력을 쥔 체제는 어이없는 베트남 전쟁으로 내달리고, 켄 키지는 소설과 해프닝을 통해 자신의 정신적 체험을 공유하고, 하버드의 정신의학 교수가 제자들에게 사회 조건이 이러하니 정신질환자들이 오히려 제대로 가고 있고 이른바 정상인들이 잘못되었다고 말하는 시대였다.

필모어 오디토리엄은 20세기 초 세워진 옛 댄스홀로, 1950년대에는 찰스 설리번이 제임스 브라운, 바비 블랜드, 아이크와 티나 터너 같은 흑인 음악 스타들을 무대에 올렸던 곳이었는데, 빌 그레이엄은 헤이트-애시버리의 '대안 문화' 무대로 탈바꿈시켰다. 바로 이 록의 대성당에서 당대의 모든 스타가 공연했다. 음악 공동체 그레이트풀 데드, 비꼬는 저항적 보컬 그레이스 슬릭이 이끄는 제퍼슨 에어플레인, 빅 브라더 앤 더 홀딩 컴퍼니, '발에 블루스의 먼지를 묻힌' 재니스 조플린, 퀵실버 메신저 서비스, 산타나, 천재 지미 헨드릭스, 버터필드 블루스 밴드, 머디 워터스까지. 여기에서는 신구의 뮤지션들이 한데 모여 새로운 교단을 형성했는데, 이 교단은 록과 블루스가 형제라는 것을 알고 있었고, 재즈가 인도 라가와도 잘 어울릴 수 있으며, 때로는 카를하인츠 슈토크하우젠조차도 그들 세대의 족장으로 환영하는 풍토를 가지고 있었다. 수년이 지난 후, 그레이스 슬릭은 이 시절의 비현실적인 분위기를 요약하며, 참여 없이는 이해할 수 없고 나중에는 규칙조차 기억나지 않았던 움직임을 이렇게 표현했다. "1960년대를 기억한다면, 당신은 거기에 없었던 거다."

찰스 로이드는 자신의 밴드와 함께 필모어 웨스트에 등장했고, 『하퍼스 매거진』은 '최초의 사이키델릭 재즈 그룹'으로 표현했다. 1966년 3월과 9월, 《Dream Weaver》와 《Forest Flower》라는 상징적인 제목의 음반이 제작되었고, 이 앨범들에는 〈Bird Flight〉, 〈Dervish Dance〉, 〈Love Ship〉, 그리고 스탠더드 넘버인 〈East Of The Sun〉 같은 신비로운 곡들이 수록되어 있었으며, 이들은 1967년의 베스트셀러 중 하나가 되었다. 『다운 비트』는 대학 무대에서 검은 정장과 넥타이를 갖춰 입고 무표정하게 악기를 불던 뮤지션이 아니라, 히피 운동을 상징하는 화려한 셔츠를 입고 부활한 유토피아의 엑스터시적 찬가를 연주하는 새로운 종(種)의 재즈 연주자들에 대해 보도했다. 언론 전반도 음악적 장르 간의 통합이 불러온 변화에 주목했다. 타임지는 '이 혼란에서 벗어나는 길 (A Way out of the Mess)'이라는 제목 아래, 그전까지는 불가능하다고 여겨졌던 미적 가치들의 연합체가 곧 성사될 것이라 언급했다. 『다운 비트』의 편집장 댄 모건스턴은 좀 더 현실적인 관점으로 상황을 바라보았다. "청중이 줄어들고 있는 지금의 위기 상황에서 재즈가 가장 피해야 할 태도는 배타성이다. 록 음악이 다리를 놓아준다면, 재즈는 마땅히 그 다리를 건너야 한다." 수년 후, 찰스 로이드는 60년대의 자신의 활동을 비교적 분명하게 기억했다. "더 이상 음악에는 경계선이 없었습니다. 아이들은 온갖 종류의 음악을 듣고 있었죠. 우리는 필모어에서 공연했을 때 따뜻한 환대를 받았고, 다들 우리에게 문을 열어주었습니다. 재즈 씬 자체는 꽤 우울했어요. 클럽들은 간신히 연명하고 있었으니까요."

찰스 로이드 쿼텟은 1966년 봄, 첫 유럽 투어에서도 열광적인 반응을 얻었다. 이후 2년간 40여 개국을 순회하며 다섯 차례의 투어를 더 진행했는데, 1967년에는 소련 투어도 포함되어 있어 탈린, 레닌그라드, 모스크바에서 공연을 열었다. 1966년 5월 1일, 이 쿼텟은 1953년에 창설된 세계에서 가장 오래된 재즈 페스티벌 중 하나인 프랑크푸르트 독일 재즈 페스티벌의 절정에 해당하는 무대를 장식했다. 스칸디나비아, 독일, 프랑스, 이탈리아를 도는 첫 투어에서는 21일 동안 20회의 공연이 이어졌으며, 전역에서 격렬한 환영을 받았다. 노르웨이의 대표 일간지(Aftenposten)부터 프랑스의 잡지(Jazz Hot)에 이르기까지, 많은 언론이 강렬한 표현력을 지닌 이 음악에 찬사를 아끼지 않았고, 재즈의 미래를 보여주는 진정한 이미지라고 평가했다. 1950년대 파리에서 쳇 베이커와 함께 활동한 바 있어 재즈 현장에 능통했던 벨기에의 베이시스트 브누아 케르생은 이 쿼텟의 공연을 보고 다음과 같은 인상을 남겼다. "찰스 로이드의 음악은 현대적이고 자유롭고 자발적이지만 결코 무정부적이거나 기반이 없는 것은 아니다. 그의 음악은 선법적 개념, 화성, 구조를 활용하며, 음향, 리듬, 주제적 소재에 대해 새로운 가능성을 열어주지만, 그것은 자연스러운 표현과 음악적 맥락을 지탱하는 형식적 개념을 함께 가지고 있다."

이런 활동의 중심에는 스물여덟 살의 찰스 로이드가 있었다. 그는 카리스마를 지닌 인물로 대중의 열광을 불러일으켰는데, 메시아적 분위기가 유행하던 시절이었다. 그러나 키스 자렛 또한 비평가들의 주의 깊은 관찰 대상이었다. 특히 그가 악기를 다루는, 일종의 '비정통적' 방식 때문에 더욱 그랬다. 언론의 평가 요지는 다음과 같았다. 그는 콘서트 피아니스트의 기교를 활용하면서도 신뢰할 수 있으며 때로는 믿기 어려울 정도의 현대적 효과를 만들어 내는 능력을 지녔고, 그것을 재즈 즉흥연주자의 풍부한 상상력과 결합할 수 있는 무대 위의 드문 존재라는 것이다.

1966년 유럽 투어는 매니저 조지 아바키안의 영리한 수였다. 그는 구대륙에서의 호응을 예상했고, 이를 이용해 신대륙에서도 밴드에 대한 관심을 더 불러일으키고자 했다. "전 세계가 사랑과 평화의 메시지를 지닌 찰스 로이드 쿼텟을 찬양한다면, 이 뮤지션들의 모국인 미국은 그들을 자랑스러워할 수밖에 없을 것이다."

실제로 당시 이 밴드가 높은 지위를 얻게 된 이유는, 무대 위에서 네 명의 연주자들의 음악적 기량이 결합되었기 때문이었다. 1966년 가을, 유럽에서 돌아온 이후 뉴포트 재즈 페스티벌 무대에 섰을 때, 이 쿼텟은 재즈계의 '센세이션'이 되었다. 키스 자렛은 솔로 연주도 선보였고, 언론인 휘트니 발리엣은 그에게 이례적인 찬사를 보냈다. "로이드는 자렛에게 한 곡을 맡겼고, 자렛은 길고 복잡한 랩소디를 연주했는데, 이는 놀라울 정도로 독창적으로 들렸다. 그런 바그너풍 코드 중심의 피아노 연주는 오직 세실 테일러와 데이브 브루벡 정도만이 했던 것이다."

몬터레이 재즈 페스티벌에서도 이 밴드는 주요한 매력 포인트 중 하나였다. 이 쿼텟은 젊은 청중들의 만화경 같은 귀에 무지개 소리를 들려주며, 재즈가 고립 상태에서 벗어나는 길을 열 수 있음을 보여주었다.

마일스 데이비스는 이를 주의 깊게 들었고, 모든 인상을 마음속에 저장해두었을 것이다. 왜냐하면 2년 뒤 《In a Silent Way》와 《Bitches Brew》를 발표하며, 결국 이 새로운 스타일을 재즈에 확고히 자리 잡게 만들었기 때문이다. 비록 한층 엄격한 프리 재즈 진영에서는 반발이 일기도 했지만 말이다. 1945년 찰리 파커와 함께 무대에 올랐던 마일스 데이비스가 재즈를 진정한 미국 예술 형식의 반열에 올려놓고 새로운 스타일에 영향을 준 인물이라면, 이 음반들은 마치 모든 재즈 뮤지션—심지어는 후열에 앉은 이들까지도—이 스타일을 따를 수 있도록 허가하는 자유이용권과도 같았다.

새로운 미학 형식은 전례 없는 어떤 것을 직감하거나 과거에 대한 분명한 반발을 표현하는 선구자들을 필요로 한다. 그런 뒤에는 신뢰받는 인물, 즉 목사가 등장하여 그 새로운 것을 축복해야 한다. 에디 해리스, 아마드 자말, 그리고 특히 램지 루이스는 (지속적인 베이스와 드럼 리프, 거의 끝나지 않는 동기 반복을 통해) 이미 찰스 로이드가 점하고 있던 영역을 향해 전진하고 있었고, 포용적인 젊은 반전주의자들에게서 호응을 얻어 매혹적인 록 재즈 음악을 전파하고 있었다. 그리고 마침내 고위 사제 마일스 데이비스가 등장해 이 새로운 스타일 혼합체를 자신의 저항할 수 없는 '마녀의 솥단지'로 축성한 것이다. 기도문은 기타리스트 래리 코리엘이 바쳤다. "우리 아버지, 마일스 데이비스와 존 콜트레인, 지미 헨드릭스의 혼합인 당신의 이름이 뉴욕에서, 뉴올리언스에서처럼 거룩히 여김을 받으소서. 오늘 우리에게 일용할 코드 진행을 주시고, 우리가 솔로 연주자들 뒤에서 틀린 코드를 연주했을 때를 용서하듯, 그들이 우리 솔로 뒤에서 틀린 코드를 연주한 것도 용서하소서. 그리고 우리를 디스코로 이끌지 마시고, 상업주의에서 구하소서. 아멘."

찰스 로이드 쿼텟은 키스 자렛이 합류한 초기에는 매우 원활하게 작동했는데, 멤버들이 서로를 거의 직관적으로 이해했기 때문

The Charles Lloyd Quartet – Dream Weaver, Atlantic. P-4539A

이었다. 드럼의 잭 디조넷, 초기에는 세실 맥비였으나 곧 론 매클루어로 교체된 베이스, 키스 자렛, 그리고 재능 있는 구루 찰스 로이드로 구성된 이 밴드는 당시 '록-재즈' 최초의 "슈퍼 그룹"으로 간주되었다. 키스 자렛은 이 밴드와 함께 3년 남짓한 기간 동안 총 여덟 장의 음반을 녹음했으며, 이 가운데 스튜디오에서 제작한 것은 단 두 장뿐이었다. 즉, 1966년에 발매된 《Dream Weaver》와 1969년에 녹음된 《Soundtrack》이 그것이다. 나머지 음반들은 모두 라이브 녹음으로, 몬터레이 재즈 페스티벌, 필모어 웨스트, 오슬로, 그리고 당시 소련 도시였던 탈린(현재는 에스토니아의 수도이다)의 재즈 페스티벌에서의 실황이다. 지금 이 라이브 음원들을 들어봐도, 당시 청중들에게 얼마나 강렬한 전율을 안겼을지를 느낄 수 있다. 쿼텟의 성공은 또한, 록 음악계가 새로운 사운드에 열려 있었음을 보여준다. 다만 그 음악가들의 무대 위 모습, 공연이 이루어진 분위기, 그리고 전체적인 환경이 록 팬들에게 어필하거나 최소한 익숙한 것이어야 했다는 조건 아래에서 말이다. 이 쿼텟은—나중에 마일스 데이비스가 창단한 밴드들이 그러했듯—재즈 순수주의자들이 비판했던 것만큼 미학적으로 많은 타협을 했던 것은 아니었다. 찰스 로이드 밴드는 여전히, 록 뮤지션들이 마치 생명 유지 장치처럼 증폭기에 의존하며 그 없이는 숨 쉬지 못하던 시절에도, 전자 장비의 흔적 없이 '어쿠스틱' 밴드로 남아 있었다.

찰스 로이드 쿼텟의 첫 음반은 밴드 결성 한 달 만에 녹음되었는데, 논스톱의 록 리듬이나 동기 반복 등에 근거한 음악이 아니었다. 그렇다고 이 쿼텟이 전통적인 재즈의 형식적 틀에 묶여, 주제를 따라 정형화된 코드 진행 위에서 개별 솔로를 연주하는 방식에 얽매였던 것도 아니다. 《Dream Weaver》에 수록된 어떤 곡도 재즈 순수주의자들을 불쾌하게 만들지 않는다. LP 마지막에 배치된 〈Sombrero Sam〉은 라틴 아메리카적 리듬과 키스 자렛의 타악기적 음색과 표현이 결합되어 있지만, 이 때문에 "재즈 금서"에 오르지 않았을 것이다. 뉴올리언스 시절부터 디지 길레스피의 비밥에 이르기까지, 남미 및 카리브의 리듬은 조화롭게 흐르는 화성 위에 떠 있는 재즈 연주자들에게 항상 매력적인 요소였다. 1960년대에 이르러, 식견 있는 재즈 뮤지션들은 이 전통을 계승하며 당시 비틀즈에 대한 대안으로 삼으려 했다. 이 시기에 록과 팝의 전능함에 맞선 효과적인 공세는 안토니우 카를로스 조빙이나 주앙 질베르투가 연주한 브라질의 보사노바나 삼바와, 스탠 게츠의 색소폰 또는 찰리 버드의 기타를 결합한 것이었다.

　음반에 수록된 다른 곡들은 멤버들이 서로의 연주에 민감하게 반응하며, 재즈의 모든 양식을 (전통과 현대를 포함해) 내면화하고, 즉흥적 다양성과 개별 곡의 형식, 전체 음반의 개념 간에 균형을 찾되, 황홀경에 이르는 극적인 정점을 포기하지 않는 이상적인 앙상블의 사례라 할 수 있다. 세 악장으로 이루어진 모음곡 〈Autumn Sequence〉는 드뷔시의 〈목신의 오후 전주곡〉을 떠올리게 하며, 찰스 로이드가 플루트로 자유롭게 펼치는 멜리스마로 시작된다. 여기에 다른 연주자들이 반짝이는 장식음으로 화답하고, 곡은 낭만적 감상 없이 힘차게 진행되는 〈Autumn Leaves〉로 전환된다. 이 곡에서 키스 자렛은 강력하게 스윙하는 베이스와 드럼 위로 집중력 있는 솔로를 연주한다. 자렛이 이 곡뿐 아니라 〈Dream Weaver〉와 〈Bird Flight〉에서 보여주는 즉흥연주는 동기적-주제적 단계를 밟아가며 점층적으로 발전한다. 그는 멜로디와 리듬의 작은 파편을 반복하며 유희하고, 그 과정을 통해 점점 강도를 높이며, 화성을 확장하여 마침내는 무조로 해체한다. 동시에 그는 과격한 주법이 흐릿한 음향으로 이어지도록 하면서도 형식적 통제를 잃지 않는다. 존 콜트레인의 프레이징과 앨버트 아일러의 찬가적 표현을 결합한 찰스 로이드의 색소폰, 그리고 음악적 진공 속으로 사라질 듯한 세실 맥비의 베이스 라인—그것을 다시 현실로 끌어오는 잭 디조넷의 흔들림 없는 추진력—이들이 한데 어우러져 빚어낸 음향은 실로 놀랍다.

라이브 녹음 중에서도 특히 인상적인 것은 다양한 재즈 페스티벌과 필모어 웨스트에서의 공연 실황으로, 여기에는 청중의 반응까지 담겨 있다. 몬터레이 재즈 페스티벌에서는, 키스 자렛의 스톰핑 오스티나토가 인상적인 〈Sorcery〉 같은 곡이 시작부터 폭발적인 환호를 이끌어냈다. 무대에서 성 비투스의 춤(St. Vitus's dance)[3]을 춘 것은 비단 자렛 혼자만이 아니었다. 이 개성 강한 연주자들은 서로에게 완전히 맞물려 있었으며, 전통적인 '솔로와 반주'라는 개념으로 설명할 수 없었다. 그 결과 마치 에너지가 과열된 발전소 같은 압도적인 인상이 만들어졌다. 이전에는 빌 에반스 트리오가 스콧 라파로와 폴 모션과 함께한 전설적인 소규모 앙상블에서 이런 형태가 살짝 드러났다면, 이제는 네 명의 동등한 연주자들이 함께 만들어내는 즉흥연주로 확장되어, 그 에너지가 곧 터질 듯한 수준에까지 도달한 것이었다. 그 중심에는 키스 자렛과 잭 디조넷의

---

3   사람들이 며칠에서 몇 주에 걸쳐 멈추지 못하고 춤을 추는 현상으로, 14~17세기 유럽에서 발생했다. 이 병은 성 비투스의 유골이 안치된 성당에 가야 고칠 수 있었다고 전해진다.

                                                                                        키스 자렛

듀오가 있었다. 이 두 연주자 사이의 자연스러운 이해는, 디조넷이 시카고에 있는 아메리칸 음악원에서 10년 가까이 클래식 피아노를 배운 경험과 자렛이 드럼에 대해 깊은 이해와 숙련도를 지녔다는 사실과 무관하지 않을 것이다.

필모어 웨스트에서 관객 중 상당수는 이와 같은 소리를 그때까지 한 번도 들어본 적이 없었을 것이다. 키스 자렛의 〈Love No.3〉 같은 작품에 관객들이 대단히 감정적으로 반응했다는 사실은, 이런 반응이 단지 음악 자체뿐만 아니라 연주자가 얼마나 설득력 있게 다가오는지에도 크게 좌우된다는 점을 보여준다. 그리고 자렛의 경우, 그의 피아노 앞에서의 몸짓과 태도 역시 영향을 미친다. 그 시점까지의 피아노 연주 역사에서, 그의 혹은 그녀의 예술의 본질을 포착하기 위해 '들어야 할 뿐 아니라 보아야 했던' 피아니스트는 거의 없었다. 키스 자렛이 짧은 블루스 조각을 잡아 다양한 음색의 보물상자로 변모시키고, 복잡한 리듬들을 겹겹이 쌓고, 문자 그대로 악기의 내장을 파고들며, 마치 오래된 기억처럼 주제를 스치듯 건드리고 재화성화(re-harmonize)하며, 피아노를 드럼 세트로 바꾸고, 가장 무해한 동기조차 가지고 놀며, 세실 테일러도 좀처럼 다가서지 않았던 무정부적 프리 재즈의 가장 극단적인 영역에까지 손을 뻗을 때, 우리는 그의 이후 솔로 콘서트에서 펼쳐질 위대한 연주의 예감을 얻게 된다.

이 모든 것 가운데서도 가장 놀라운 점은 아마도 '일관성'일 것이다. 그것은 청자가 굳이 해석하지 않아도 직관적으로 감지할 수 있는 음악적 통사(syntax)다. 그리고 계속해서, 역사적 스타일들과 전통적인 연주 방식 및 기법의 단면들이 반짝이며 드러난다. 마치 넘쳐

흐르는 음악가의 두뇌에게는 래그타임의 미묘한 당김음에서 비밥의 엇박으로 도약하거나, 인상주의적인 음영을 프리페어드 피아노의 간결한 구조와 대조시키는 것이 가장 쉬운 일이라도 되는 듯 말이다.

여기서 진정으로 더 인상적인 것이 자렛의 음악적 연상 능력인지, 혹은 이질적인 악상들을 마치 자명한 것처럼 들리는 형태로 바꾸어내는 능력인지 구분하기는 어렵다. 음반의 다른 곡들 역시 모든 장르를 포괄하는 진정한 '월드 뮤직'의 증거처럼 들린다. 재즈와 전위 음악의 요소들, 미국 대중 오락 세계에서 인용한 듯한 재치 있는 인용들, 열정적인 가스펠 사운드, 그리고 존 레논과 폴 매카트니의 〈Here, There and Everywhere〉 같은 트렌디한 신곡까지도 포함된다. 후자의 두 뮤지션은 자신의 음악에 대한 이런 재즈 버전을 열린 자세로 받아들였고, 런던 로열 앨버트 홀에서 열린 이 쿼텟의 콘서트에 참석함으로써 그들의 존경심을 표했다.

1966년부터 1969년까지 존재했던 찰스 로이드 쿼텟의 이 에디션은, 그 세 해 동안 화려한 사건들로 가득했고 참여한 모든 인물의 경력에 있어 중요한 단계를 의미했다. 밴드가 명성의 절정에서 왜 해체되었는지는 또 다른 이야기인데, 음악적 아이디어의 고갈보다는 인간적인 나약함과 훨씬 더 관련이 있다. 이안 카의 말에 따르면, 청중을 황홀경으로 몰아넣고 '사랑의 진동(love vibrations)'을 퍼뜨릴 수 있는 새로운 스타일의 음악가로 비춰졌던 찰스 로이드의 이미지 뒤에는, 여전히 구식 밴드 리더의 모습이 숨어 있었던 것으로 보인다. 위계의 정점에 있던 그는 비행기를 타고 공연장에 도착했던 반면 다른 연주자들은 자동차로 전국을 달려야 했으며, 또한 자신은 거액의 수익을 챙긴 반면 밴드 멤버들에게는 약간의 현금만이 지급되었다. 첫 유럽 투어 당시 연주자들은 주당 75달러를 받았고, 그 금액으로 투어 비용도 모두 부담해야 했다. 이에 비해 리더가 얼마를 챙겼는지 명확히 드러난 사건이 있었는데, 코네티컷에 있는 웨슬리언 대학교에서 2시간짜리 공연 후 베이시스트 론 매클루어의 손에 3,500달러가 넘는 수표가 전달되면서였다. 그는 각 연주자에게 지급된 100달러와 매니저에게 주어진 15퍼센트를 제하고 나면 얼마나 남는지 계산할 수 있었다. 이 사건 이후 수익 분배는 더 공정하게 이루어졌지만, 불신은 싹트고 있었다. 1969년 찰스 로이드와의 불만족스러운 논의 끝에 잭 디조넷은 밴드를 떠났고(폴 모션이 여러 공연에서 그를 대신했다), 이후 키스 자렛도 밴드를 떠났다. 베이시스트 론 매클루어는 1960년대를 대표하는 가장 인상적인 밴드 중 하나의 암울한 종말을 이렇게 회상한다. 그는 쿼텟의 마지막 공연이 될 자리에 참석한 뒤, 매니저에게 다음 공연 일정이 언제인지 물었다. 조지 아바키안은 이렇게 대답했다. "그걸 아직도 몰랐어요? 찰스는 지금 슬러그(뉴욕의 재즈 클럽)에서 연주하고 있어요. 다른 밴드와 함께요."

찰스 로이드는 밴드를 해체하면서도 다른 멤버들에게는 아무런 통보조차 하지 않았다. 세계 곳곳에서 그 찬란하고 생동감 넘치는 퍼포먼스로 찬사를 받았던 쿼텟은, 이렇게 아무도 예상치 못한 방식으로 적막 속에 막을 내렸다.

키스 자렛은 찰스 로이드 쿼텟과 긴밀히 연관되어 있었지만, 뛰어난 즉흥연주 덕분에 위대한 재즈 음악가로 인정받기 시작했으며, 앞으로 놀라운 미래가 기대되었다. 게다가 그는 어느 정도 자율성을 확보할 수 있었거나 어쩌면 그래야만 했는데, 쿼텟이 아무리 인기가 있었어도 항상 일정이 꽉 차 있었던 것은 아니었고, 장기간의 공백기를 다른 활동으로 메워야 했기 때문이다. 그래서 자렛은 이미 찰리 헤이든과 폴 모션과 함께 꾸준히 작업을 해왔으며, 이들과 함께 일련의 인상적인 앨범들을 제작했다. 이 트리오라는 구성 자체는 자렛이 자신의 경력 전반에 걸쳐 추구해온 미적 사운드의 이상이었고, 일단 그가 자신과 맞는 연주자들을 찾게 되면 그 트리오는 오랜 시간 지속되었다. 자렛이 깊이 존경해온 찰리 헤이든과의 관계는 1966년에 시작되어, 2014년 베이시스트가 세상을 떠날 때까지 이어졌다. 찰스 로이드 쿼텟에서는 잭 디조넷과의 연결이 특히 중요했으며, 이후 그는 베이시스트 게리 피콕과 함께 자렛, 디조넷과의 두 번째 트리오를 결성하였고, 이 트리오는 재즈 역사상 가장 오래 지속된 파트너십 중 하나가 되었다.

자렛이 1967년에 결성한 트리오에서 찰리 헤이든과 폴 모션과 함께 작업한 경험은, 단순히 찰스 로이드 쿼텟의 공연과 투어 사이의 공백을 채우는 것 이상의 의미가 있었다. 예를 들어 그는 다소 논란이 된 앨범 《Restoration Ruin》에서도 활발히 활동했는데, 12가지의 관악기, 건반 악기, 타악기에 보컬까지 소화하며 자신의 다재다능함을 과시했다. 1968~69년에 걸쳐 트리오와 함께한 전미 35회 장기 투어 중 이루어진 라이브 녹음들은, 자렛이 점차 대중음악 스타일에 관심을 보이기 시작했음을 보여준다. 예컨대 밥 딜런의 곡인 〈My Back Pages〉는 이들의 레퍼토리로 편입되었다. 이안 카는 원래 지미 헨드릭스와 재니스 조플린과 함께하려 했지만, 이 계획은 이들이 1970년 가을에 모두 세상을 떠나면서 무산되었

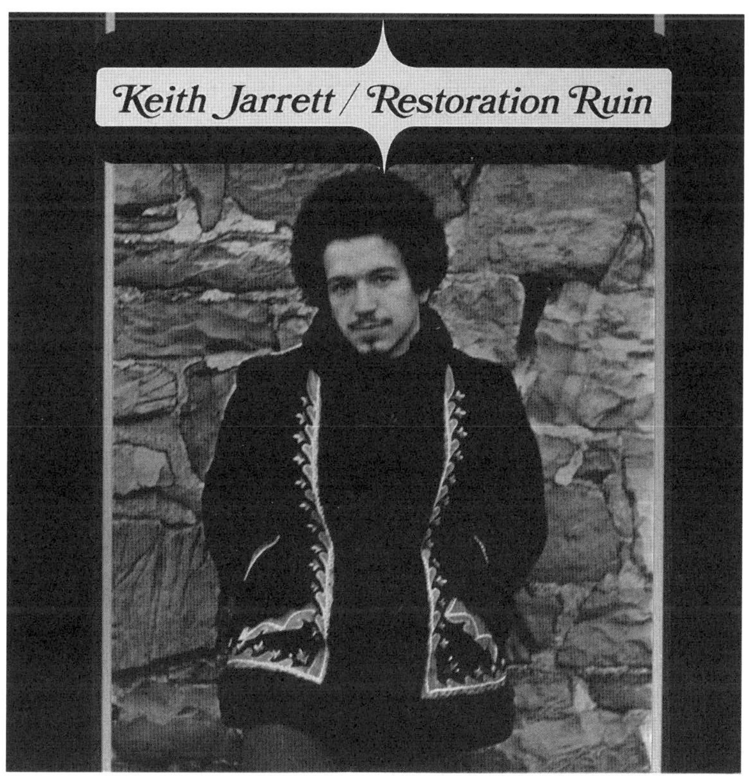

Keith Jarrett – Restoration Ruin, Vortex Records

다고 언급했다. 또한 이 시기에 애틀랜틱 스튜디오에서 몇 가지 이 례적인 녹음도 이루어졌는데, 자렛은 소울 재즈와 포크 계열 가수 들을 위한 반주자로 참여했다. 예를 들어 지미 헨드릭스와 캣 스티 브스의 코러스에서 활동했던 바바라 매시, 그리고 마리온 윌리엄 스의 가스펠 앨범 《Standing Here Wondering Which Way To Go》 등이 있다. 이 앨범에서는 애틀랜틱이 재즈 피아니스트 4명을 모았는데, 행크 존스, 조 자비눌, 레이 브라이언트, 그리고 키스 자 렛이었다. 또 다른 예로는 1960년대 마틴 루터 킹 목사와 함께 시 민권 집회에서 노래했던 도널 리스의 앨범도 있었다. 이러한 녹음 참여는 자렛 본인의 음악적 목표와 직접적인 연관은 없어 보이며, 애틀랜틱 레코드 측의 주도로 이뤄진 것으로 보인다.

찰스 로이드 쿼텟의 해체 이후에도 키스 자렛은 빈손으로 물러 나지 않았다. 향후 몇 년간 그의 매니저는 조지 아바키안이었는데, 그의 명성은 자렛이 음악계의 아웃사이더로 전락하지 않도록 보장 해주었다. 당시 상황이 얼마나 불안정했는지는, 영향력 있는 인물 이었던 아바키안조차 1969년 자렛의 트리오 유럽 투어를 성사시 키는 데 큰 어려움을 겪었다는 사실에서 잘 드러난다. 결국 투어는 이루어졌지만, 개런티가 형편없어 헤이든과 모션은 아예 동행하 지 않았고, 자렛은 (이런 수익이 박한 기획에서는 흔히 있는 일이지만) 현지 유럽 뮤 지션들과 함께 연주해야 했다. 당시 재즈 트리오의 음반 녹음 상황 역시 밝지만은 않았다. 비록 그 트리오가 찰스 로이드 밴드 출신, 프리 재즈의 신호탄을 쏘아 올린 오넷 콜먼 그룹의 베이시스트 찰 리 헤이든, 그리고 빌 에반스 트리오의 드러머 폴 모션으로 구성되 었다 하더라도 말이다. 에반스는 마치 요제프 하이든이 클래식 현악 사중주에 기여했던 것처럼, 실내악적 재즈 트리오라는 형식의 발전에서 핵심적인 인물이었다. 그는 '솔로+반주'라는 기능적 분리를 해체하고, 세 악기 모두에 평등한 음악적 역할을 부여하는 방식의 초석을 다졌다.

유럽 투어는 한 가지 뜻밖의 행운을 가져왔다. 자렛은 이탈리아 드러머 알도 로마노, 프랑스 베이시스트 장-프랑수아 제니-클라크와 함께 파리에서 공연하고 있었는데, 마침 같은 시기에 마일스 데이비스도 파리에 있었다. 마일스는 이전부터 여러 차례 자렛을 만났고, 몇 년 전부터 그를 자신의 밴드에 끌어들이기 위해 꾸준히 노력해왔다. 그런 관심을 다시 한번 보여주기 위해 마일스는 자렛이 연주하는 파리 클럽을 전격 방문했는데, 이번에는 자신의 주요 멤버인 칙 코리아, 데이브 홀랜드, 웨인 쇼터, 토니 윌리엄스를 전부 데리고 함께 나타났다.

키스 자렛의 뚜렷한 특징 중 하나는 자신과 주변 음악적 환경에 대한 정확한 판단력, 그리고 "예"와 "아니오"를 말해야 할 정확한 시점을 아는 능력이다. 보스턴 시절과 뉴욕에서의 초기 몇 년 동안 자렛은 자신이 아직 재즈 역사상 가장 위대한 음악가 중 한 명과 함께할 준비가 되지 않았다고 느꼈을지도 모른다. 이번에 마일스 데이비스의 제안을 거절하지 않은 결정적인 요인은 드러머 잭 드조넷 때문이었을 것이다. 그는 이미 데이비스와의 협업을 받아들인 상태였다. 어쨌든 1970년 봄부터 자렛은 데이비스와 간헐적으로 녹음을 시작했고, 드조넷이 합류한 뒤부터는 공연도 더 자주 함께하게 되었다. 당시 마일스 데이비스는 고정 밴드를 운영하지 않았지만, 공연과 녹음을 위해 유연하게 조합할 수 있는 우호적인 뮤지션 풀을 보유하고 있었다. 재즈계에서는 이를 반어적으로 "마일스의 전속 연주자들(Miles's Stock Company Players)"이라 불렀다.

자렛이 이 뮤지션 풀에 합류했을 무렵, 이미 피아니스트는 두 명이나 있었다. 칙 코리아와 허비 행콕이 그들이다. 마일스는 스튜디오 작업에서 세 명, 때로는 네 명의 피아니스트를 기용하기도 했는데, 허비 행콕, 조 자비눌, 칙 코리아, 에르메토 파스콜 등이 그 예다. 때때로 두 명의 베이시스트(론 카터와 데이브 홀랜드)를 동시에 쓰는 경우도 있었다. 물론 자렛은 마일스 데이비스와 일한다는 것이 무엇을 의미하는지 잘 알고 있었다. 그의 역할은 찰스 로이드보다 훨씬 컸으며, 비록 일렉트릭 록-재즈 장르에서의 화려한 음반들이 재즈 비평계의 정통주의자들을 로이드보다 더 자극했을지언정, 그의 위상은 압도적이었다.

자렛은 일렉트릭 피아노와 오르간을 거의 참을 수 없었고, 잭 드조넷을 제외하면 다른 멤버들을 그리 높이 평가하지 않았음에도 밴드에 1년 반이나 머물렀다. 그는 마일스 데이비스의 신비로운 면모, 그 모든 상형문자 같은 음악적 몸짓을 이해한 몇 안 되는 인물 중 하나였던 듯하다. 그리고 물론, 데이비스와 연주할 때조차도 자신만의 독립적인 사고방식을 유지했다는 점은 자렛의 자신감을 잘 보여준다. 그는 아버지 세대의 인물보다 자기 목소리를 더 신뢰하던 음악가 세대의 자식이었다. 마일스가 1944년 뉴욕에서 전설적인 멘토 찰리 파커를 찾았고 이후 2년 동안 그를 섬겼다는 이야기는, 키스 자렛과 마일스 데이비스 사이에서 새롭게 반복되지 않았다. 자렛은 마일스의 연주와 밴드의 에너지에서 밴드 구성, 자유로운 편곡, 무대 위 존재감에 대해 많은 것을 배울 수 있다는 점은 알았지만, 그의 자유로운 정신에 있어 '스승-제자' 관계는 애초에 가능하지 않았다. 이미 재즈 역사에 거대한 족적을 남긴 마일스 데이비스와 야심 찬 젊은 피아니스트 키스 자렛은 서로가 예술가로서 마주한 셈이었다.

많은 사람이 "마일스 데이비스의 밴드들은 도대체 어떻게 돌아갔는가?"라는 질문을 던지곤 한다. 마일스는 과묵하고 무뚝뚝한 태도로 유명했으며, 그의 밴드는 끊임없이 새로운, 무명의 동료들을 받아들였다. 그러나 그는 예리한 관찰자였고, 악보뿐 아니라 사람을 읽을 줄 아는 인물이었다. 대중이 어떤 신입 멤버에 대해 아무것도 몰랐을 때조차 마일스는 이미 알고 있었다. 키스 자렛을 기용할 때도 마일스는 오래 망설일 필요가 없었다. 그는 1968년, 자렛이 찰스 로이드와 함께 연주하던 시절, 빌리지 게이트에서 자신의 퀸텟과 로이드의 쿼텟이 무대를 나눠 쓰던 공연에서 그를 지켜볼 기회가 있었다. 그곳에서 진짜 '스윙'을 만들어내는 이들이 누구인지 분명히 들을 수 있었는데, 바로 잭 드조넷과 키스 자렛이었다. 마일스가 이 둘을 자신의 밴드에 다시 불러들인 것이다. '사운드 엔지니어' 허비 행콕과는 달리 자렛이 전자악기를 혐오했음에도 마일스가 그에게 전자 피아노와 해먼드 오르간을 맡긴 것은 젊은 피아니스트의 인내심을 시험하려는 의도가 아니었다. 마일스의 의도, 즉 루틴을 회피하고 항상 음악가들로부터 새로운 것을 이끌어내려는 방식과 맞닿아 있었다. "들리는 것을 연주하지 말고, 들리지 않는 것을 연주하라"는 그의 역설적인 교리가 있었고, 자렛은 이러한 마일스의 사고방식에 공감하며 점차 자신의 혐오를 억제하고 낯선 악기들과 타협해 나갔다.

키스 자렛은 마일스 데이비스와의 짧은 18개월간의 시기를 마친 후, 다시는 일렉트릭 피아노를 연주하지 않았다. 그럼에도 마일스의 음악적 통찰력은 여전히 놀라운 것이었다. 키스 자렛과 칙 코리아가 그 악기에서 끌어낸 결과물은 엄청난 것이었고, 마일스의 거친 표현을 빌리자면 "둘이 같이 연주한 그 음악은 진짜 죽여줬다". 마일스는 사실 칭찬에 인색한 사람이 아니었다. 늘 구루처럼 굴며 자신이 중심인 양 관심을 끌려 했던 찰스 로이드와는 달리, 마일스는 자신보다 더 음악의 성격을 형성하거나 분위기를 주도하는 이들을 인정할 줄 알았다. 그는 찰스 로이드로부터 꿈의 듀오를 물려받았다는 사실을 잘 알고 있었고, 이렇게 단언했다. "키스 자렛과 잭 드조넷이 함께한 밴드에서는, 그 둘이 사운드의 방향과 연주를 주도했고, 그들이 만들어낸 리듬 위로 음악이 자연스럽게 흘러나왔다. 그런 음악을 아무나 연주할 수는 없어. 왜냐하면, 키스와 잭이 없기 때문이지." 이것이야말로 마일스 데이비스의 위대한 재능이자 성공의 비결이었다. 뛰어난 음악가들을 찾아내 함께 모아놓고, 이후에는 그 안에서 화학 반응이 자연스럽게 일어나도록 내버려두는 것 말이다.

키스 자렛이 마일스 데이비스 밴드에 있었던 시기는 음반으로 잘 남아 있지 않으며, 녹음된 자료들 또한 그 당시 연주자들, 특히 자렛 자신의 사운드 개념과는 잘 맞지 않았다. 예를 들어 자렛은 마일스가 속한 음반사 CBS가 라이브 녹음에서 외부 잡음을 제거하려다 전자 피아노 고유의 "거친 느낌"까지 없애버렸다고 불평했다. 그는 "전자 피아노에서 거친 질감을 더 끌어내면 끌어낼수록, 그들은 더 열심히 그걸 지워버렸다. 믿을 수가 없었다. 음 하나하나는 알아볼 수 있었지만, 그 소리는 전혀 알아들을 수 없었다"고 말했다. 일부 밴드 편성은 아예 녹음으로 남아 있지도 않다. 예를 들어 1970년 가을 칙 코리아가 탈퇴한 이후, 키스 자렛이 전자 피아노와 오르간을 모두 연주하고, 마일스 데이비스, 알토 색소폰의 게리 바츠, 일렉트릭 베이스의 마이클 헨더슨, 드럼의 잭 디조넷이 함께한 편성은 공식적으로 녹음된 바 없다. 하지만 자렛은 이 구성이 마일스 밴드 중 가장 인상적인 밴드였다고 평가했다.

그럼에도 마일스와 자렛이 함께 만든 몇몇 음악은 실제로 녹음되었으며, 찰스 로이드 쿼텟 시절보다 훨씬 더 복잡하고 다층적인 구성을 지니고 있었다. 이런 음악적 복합성은 자주 바뀌는 대규모 편성에서 비롯되기도 했지만, 무엇보다도 마일스가 불러 모은 탁월한 음악가들이 서로에게 자극을 주며 만들어낸 결과였다. 그 결과물 중 일부는 1970년의 더블 앨범 《Miles at the Fillmore》와 《Live-Evil》, 그리고 그해 8월 말 유럽판 우드스톡이라 불린 아일 오브 와이트 페스티벌(Isle of Wright Festival)에서의 연주가 포함된다. 당시 60만 명의 관중 앞에 선 마일스는 지미 헨드릭스, 텐 이어스 애프터, 조니 미첼, 조안 바에즈, 리치 헤이븐스 등과 같은 록이나 포크 아티스트들이 즐비한 무대에서 유일한 재즈 아티스트였다. 그는 공연 후 무대에 다시 올라 관객을 바라보며 멍한 듯 약간 손을 흔드는 제스처를 취했는데, 그의 얼굴에는 마치 자신이 이질적인 존재라는 인식이 드러나 있었다. 그날의 연주는 소리의 분노였다. 재즈 역사상 중요한 순간으로 기록할 수 있으며, 루이 암스트롱의 1920년대 《Hot Five》와 《Hot Seven》, 베니 굿맨의 1938년 카네기홀 공연, 마일스 데이비스의 《Kind of Blue》, 존 콜트레인의《Ascension》, 오넷 콜먼의《Free Jazz》, 키스 자렛의《Köln Concert》 등과 함께 거론할 만한 연주였다.

마일스 데이비스와 그의 밴드는 그날 무대에서 38분간 쉬지 않고 연주했고, 어떤 기자가 이 곡의 제목이 무엇이냐고 묻자, 마일스는 특유의 거칠고 쉰 목소리로 "아무렇게나 불러(Call it anything)"라고 대답했다. 이 말을 이후 LP와 비디오의 제목으로 채택되었으며, 마일스의 음악에 대한 전반적 태도인 '이름 붙일 수 없는 음악'을 드러내기도 한다. 그날 무대에서 연주자들은 열려 있는 형식을 바탕으로, 단 몇 개의 주제적 스케치, 템포 변화, 조성의 중심, 분위기 같은 힌트만을 갖고 연주에 임했다. 그리고 언제나처럼, 연주를 방해할 수 있는 어떤 구조적인 구속도 없었다. 드러머 잭 디조넷은 이 공연을 하나의 잼 세션처럼 묘사했는데, 다만 차이가 있다면 이 강렬한 음악적 교류에 참여할 인원은 이미 정해져 있었다는 점이었다.

이날 함께한 연주자는 마일스를 비롯해 디조넷, 일렉트릭 베이스의 데이브 홀랜드, 타악기 연주자 아이르토 모레이라, 소프라노 및 알토 색소폰의 게리 바츠, 그리고 두 명의 키보디스트였는데, 키스 자렛은 전자 오르간을, 칙 코리아는 전자 피아노를 맡았다. 두 사람은 서로를 볼 수 있도록 마주 보고 앉았지만, 실제로 그 기회를 활용하는 일은 없었다.

공연은 그다지 특별하지 않게 시작되었다. 다소 퍼져 있는 듯한 전자음의 버블링이 계속되는 록 드럼 리듬 위에 흘렀고, 신시사이저 계열의 윙윙거리는 음향층, 〈rub〉 드럼의 강한 타악 포인트, 베이스의 오스티나토가 이어졌다. 이 구조는 마일스 데이비스가 멜로디 라인이나 재즈적인 코러스를 전혀 사용하지 않고 소리의 신호들로 강화해 나갔다. 음악적 전개의 중심축은 각 연주자가 무엇인가를 발견하고, 나머지 연주자들이 그것을 어떻게 다뤄 나가느냐에 따라 결정되었다. 템포와 분위기의 변화는 매번 다른 연주자에 의해 촉발되었다. 어떤 때는 마일스 자신이 강렬한 오스티나토 구조를 뚫고 들어오는 폭발적인 트럼펫 리타르단도(ritardando)로 분위기를 전환했고, 어떤 때는 잭 디조넷이 갑작스럽게 리듬을 바꾸는 방식으로 이루어졌다. 키스 자렛과 칙 코리아는 주로 표현적인 배경 사운드를 담당했으며, 키스가 비교적 긴 구간을 연주하긴 했지만 그것을 '솔로'라고 부를 수 있을지는 불확실하다. 그는 나중에, 자신이 음악의 순수한 구성면에서는 그리 많은 것을 더하지 못했지만 "에너지"면에서는 기여했다고 회상했다. 이 음악은 그런 설명에 잘 부합했다. 빽빽하게 구성된 전자적 에너지 흐름 안에서 개별 악기들의 목소리가 솟구쳐 오르다가 다시 음향의 심연 속으로 가라앉는다. 아마도 아이르토 모레이라에게는 그야말로 놀이터 같은 무대였을 것이다. 그는 쿠이카, 헤코헤코, 마라카스, 셰이커, 그리고 그 외 환상적이고 기괴한 타악기들을 이용한 리듬 구조의 소리로 이 새로운 유형의 사운드와 빛나는 콜라주에 연료를 공급할 수 있었기 때문이다.

각각의 연주자는 자유롭게 연주했지만 동시에 전체 장면 속에 녹아들어 있었으며, 특정한 색채나 리듬 패턴을 덧입히는 방식으로 기여했다. 마일스 데이비스는 트럼펫 신호로 공연의 끝을 알렸다. 그 신호는 록 패턴을 자르듯 끊어내며, 리듬적으로 자유로운 드럼 롤 위에서 확장된 열린 사운드로 이끌었다. 이후 마일스가 무대를 떠났고, 게리 바츠가 그를 따랐다. 나머지 연주자들은 마지막의 소리 구름을 조금 더 이어갔다. 그 다음에는 데이브 홀랜드가, 이어서 칙 코리아와 잭 디조넷이 무대를 떠났다. 마지막으로 키스 자렛이 퇴장하며 하이든의 〈고별 교향곡〉에서처럼 은유적 촛불을 끄는 듯한 동작을 연출했고, 약 60만 명에 달하는 청중은 박수로 응답했다. 키스 자렛은 이 공연을 두고 "재즈의 미시적인 역사 수업이 그의 호른에서 나왔다"고 표현했다. 왜냐하면 이 공연에는 지난 100년간 존재했던 재즈의 거의 모든 요소가 조금씩 담겨 있었기 때문이다. 아일 오브 와이트 페스티벌에 모인 관객들이 과연 그렇게 느꼈는지, 이것이 실제로 마일스 데이비스의 의도였는지, 혹은 단지 키스 자렛의 상상일 뿐이었는지는 중요한 문제가 아니다. 더 중요한 것은, 키스 자렛이 이후 창조해낸 음악적 환상들이 종종 이와 비슷한 인상을 준다는 점이다. 그의 솔리스트로서의 신념은 스타일의 보편성에 있다고 말할 수 있을 것이다.

아일 오브 와이트 페스티벌 2개월 전에 녹음된 필모어 이스트 실황은 게리 바츠 대신 스티브 그로스맨이 참여한 유사한 멤버 구성으로 그 공연보다 음향적으로 덜 압축되어 있는 대신, 다섯 연주자가 지닌 날것 그대로의 음악성을 더 또렷하게 보여준다. 연주자들은 자신만의 두뇌파와 심장의 울림을 고전압 상태로 따라가면서도 서로의 신호를 경청하고 있었다. 이 신호들은 각자의 목적에 따라 대조를 만들거나, 혹은 무시되기도 하면서 각자의 구절을 더욱 도드라지게 만들었다. 이 음반에서는 아일 오브 와이트 실황보다도 더 강하게 밴드가 전진하는 에너지를 체감할 수 있다. 어떤 악기가 솔로에 가까운 구절을 연주할 때조차, 다른 악기들의 대위법적 흐

　　　　　　　　　　　　　　　　　　　　　　　키스 자렛

Miles Davis – Miles Davis At Fillmore, Columbia Records

름을 각각의 트랙에서 뚜렷이 따라갈 수 있다. 예컨대 끊임없이 달리고 구불거리는 리프를 이어가는 베이시스트, 에너지 넘치는 스윙 리듬을 이끄는 드럼, 서로 미끄러지듯 겹치며 얼음 조각처럼 쌓이는 분할 코드와 사운드 텍스처를 펼치는 키스 자렛의 연주를 집중해서 듣는다면 그 에너지를 분명히 느낄 수 있다.

마일스는 이 밴드를 통해 당대의 감각적인 사운드를 창조하겠다는 자신의 목표를 달성했다. 칙 코리아와 키스 자렛을 동시에 _(때로는 세 명, 네 명까지의 키보디스트를) 기용한 것이 낭비라고 여기는 이들이 있다면, 《Filmore》 앨범에 수록된 "Wednesday Miles"에서 "Saturday Miles"까지의 저녁 공연을 들어보기를 권한다. 이 공연에서는 칙 코리아와 키스 자렛 사이의 광범위한 음악적 교류를 즐길 수 있다. 그들은 음악적 두뇌가 만들어낼 수 있는 가장 기이한 음색, 조성 연결, 사운드 컬러들을 휘몰아친다. 마일스 데이비스의 모스 부호 같은 짧은 문장들은 공중에 홀로 떠 있을 뿐이고, 데이브 홀랜드의 록 스타일 베이스 라인도 단조롭게 들릴 뻔했지만, 자렛과 코리아가 그 위에 펼쳐 놓는 고도의 화성 덕분에 곡은 복잡성과 생명력을 얻는다. 이들은 번갈아가며 마일스를 지상으로, 다시 말해 음악적 현실로 불러들이고, 왜곡 효과와 멀리 떨어진 화성들을 사용하여 홀랜드를 평범한 록 그루브에서 깜짝 놀라게 해 깨어나게 만든다. 키스 자렛은 이 과정에서 자신의 독자적인 사운드 탐구에 나서는데, 그의 형식과 화성에 대한 깊은 이해는 마일스가 그를 기용한 이유, 즉 전통에 기반한 혁신을 정확히 보여준다.

《Live-Evil》에 담긴 음악적 구성은 더 확고하게 록 음악의 기반 위에 서 있으며, 리듬 패턴과 베이스 오스티나토, 블루스와 펑크 요소가 적절히 배치되고 솔로 파트는 더 많아진 반면, 일관된 집단 즉흥연주는 상대적으로 줄어들었다. 특히 키스 자렛이 혼자 키보디스트로 등장하며 칙 코리아와 끊임없이 맞붙지 않는 곡들―〈Sivad〉, 〈Funky Tonk〉, 〈Inamorata〉, 〈What I Say〉―에서 음악적 실체는 더욱 명확해지고, 구조는 더 뚜렷해지며, (표면적으로는 삼성이 과장된 듯 보일지라도) 한층 섬세하게 다듬어진다. 예를 들어 〈What I Say〉에서는 자렛이 베이스와 드럼의 지지를 받으며 마일스를 위한 환상적인 펑크 기반을 구축한다. 이후 트럼페터와 피아니스트 사이의 아이디어 교환이 드럼의 박력 있는 리듬과 함께 베이스 오스티나토 위에서 오랜 시간 이어진다. 마침내 자렛은 격렬한 업템포 솔로로 돌입해, 곧 그가 유명세를 타게 될 찬가적 패시지와 반복적인 음형들을 활용하며 먼 화성의 은하계로 비약한다. 〈Little Church〉에서는 마일스 데이비스가 네 명의 피아니스트―에르메토 파스코알, 키스 자렛, 허비 행콕, 칙 코리아―를 하나의 초현실적인 사운드 밴드로 묶었고, 그 결과는 거의 구분이 불가능한 음향의 흐름으로 나타난다. 어쩌면 피아니스트를 낭비한 것으로도 보일 수 있다. 하지만 이것이 바로 마일스 데이비스의 일면이다. 예컨대 〈Inamorata〉에서 리듬이 결국 해체되기 전까지 스토아 철학자처럼 한결같이 반복되는 베이스 리프처럼 말이다. 이후 배우 콘래드 로버츠가 기묘한 시를 낭송한다. 이 구절들은 아마도 마일스 데이비스가 직접 쓴 것으로 보이며, 녹음의 신비로운 분위기를 시적으로 강조하고, 음악을 남성성과 동일시한다. 마치 지금까지 배경 속 여성 수호성인 체칠리아의 존재를 전제로 해왔던 대담하고 여성적인 음악 이미지가 이제는 완전히 철거되어야 한다는 듯이. 이 주장을 강조하듯, 시 낭송 도중 음악의 분수는 혼란스럽게 계속해서 솟구치고, 이어서 으르렁거리고 거의 폭력적인 음악적 제스처로 부풀어오르다가, 마침내 일그러진 기타 사운드로 말라붙으며 사그라든다.

1965년 말부터 1971년 초까지의 시간은 참으로 특별한 시기였다. 키스 자렛은 약 5년에 걸쳐 아트 블레이키, 찰스 로이드, 마일스 데이비스라는 세 단계를 거치며 자신의 음악적 독립을 향해 나아갔다. 이처럼 획기적인 앙상블에서 더 오래 머물 수 있는 기회를 반길 음악가는 적지 않았을 것이다. 그러나 자렛은 그렇지 않았다. 그는 자신의 경력 내내, 자신과 함께하는 모든 이들이 절대적인 미학적, 음악적, 정서적 합치 아래에서 각자의 역할을 충실히 수행할 때, 타인과도 일관성 있게 협업할 수 있음을 입증해왔다. 당시 자렛에게는 이러한 여러 사운드 콘셉트로부터의 독립이 자신의 음악적 진화를 위한 필수 조건이었다. 그는 아트 블레이키의 리듬 개념이 자신의 리듬 구조 구상과 어긋난다고 느껴 만족하지 못했다. 찰스 로이드 쿼텟에서는 밴드 리더의 교묘한 사업 방식뿐만 아니라, 리더의 음악에 대한 열정이 점점 식어가는 것도 불편했다. 마일스 데이비스와 함께할 때는 일관되게 전자 키보드 악기들—일렉트릭 피아노와 오르간—의 제한된 음색과 표현력이 그를 불편하게 만들었다. 또 다른 문제는, 마일스가 연주자들에게 자유를 부여했다고는 해도, 모든 프로젝트와 공연의 이면에는 오직 '마일스 데이비스의 음악'이라는 단일한 개념만 존재했다는 점이다. 세세한 표현들이 요구되었음에도, 그런 디테일들은 종종 더 큰 그림 속에서 사라지곤 했다. 자렛은 본질적으로 실내악 연주자이자 솔리스트였으며, 따라서 그의 요구를 충족시키기에 부족했다.

마일스 데이비스는 웅대한 음악적 건축물을 구축하길 원했다. 그는 마치 중세의 한 화가의 작업실처럼, 여러 음악가가 대형 프레스코화를 함께 그려나가는 식의 사운드 아트워크를 만들고자 했다. 자렛 또한 새로운 재료로 대규모 음악 구조물을 짓고자 했지만, 그 구조물의 세부는 정교하게 설계되고 배열되어야 했지, 단지 던져 놓은 조각들이 우연히 맞물려 하나의 전체로 보이길 바라는 식이어서는 안 됐다.

배음, 리듬적 자극, 어택의 뉘앙스, 형식의 해체, 동기적 유도, 전환, 연상, 음색 마찰, 협화, 불협화, 박자, 쉼, 숨결, 공기―이 모든 것은 자렛에게 중요하며, 모두 귀 기울여 감상할 수 있는 요소들이다. 그가 색채로 가득한 음악, 강렬한 리듬, 또는 가장 섬세하고 인상주의적인 움직임에 몰입할 때에도, 그의 예술과 음악에는 항상 드로잉의 몸짓과 정확한 선묘의 감각이 배어 있다. 다소 위험한 비유를 들자면, 키스 자렛의 회화적 본능은 잭슨 폴록의 방식과는 맞지 않는다. 그는 과거에도 지금도 알브레히트 뒤러 같은 존재다. 세부에 집착하며, 항상 통제된 상태에서, 막 연주된 소리와 아직 가능한 소리를 동시에 인식하는 정신적 민감성을 지닌 음악가다. 그렇다고 해서 혼돈, 즉흥성, 넘치는 감정이 배제된다는 뜻은 아니다. 오히려 모든 것이 충동, 아이디어, 감각, 상상력, 에너지, 작업 재료로 받아들여진다. 어떤 요소를 포함할지, 그것을 더 깊이 다룰 가치가 있는지, 그리고 그것을 언제 정확히 다뤄야 하는지 이것이 가장 중요한 질문들이며, 즉흥연주자는 작곡가보다 훨씬 빠르게 이 질문들에 대한 답을 찾아야 한다. 자렛의 이처럼 철저하고 까다

롭고, 신경질적이며 예민한 예술적 원칙을 온전히 실현하기 위해
서는, 그의 경력상 여전히 하나의 중요한 조건이 부족했다. 그것은
그를 유럽에서 기다리고 있었다.

롭고, 신경질적이며 예민한 예술적 원칙을 온전히 실현하기 위해
서는, 그의 경력상 여전히 하나의 중요한 조건이 부족했다. 그것은
그를 유럽에서 기다리고 있었다.

Keith Jarrett

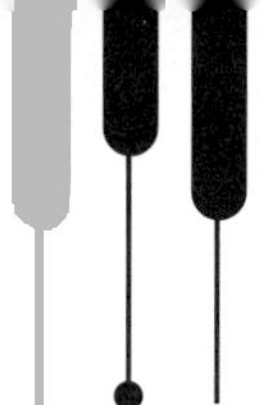

3장 이상적인 파트너십

다니엘-헨리 칸바일러는 스물세 살에 친척에게서 빌린 대출금을 소박한 종잣돈으로 삼아 회사를 설립했다. 그가 선보인 예술가 파블로 피카소는 그보다 세 살 더 많았다. 두 사람이 협력 관계를 맺은 순간부터, 그들은 서로가 완벽하게 맞는 한 쌍이라는 사실을 인지하고 있었다. 한 사람은 태동하는 혁신과 미학적 격변을 감지하는 믿음직한 직관을 지니고 있었고, 다른 한 사람은 대중에게는 전혀 알려지지 않았고 작품 역시 거의 주목받지 못하고 있던 천재였다. 그들의 연합은 신뢰를 기반으로 했고, 수십 년 동안 이어진 신뢰 관계는 그들에게 높은 명성을 가져다주었다. 수집가이자 갤러리 운영자였던 칸바일러와 예술가 피카소는 파리에서 서로를 알게 되었는데, 이는 젊은 화가가 《아비뇽의 처녀들》을 막 완성하던 시기였다. 이들의 관계는 20세기 미술사에 결정적 영향을 남겼다.

이 비범한 협력 관계 이야기는 굳이 다시 쓰지 않아도 된다. 단지 이름만 칸바일러와 피카소에서 만프레트 아이허와 키스 자렛으로 바꾸면 될 뿐이다. 위대한 화가, 음악가, 작가들의 전기를 연구하면 할수록 예술가와 그들의 갤러리스트, 출판사 편집자, 프로듀서 혹은 후원자 사이의 관계가 얼마나 중요한지를 깨닫게 된다. 이들의 중개 없이는 어떤 것도 출판되지 않았을 수 있으며, 어떤 작품도 널리 인정받지 못했을 수 있다.

만프레트 아이허가 1969년, 한 사업가 친구에게서 소액의 돈을 지원받아 독립 레이블 ECM을 독일 뮌헨에 설립했을 때 그의 나이는 스물여섯이었다. 그리고 키스 자렛은 그보다 두 살 더 어렸다. 두 사람은 1971년에 악수로 협업을 약속했는데, 그 시기는 청중이 마침내 찰스 로이드와 마일스 데이비스의 그늘에서 성장한 한 천재의 존재를 인식하기 시작하던 때였다. 자렛은 여러 투어에서 주목을 받았고 중요한 재즈 음악가들과 함께 레코드를 발표했으며 트리오 녹음도 내놓았지만, 진정한 돌파구는 아직 오지 않은 상태였다. 음악적 품질에 대한 정확한 감각을 지닌 프로듀서 아이허와, 엄격하고 타협 없는 예술가 자렛은 서로 신뢰해도 좋다는 사실을 빠르게 이해했음이 분명하다. 이후 반세기 동안 이어지고 있는 이 파트너십은 재즈사의 흐름에 결정적 영향을 미쳤으며, 20세기와 21세기의 음악 해석에 중요한 기여를 남겼다.

이들이 모두 경력의 출발점에 있었다는 사실 혹은 나이나 역할이라는 피상적 특징도 칸바일러/피카소의 협업을 만프레트 아이허/키스 자렛의 협업과 비교할 근거로는 충분하지 않다. 칸바일러는 흔한 미술상이 아니었다. 그는 통상적인 관념을 벗어난 뛰어난 미술사학자이자 출판인이며 저술가였다. 당시의 전위예술가 가운데 소외된 작가들을 소개하는 갤러리를 운영했으며, 입체주의에 관한 저작들을 집필했고, 기욤 아폴리네르, 앙드레 말로, 미셸 레리스, 막스 자콥, 거트루드 스타인 같은 젊은 작가들의 글을 출판했다. 또한 그는 한정판으로 제작한 미술 서적(beaux livres)을 위해 여러 예술가에게 원화 제작을 의뢰했는데, 이러한 책들은 삽화가들을 위한 섬세한 포럼의 기능을 했다.

만프레트 아이허는 정규 교육을 받은 음악가였으나 베를린 필하모닉 오케스트라의 정규 단원(더블베이스 주자) 자리를 포기했을 뿐 아니라, 재즈 베이시스트로서 막 태동하던 경력까지 집어 던진 채 전적으로 레코드 프로듀서로서의 작업에 헌신했다.

그는 처음부터 단지 전통적 의미의 레코드 프로듀서가 아니라 출판인이기도 했다. 칸바일러가 그랬던 것처럼. 그는 이른바 "상어 산업(shark industry)"으로 알려진 분야의 의심스러운 방식들과 음모들에 맞서 싸웠다. 그의 관심은 재즈에만, 혹은 음악에만 한정되지 않았다. 따라서 영화예술과 연극을 포함했고, 잉마르 베리만, 장-뤽 고다르, 에를란드 요셉손, 브루노 간츠, 로버트 윌슨과도 우호적 관계를 유지했다. 다른 관심 분야는 문학과 시였으며, 특히 횔덜린, T. S. 엘리엇, 그리고 조르지오스 세페리스의 작품을 높이 평가했다. 여기에 더해 하인츠 홀리거, 죄르지 쿠르타크, 기야 칸첼리의 음악을 활용하여 시에 적합한 포럼을 마련함으로써 세페리스를 지원했다.

아이허는 그리스 영화감독 테오 앙겔로풀로스의 자문역으로 일한 경험이 있었고, 장-뤽 고다르와도 협업했는데, 특히 아나 카리나가 출연한 그의 영화 『자기만의 인생(Vivre sa vie)』(1962)에서 드러난 "생략의 예술에 대한 기이한 감각", 그리고 "빛, 소리, 음악에 관한 비범한 창조적 의지"가 그를 매료시켰다. 1990년 아이허는 고다르의 영화 『누벨 바그(Nouvelle Vague)』에서 사운드 어시스턴트로 참여했고, 이듬해 제작된 『알마뉴, 아니 90뇌프 제로(Allemagne, année 90 neuf zéro)』에서는 한층 깊이 관여했다. 그는 마침내 고다르의 방대한 영화 연대기인 『시네마의 역사(Histoire(s) du cinéma)』 제작에도 참여했고, 그 사운드트랙을 네 권의 화보 교과서와 함께 다섯 장의 CD로 출판했다. 하인츠 뷔틀러와 함께, 만프레트 아이허는 1992년 막스 프리슈의 소설을 기반으로 한 영화 『홀로젠(Holozän)』을 연출했으며, 이 영화에는 키스 자렛의 음악도 일부 포함되었다. 이 작품으로 그는 로카르노 영화제 심사위원단으로부터 특별상을 받았다.

ECM("Edition of Contemporary Music")은 현재 1,600개가 넘는 카탈로그 번호를 가진 회사로 성장했으며, 현대 음악과 고대 음악의 최신 해석을 담아내는 일종의 현대적 음악 도서관과도 같은 존재가 되었다. 이 회사에는 "출판물을 절판한다"는 개념도, "카탈로그에서 삭제한다"는 개념도 존재하지 않는다. ECM은 모든 발매물을 예술적 가치에 깊은 관심을 가진 전통적 출판사의 편집적 배려와 높은 디자인 기준을 갖춘 형태로 내놓는다. 이 회사는 완고하리만큼 작고 독립적인 형태를 유지해왔지만, 그 아우라는 전 세계로 뻗어 나가고 있다. 우선순위는 고품질 예술과 여기에 걸맞은 편집적·청각적 제시이다. 이는 물론 ECM의 혁신적 발매물 가운데 많은 사례가 순수한 상업적 고려만으로는 정당화할 수 없었음을 의미한다.

이 점에서, ECM과 거의 전속적 관계를 맺기 이전인 1960년대 후반과 1970년대 초에 키스 자렛의 음악을 발매하던 미국 레이블들은 문자 그대로 잘못 계산했던 셈이다. ABC 레코드사는(1973년부터 1978년 사이 자렛의 '아메리칸 쿼텟'과 함께한 LP 여덟 장을 발매한 회사) 계약서의 "독점성 예외(Exceptions from Exclusivity)" 항목 아래, 계약 기간 동안 자렛이 "진지한 음악(serious music)" 및 그와 유사한 ECM 제작물을 녹음하는 것을 허용한다고 명시했다. 특히 그러한 연주가 "그의 이미지를 더욱 높일 수도 있다"고 판단했기 때문이었다. ABC가 그 대가로 아무것도 할 필요가 없었다는 점에서 더욱 그러하다. 1970년대 초, 자렛의 매니저 조지 아바키안 역시 이 방식을 재확인하며 말했다. "ABC 임펄스 레이블의 프로듀서였던 에드 미셀과 제법 오랫동안 논의했는데, 임펄스가 관심을 갖지 않는 음악 형식에서 키스에게 다른 곳에서 자신을 표현할 자유를 준다고 해도 임펄스에는 어떠한 부정적 영향도 없을 것이며, 오히려 그의 이미지와 그의 추종자들에게는 플러스가 될 수 있고, 임펄스에서의 키스의 작업 가치도 높일 수 있다는 내 주장을 전했다. 우리가 정말 놀랐던 것은, ECM에서 나온 결과물이 그가 이전에 녹음한 어느 것보다도 훨씬 뛰어났다는 사실이었다."

실제로, 1970년대 초(마하비슈누 오케스트라, 리턴 투 포에버, 웨더 리포트와 같은 전자 증폭 퓨전 밴드들이 전성기를 맞던 시기)에, 전통적인 콘서트 그랜드 피아노로 연주하는 한 재즈 음악가의 독주 즉흥연주가 비평적 찬사를 받을뿐만 아니라 상업적으로도 성공하리라고는 누구도 상상할 수 없었다. 그런데도 《쾰른 콘서트(The Köln Concert)》 앨범은 지금까지 4백만 장 이상 판매되며 역사상 가장 많이 팔린 솔로 녹음이라는 기록을 세웠다.

키스 자렛은 이렇게 말했다. "모두가 만프레트가 하려는 건 미친 짓이라고 했어요. 정말 터무니없이 큰 위험이었죠. 어떤 미국 재즈 회사도 그런 시도를 고려하지 않았을 겁니다. 하지만 그게 그가 지닌 드문 성품 중 하나예요. 그는 어떤 것을 믿을 때, 위험을 감수하는 것을 두려워하지 않습니다."

상업적 위험은 이미 《Facing You》 앨범의 제작에서도, 그리고 3장의 LP로 이루어진 《Solo Concerts Bremen/Lausanne》에서도 존재했다. 그러나 레코드 프로듀서들이 경제적 자살행위라며 눈살을 찌푸렸던 10장의 LP 박스 《Sun Bear Concerts: 1976년 일본 투어 중의 다섯 번의 완전한 솔로 공연을 기록한 작품》조차도 오래전에 손익분기점을 넘었다. CD가 등장하기 직전, LP 음반 시대의 마지막 시기에, 댄 모르겐스턴은 과도하게 비대해진 《Sun Bear Concerts》의 발매를 일종의 거대주의의 명백한 징후로 보았는데, 새로운 조건에 적응하지 못해 멸종을 맞게 된 공룡과 마찬가지로 자기 종의 소멸을 초래할 것이라고 예견한 셈이었다. 그는 ECM의 예술적 목표와 LP의 생존 가능성 대해 잘못 판단한 재즈계의 유일한 사람이 아니었다.

형성기 동안, 미국의 굳건한 레이블들은 ECM을 괴팍하고 구식 유럽인이 들고 다니는 작은 행상 트레이 정도로 보았음이 틀림없다. 그들이 얼마나 틀렸는지는 『다운 비트』에 실린 올해의 레코드 투표 결과를 보면 알 수 있다. 최초의 수상은 1974년 자렛에게 《Solo Concerts》 세트로 돌아갔고, 이후 규칙적으로 이어졌다. 1970년대 초, 키스 자렛은 미국 재즈 음악가들의 재정적 상황과, 1967년부터 1971년까지 그가 속했던 레이블 애틀랜틱, 그리고 마

Keith Jarrett – Expectations, Columbia Reocords

일스 데이비스가 일하던 레이블 컬럼비아와 같은 미국 레이블들의 운영 방식을 몸소 경험했다. 자렛이 상당한 명성을 지니고 있었음에도 불구하고, 애틀랜틱은 그의 녹음물이 재정적으로 유망하지 않다고 판단해 계약을 종료했다.

그러나 조지 아바키안은 컬럼비아를 설득해, 자렛이 찰리 헤이든, 폴 모션과 함께 자신의 음악을 연주한 더블 LP를 제작하도록 했다. 이 트리오는 색소포니스트 듀이 레드먼, 기타리스트 샘 브라운, 퍼커셔니스트 아이르토 모레이라를 비롯해 현악 및 관악 앙상블로 확장되었다.

《Expectations》라는 제목의 이 음반은 발매된 해인 1972년에 프랑스의 권위 있는 그랑프리 디스크(Grand Prix du Disque Charles Cros)를 수상했다. 컬럼비아는 자렛과의 두 번째 녹음을 위한 옵션을 확보했으며, 자렛은 이번에는 솔로 앨범을 만들기로 결심한 상태였다. 이를 위해 조지 아바키안은 그리니치 빌리지의 머서 아트 센터에서 열린 자렛의 솔로 콘서트를 녹음했다. 그러나 레이블은 이 제작물에서 수익이 날 가능성이 전무하다고 판단하고 계약에서 손을 떼었으며, 대신 상업적으로 훨씬 유망했던 허비 행콕을 영입했다.

오늘날의 우리에게는, 키스 자렛과 세밀하게 제작된 녹음들로 수많은 상을 받은 프로듀서의 협업이 마치 필연적이었던 것처럼 보일지도 모른다. 각각의 영역에서 완벽을 향해 노력하던 두 개인 사이의 불가피한 끌림의 결과처럼 느껴질 수 있다. 그러나 1970년 전후의 시기에는(그리고 아마 오늘날에도 여전히), 단 몇 장의 LP밖에 내놓지 않은 독일인 프로듀서에게 대성공을 향해 올라가던 미국 재즈 음악가가 신뢰를 보인다는 것은 결코 자명한 일이 아니었다. 만프레트 아이허가 첫 번째 발매에서 솔로 연주를 맡아달라고 피아니스트 말 월드런(빌리 홀리데이의 반주자이자 찰스 밍거스의 파트너였으며 1967년부터 뮌헨에 거주하고 있었다)을 설득했고, 곧이어 ECM에서 또 다른 솔로 연주를 위해 칙 코리아를 기용할 수 있었다는 사실은, 아이허가 이미 자신의 미학적·기술적 원칙에 대해 강력한 설득력을 갖추고 있었음을 보여준다.

자신의 제작 작업을 보여주는 사례로, 아이허는 키스 자렛에게 아직 발매되지 않은 칙 코리아의 녹음 시험반과, 얀 가바렉의 최근 발매 앨범 《Afric Pepperbird》를 보냈다. 그리고 그것들과 함께 새로운 LP를 함께 작업하자는 요청을 전달했는데, 이는 마침 키스 자렛이 컬럼비아로부터 계약 해지를 통보받은 시점이었다. 아이허는 세 가지 프로젝트를 선택지로 제시했다. 칙 코리아와의 제작, 게리 피콕과 잭 디조넷과의 트리오 녹음, 혹은 솔로 LP였다. 이 녹음들을 받아본 자렛은 기존의 틀을 벗어나는 발매로 이어질 수도 있는 새롭고 흥미로운 제안을 받았다고 확신했다. 그 직후 마일스 데이비스와의 투어로 뮌헨에 머무르던 중 솔로 녹음을 위한 날짜가 합의되었고, 이는 1971년 11월 노르웨이 오슬로에서 단 하루 동안 이루어졌다. 그 결과물인 LP는 《Facing You》 앨범이 되었으며, 이는 현재까지 만프레트 아이허와 함께한 총 스물여덟 장에 이르는 솔로 녹음의 첫 작품이 되었다.

1972년에 《Facing You》가 발매되었다. 같은 해인 1971년 7월에 녹음한 《Birth》도 애틀랜틱에서 발매되었는데, 이는 이른바 "아메리칸 쿼텟"(자렛, 테너 색소폰 듀이 레드먼, 베이스 찰리 헤이든, 드럼 폴 모션)의 첫 번째 음반이었다. 또한 이와 동일한 쿼텟의 앞서 언급한 1972

년 4월의 녹음인 《Expectations》도 컬럼비아에서 발매되었다. 이 석 장의 발매는 미국에서 커다란 반향을 일으켰다. 그 어떤 재즈 음악가도 단 1년 사이에 이처럼 폭넓은 양식적 다채로움과 높은 수준의 작품군을 동시에 제시한 사례가 없었다. 음악계의 반응은 그에 걸맞은 것이었다. 마치 유럽의 청중들이 오래전부터 감지하고 높이 평가해온 한 음악적 발전을, 미국 대륙 전체가 놓쳤던 것처럼 보일 정도였다. 롤링 스톤즈의 로버트 파머가 바로 그 지점을 환기한 인물로, 그는 자렛이 "마일스 데이비스의 전 피아니스트"라는 신분을 넘어, 재즈에서 가장 중요한 젊은 피아노 스타일리스트 가운데 한 사람으로 도약했음을 보여주었다. 그에게 《Expectations》은 1972년 발매된 모든 음반 가운데 가장 넓은 음악적 스펙트럼을 가진 앨범이었다. 그는 《Facing You》를 두고 "의심할 여지 없이 지난 몇 년간 가장 창의적이며 만족스러운 솔로 앨범"이라고 평했다.

1972년 7월 10일 독일 시사주간지 『슈피겔』에 실린 기사는 한 독일의 일인(一人) 레이블이 어떻게 이토록 완벽한 재즈 레코드를 제작할 수 있는 위치에 있었으며, 그 결과 점점 더 많은 미국의 저명한 음악가들을 해외로 끌어들였는지에 대해 차분하게 기술한다. 십 년 뒤, 타임지는 마침내 ECM의 명성과 중요성을 이렇게 인정한다. "단편소설가가 누구나 『뉴요커』에 실리기를 원하는 것처럼 젊은 재즈 음악가라면 누구나 ECM 레이블에 이름을 올리고 싶어 할 것이다." 뉴욕 헤럴드 트리뷴의 마이클 즈워린은 돌려 말하지도 않았다. 그는 ECM을 "존재하는 재즈 레이블 중 가장 창의적인 곳"이라고 불렀다.

1978년 이후, 단 석 장의 녹음(바흐, 헨델, 루 해리슨의 음악)만을 예외로 하고, 키스 자렛은 단 한 번도 전속 계약을 맺지 않은 채 줄곧 ECM에서만 자신의 연주를 발매해 왔다. 만약 만프레트 아이허와의 협력 관계가 존재하지 않았다면 이 제작물 중 어떤 것이 실현되지 않았을지는 추측으로 남을 수밖에 없다. 이 글을 쓰는 시점에서, 자렛의 디스코그래피에는 ECM 재즈 레이블과 1984년에 추가로 설립된 고전 및 현대음악을 위한 ECM '뉴 시리즈'에서 발매한 80종 이상의 음반이 포함되어 있다. 분명한 것은, 미국 프로듀서들이 설정한 순전히 상업적 우선순위로는 ECM이 실천해온 많은 아이디어가 음악적 실험 단계를 넘어 발전하는 것이 결코 가능하지 않았을 것이라는 점이다. 키스 자렛의 예술가로서의 명성은(이에 대해서는 의심의 여지가 없다) 만프레트 아이허가 만든 뛰어난 음반들과, 상업적 고려나 미학적 타협 없이 음악적 창의성을 실현할 수 있는 가능성을 열어준 그의 관대함을 통해 음악계 전반에서 크게 증진되었다. 물론 이는 반대 방향에서도 마찬가지로 작동한다. ECM이라는 레이블의 위상 역시 음악계에서의 키스 자렛의 지위에 동일하게 적용되고 있다.

아이허와 자렛의 협업을 진정으로 이해하고자 한다면(그리고 자렛은 결코 다루기 쉬운 성격으로 알려진 인물이 아니다), 음악과 음악 제작에 대한 그들의 관점의 일치나, 일반적으로 타협 없는 높은 기준을 넘어 더 깊이 들여다볼 필요가 있다. 이 관계에서 중요한 요소는, 만프레트 아이허가(그리고 이는 ECM에서 음반을 만드는 모든 음악가에게 근본적으로 적용되는 사실이기도 하다) 키스 자렛을 하나의 '파트너'로 인식했다는 점이다. 아이허는 그 자체로 음악가이며, 민감한 예술가가 그렇듯이 지진계처럼 모든 진동을 감지할 만큼 예리한 청각을 지니고 있다. 그는 비언어적 신호로도 자신을 명확히 전달할 수 있으며, 스스로가 예술가이기 때문에 예술적 행동과 반응을 이해한다. 1973년 뮌헨의 아메리카-하우스에서 촬영된 키스 자렛과 만프레트 아이허의 사진 두 장이 있다. 이 사진들은(48-49쪽 참조) 여러 출판물에 실렸는데, 2012년 11월부터 2013년 2월까지 뮌헨의 하우스 데어 쿤스트에서 개최된 전시 "ECM-하나의 문화 고고학(ECM-Eine kulturelle Archäologie)"의 도록에도 포함되었다. 한 사진에는 키스 자렛이 평소처럼 피아노 앞에 앉아 있고, 그 근처에서 만프레트 아이허가 주의 깊게 듣고 있는 모습이 보인다. 다른 사진에서는 두 사람이 자리를 바꾸어 만프레트 아이허가 그랜드 피아노 앞에 앉아 있으며, 집중한 표정의 키스 자렛이 그의 손가락을 관찰하고 있다. 아이허/자렛의 협업 관계를 도상학적 수단으로 정의하려 한다면, 이 사진들은 예술성이야말로 두 사람이 공유하는 것, 그리고 두 사람을 결속시키는 것이라는 핵심 증거로 기능할 수 있다. 편집상의 모든 결정은 자렛과 아이허의 협의를 통해 이루어지며, 아이허는 자신을 프로듀서라기보다 사운드 디렉터라고 생각한다. 그는 페터 슈타인, 로베르 브레송, 안드레이 타르콥스키와 같은 인물들을 포함하는 문화적 전통 안에 자신을 위치시키며, 이들은 그가 함께 일하는 예술가들을 대하는 태도에 영향을 미쳐왔다.

이 음반들은 물론 아이허와 자렛 사이의 극히 생산적인 협업이 만들어낸 가시적이고 청각적인 결과에 불과하다. 훌륭한 프로듀서나 출판인이라면 누구나 그렇듯 아이허는 비전가이자 촉발자, 개척자이자 조직자로서, 서로가 동일한 흐름 위에서 동시에 헤엄치고 있다는 사실조차 모르는 음악가들을 한자리에 모아낸다. 키스 자렛의 '유러피언 쿼텟'이 애초에 탄생할 수 있었던 것도 아이허의 주도 덕분이었다. 바이올리니스트 기돈 크레머와의 협업 역시 아이허가 시작한 것으로, 이는 아르보 패르트의 〈Fratres〉를 포함한 1984년 앨범 《타불라 라사(Tabula Rasa)》의 녹음으로 이어졌고, 이 음반을 통해 에스토니아 출신의 작곡가는 세계적 인정을 받았다. ECM은 투어, 프로젝트, 작품 위촉 등을 기획하거나 감독해왔으며, 때로는 이를 독자적으로 수행하기도 했다. 최고의 매니지먼트의 도움이 있었다 하더라도, 미국을 기반으로 활동하는 키스 자렛이 유럽 음악계에 이토록 깊이 침투할 수 있었던 것은 뮌헨 팀의 파트너였기 때문이다. 이들은 자신들의 가장 중요한 예술가에게 공연장, 새로운 시도, 제작 가능성으로 향하는 길을 열어주었다. 키스 자렛-찰리 헤이든-폴 모션 트리오의 첫 번째 투어도 ECM이 조직한 것이었다. 성숙한 자렛의 첫 솔로 공연(아직 자유 즉흥이 아닌, 기존 재즈 방식대로 스탠더드나 자신의 작곡을 바탕으로 즉흥을 전개하던 시절)은 독일 하이델베르크의 하이델베르거 야츠타게에서 열렸으며, 이것 또한 아이허의 헌신을 통해 성사되었다.

아이허가 ECM에서 키스 자렛이 중요하다고 여기는 예술적 프로젝트를 모두 수행할 수 있도록 허용했다는 점은 사실이며, 그만큼 아이허 역시 자신이 속한 영역의 '해야 할 일과 해서는 안 될 일'을 정확히 알고 있었다는 점도 사실이다. 이러한 논리적 틀 안에서 그는 곧 자렛의 프로듀서이자 음악적 파트너일 뿐 아니라 일종의 조언자 역할까지 맡게 되었다. 특히 회의적이고 때로는 지나치게 예민한 자렛과 장기적으로 협업하기 위해서는, 아이허의 조언은 극도로 섬세할 필요가 있었다. 자렛 자신과 크게 다르지 않게 아이허는 고전음악과 재즈 모두에서 확고한 경험을 가지고 있었고, 도이치 그라모폰에서 제작 보조로 일하며 습득한 정확성과 진지함을 재즈 영역에서도 활용해 두 장르 사이를 매개할 수 있었다. 이러한 요소들은 자렛이 아이허의 비범한 제작들―예컨대 아메리칸 브라스 퀸텟과 프리츠 존 라이트너 쿼텟이 참여한 《In The Light》(1973), 혹은 다소 뒤에 나온, 슈투트가르트 실내악단과 얀 가바렉이 연주한 색소폰과 현악을 위한 자렛의 음악 녹음 《Luminessence》 같은 이례적 프로젝트에 자신감을 가질 수 있도록 해주었다.

1971년 11월부터 1975년 10월 사이에 만프레트 아이허에 의해 가능해진 모든 녹음을("아메리칸 쿼텟"과 함께한 ABC의 LP들과 병행해 발매된 것들) 차례로 살펴보면, 그 편집상의 성취를 가늠하기 시작할 수 있다. 왜냐하면 이 음반들이 언젠가 수익을 낼지 여부는 누구에게도 전혀 명확하지 않았기 때문이다. 그 LP들은 다음과 같다. 자렛의 첫 솔로 앨범 《Facing You》 피아노와 드럼 듀오 녹음인 《Ruta And Daitya》, 현악과 목관 5중주, 재즈 콤보를 포함해 쳄발로와 현악 4중주를 위한 곡까지 포괄한 대규모 프로젝트 《In The Light》, 두 개의 자유 즉흥 솔로 콘서트를 담은 3장의 LP 세트 《Bremen/ Lausanne》, 색소폰과 현악을 위한 음악 《Luminessence》, 쾰른 오페라하우스 공연에서의 솔로 즉흥을 담은 《The Köln Concert》, 그리고 마지막으로 피아노, 베이스, 색소폰 및 슈투트 가르트 라디오 심포니 오케스트라가 함께한 《Arbour Zena》. 이 모든 음반은 종종 틈새 시장을 위한 기이한 발매물로 여겨졌다. 동

키스 자렛

시에, 이 음반들은 키스 자렛을 매우 독창적인 음악가로, 그리고 만프레트 아이허를 대담한 프로듀서로 각인시키는 데 기여했다.

만프레트 아이허의 개인적 신조가 무엇보다도 우선했으며, 그것은 결코 재즈의 본고장인 미국의 프로듀서 입에서 나올 수 있는 말이 아니었다. "많은 음반은 판매를 위해 제작된 것이 아니라, 그들 자신의 존재를 위해 제작된 것이다." 음악가들을 ECM에 묶는 어떠한 형식적 계약도 존재하지 않는, 이른바 아이허의 '전설적인 악수 정치'도 이러한 철학의 일부이다. 피아니스트 폴 블레이가 표현했듯, 아이허가 자신과 음악가들에게 부여한 것은 바로 선택의 자유였다. "내가 폴리그램에서 녹음할 때는 계약서가 35페이지였어요. 하지만 ECM에서는 이렇게 말했죠. '우리가 녹음한 당신의 음악이 마음에 든다면, 당신은 우리와 더 많은 녹음을 하게 될 거라고 우리는 확신할 수 있습니다.' 정말 논리적이죠. 내가 그들의 작업에 만족했고, 그들 역시 내 작업에 만족했다면, 우리는 다시 만나면 되는 거예요. 다시 만나기 위해 무엇을 확약하거나 보증하거나, 어떤 종류의 계약을 맺을 필요조차 없었습니다."

또 한 가지 쟁점이 있다. 프로듀서는 자신의 개인적 서명을 녹음 위에 남겨야 하는가, 아니면 들리지 않는 존재로 남아야 하는가? 프로듀서의 작업이 작곡가나 연주자만큼이나 음향적으로 뚜렷해야 한다는 글렌 굴드의 신념을 따라야 하는가? 프로듀서의 노력이 예민한 청자에게 미학적으로 의미 있어야 하는가? 아니면 지휘자는 자신의 일을 시작하는 순간 단순히 사라져야 한다는 프란츠 리스트의 요구를 따라야 하는가?

또 하나의 사진에 대한 해석이 그 답을 찾는 데 도움을 줄 수

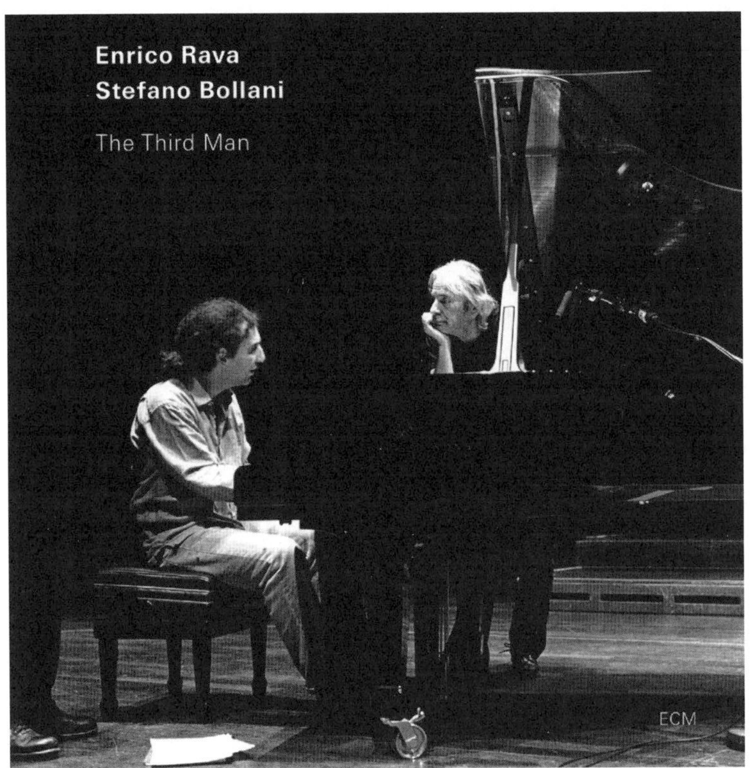

Enrico Rava & Stefano Bollani - The Third Man, ECM 2020

있다. 엔리코 라바와 스테파노 볼라니의 듀오 앨범 《The Third Man》의 표지에는, 피아니스트 볼라니가 오른팔을 피아노에 기대고 트럼펫 주자 라바와 대화를 나누는 모습이 담겨 있다. 자세히 들여다보면 사진에서 잘려 나간 누군가의 남성용 구두 한 켤레가 보인다. 이것의 정체를 알기 위해서는 CD 부클릿과, ECM 제작물의 디자인과 사진을 다룬 라스 뮐러의 2010년 출판물 《바람과 빛 – ECM과 이미지》를 보는 것이 도움이 된다. 그 원본 사진에는 사진에서 누가 잘려 나갔으며 그 구두가 누구의 것인지 밝혀져 있다. 그 구두는 만프레트 아이허의 것이다. 길고 회색빛 머리를 한 그는 엔리코 라바의 거울상처럼 보이며, 피아니스트의 말과 아마도 음악적 상상력을 조용히 따라가고 있다.

아이허는 언제나 '제3의 인물(the third man)'이다. 보이지도 않고 들리지도 않는 상황에서도 그렇다. 이 사진에서 보이는 것처럼, 음악과 음악가들에게 미치는 그의 영향력을 더 잘 묘사하기는 어렵다. 만프레트 아이허는 음악가들에게 자유를 주지만, 동시에 늘 참여하며, 그의 존재감은 분명히 느껴진다. 오슬로든, 뉴욕이든, 아니면 핀란드의 로야처럼 겨울철 고요한 장소든 그곳에서 터누 칼류스테가 함께 한 에스토니아 필하모닉 실내합창단의 섬세한 연주로 아르보 패르트의 〈테 데움〉이 탄생하는 순간을 목격한다면 ECM 녹음에서 느껴지는 그 마법적 힘을 이해하기 시작할 수 있다. 프로듀서의 개성은 세션의 아우라를 규정하지만, 그것은 거의 통제라는 형태를 취하지 않는다. 단지 아이허의 존재 자체가 예술적 반응을 이끌어 내는 것이다. 집중, 영감, 창작 의지, 그리고 예술가들의 아우라는 이러한 녹음 현장에서 모두 생생하게 드러난다. 그리고 때로는 실제로는 불가능에 가까운 일이 꿈처럼 일어나기도 한다. 1993년 1월의 극도로 추운 날, 패르트의 《실루안의 노래(Silouan's Song)》을 녹음하던 한 교회에서, 56번째 마디에 장대한 휴지(grand pause) 속에서 크레센도가 발생한 것이다.

이 현상을 음악가의 관점에서 묘사한 이는 다시 폴 블레이였다. 아이디어가 있는 프로듀서가 중요한 이유는, 아이디어 자체가 매우 희귀한 자원이기 때문이다. 그의 말이다. "모든 음악가는 만프레트와 함께 앨범을 '함께' 만든다고 생각해요. 그는 추가 연주자예요. 다른 상황에서는 받아들이기 어려운 부분이죠. 나는 그가 천재라고 생각합니다. 아니, 그가 천재라는 걸 '알고' 있어요. 그는 베이시스트였지만, 자신의 연주를 내려놓고 다른 음악가들의 연주에 참여하기로 선택한 사람이에요. 이를 좋아하는 사람도 있고, 좋아하지 않는 사람도 있죠." 아르보 패르트는 그를 좋아한다. 어쩌면 패르트야말로, 키스 자렛과의 협업에서 전형적이 되기 시작한 아이허의 본질을 가장 간결하게 표현한 사람일 것이다. "내가 ECM과 맺는 관계는 모든 범주를 넘어섭니다. 그것은 내 작품을 자연스럽게 보완합니다."

Keith Jarrett

4장 형성기

1971년 초 무렵, 저명한 재즈 비평가이자 작가, 그리고 작곡가인 레너드 페더는 불을 내뿜듯 격렬히 비판했다.『다운 비트』연감에 실린 그의 에세이 제목 '상업적인 해'만 보더라도, 그가 지난 1년을 어떻게 평가했는지 의심의 여지가 없었다. 페더는 뮤지션, 프로듀서, 레이블 보스, 대기업 주주, 대중, 신, 그리고 음악계 전체까지 모든 이들을 공격했다. 아무도 재즈와 록의 상업적 융합이 몰고온 흐름에 저항하지 못하고 있다는 이유에서였다. 그의 논지는 상당히 설득력이 있었다. 단 세 개의 코드, 리듬적인 오스티나토, 또는 전자적 사운드만으로도 재즈 음악가가 돈을 벌 수 있는 시대가 열린 것이다. 그런 원시적 음악으로, 예술가들은 악기 수련과 기량 연마에 쏟아야 했던 지난 시간과 노력을 절약할 수 있게 되었다고 페더는 말한다. '개성'은 더 이상 정당한 항변이 되지 못했다. 전자 증폭과 음향을 조작하기 위한 장비들은 연주자의 개인적 방언을 질식시킬 뿐이었다. 그는 이렇게 말했다. "일부 재즈 연주자들이 물살을 거슬러 헤엄치고 있다는 사실을 깨닫자마자 말을 갈아탄 그 민첩함은 기회주의, 아니 냉소주의에 가깝다."

페더는 단순한 일반론만 던지고 끝내지 않았다. 그는 자신의 판단을 뒷받침할 실례를 제시했다. 그중 한 명은 기타리스트 가보르 사보였다. 1967년작 〈The Sorcerer〉에서 악마처럼 그루브를 타던 그가, 3년 뒤의 앨범 《Magical Connection》에서는 재즈적 충동을 전혀 보이지 않았다는 것이다. 페더는 사보가 일시적 유행을 위해 그를 돋보이게 했던 테크닉, 스윙, 그리고 개성 있는 음악 언어와 같은 모든 자질을 희생했다고 비판했다. 젊은 피아니스트 피트 로빈슨(1970년 테너 색소포니스트 어니 왓츠의 쿼텟 멤버)은 페더와의 솔직한 대화에서 "일렉트릭 키보드가 점점 질리기 시작한다"고 말했다고 한다. 사용할 수 있는 음계도 제한되고, 음색의 가능성은 좁으며, 셈여림의 차별화는 거의 불가능하다는 것이었다. 페더는 이에 전적으로 동의했다. 단 한 사람, 마일스 데이비스만은 "일렉트릭-재즈", "록-재즈" 등 억지로 붙인 하이픈 이름으로 규정할 수 없는 흥미로운 새로운 전자 음악을 창조한 것으로 인정받았다. 그는 말했다. "1970년 내내, 그리고 그 전후 몇 년 동안도 마찬가지였지만, 대기업의 기획에 얽매인 이 예술 형태가 내린 명령은 분명했다. '네가 너 자신일 수 없다면, 이윤이 되는 누군가가 돼라.' 그래서, 몸을 팔아넘기는 자들이 마지못해, 심지어 수치심을 느끼면서도, 1970년의 재즈는 '창녀들의 해'였다."

재즈를 30년 이상 가까이에서 지켜보고, 통찰력 있게 논평해왔으며, 때로는 그 발전에 직접 참여하기까지 했던 인물에게서 나온 말치고는 상당히 강렬한 표현이었다. 그러나 그의 분석은 대체로 옳았다. 노골적 비판 형식과 록 음악에 둔감한 페더의 태도는 그의 과장을 어느 정도 정당화해준다. 그러나 "씬"의 주변부에서는 그 어느 때보다 헐거우면서도 다채롭고 복합적인 움직임을 관찰할 수 있었다. 1960년대 이후 베트남전 반전 운동, 시민권 운동, '쓰고 버리는 사회'에 대한 불편함, 대안적 삶을 향한 탐색, 현대 노동 체계라는 톱니바퀴에서 벗어나려는 욕망은 음악적 하위문화에 다양한 흔적을 남겼다. 따라서 록 음악에 대한 이 무분별한 영합은 동시에 강력한 예술적 반란을 촉발시키기도 했다. 페더는 이를 의도적으로 외면했다. 1950년대 말, 오넷 콜먼은 이미 기존의 앙상블 역학과 위계를 해체하고, 기존 화성법과 고착된 재즈의 관습을 떨쳐내는 작업에 몰두하고 있었다. 일부 청중들에게 그의 음악은 너무도 비정통적이어서 재즈와 연결점을 찾지 못했고, 이를 "새로운 것들"이라 부르며 중립화하려 했는데, 이 명칭은 근본적 변화 앞에서 음악 비평가들이 얼마나 무력했는지를 드러낼 뿐이었다.

그 반항적이던 시절, 오넷 콜먼만이 표현을 방해한다 여겨지는 몇몇 '필수적인' 재즈의 속성들을 내려놓은 것은 아니었다. 피아니스트 무할 리처드 에이브럼스가 주도한 AACM(Association for the Advancement of Creative Musicians, 창조적 음악가 협회)의 활동이나, 트럼페터 레스터 보위가 속한 시카고 아트 앙상블 역시, 겉보기에 혼란스러운 '프리 재즈'를 펼친 콜먼 못지않게 급진적이었다. AACM은 음악가들에 의해, 음악가들을 위해 비영리 단체로 설립되었고, 대형 레코드사의 예측 가능한 판매 전략으로부터 독립을 지지했다. 이 단체는 단지 음악적 보호막 역할만 했던 것이 아니라, 구성원들이 지역 정치에 참여하고 소수자를 지원하며 문화 프로그램을 통해 아이들을 거리에서 떼어내고, 특히 흑인 공동체 안에서 지지와 안전을 제공하는 포괄적 사회 개념의 일부이기도 했다. 음악은 새로운 생활방식의 기둥으로 여겨졌다. 재즈는 새로운 생활방식이라 간주되었다.

레너드 페더는 자신의 공격을 음악적 주류에 집중시켰다. 그러나 1960년대 말, 융합을 탐색한 것은 재즈와 록 장르만이 아니었다. 모험적 사운드 조합과 실험적 그룹들이 버섯처럼 솟아올랐다. 라틴 재즈는 카리브-크리올 뉴올리언스 스타일 시대 이후 세 번째 혹은 네 번째 르네상스를 누리고 있었다. 랜디 웨스턴은 블루스를 아프리카로 다시 데려왔고, 앤서니 브랙스턴은 화학적 공식이라 할 만한 방식으로 아프리카-아메리칸 재즈라기보다 헨리 코웰의 전위적 몸짓에 더 가까운 음향적 복합체를 만들고 있었다. 독일에서는 페터 브뢰츠만이 바리톤 색소폰을 재즈 화성의 경계를 훌쩍 넘어 포효하게 했고, 네덜란드에서는 AACM과 유사한 또 다른 자발적 단체, '인스턴트 컴포저스 풀'이 창설되었으며, 빌럼 브뢰커는 자신의 콜렉티프와 함께 새로운 브라스 밴드 집단을 발전시키고 있었다. 유럽의 북쪽에서는 색소폰 주자 얀 가바렉을 중심으로 한 음악가 집단이 거의 예고 없이 등장했는데, 마치 어떤 설명할 수 없는 이유로 토착 부족이 현대 재즈 세계로 길을 잃고 들어온 듯한 인상을 줄 만큼 갑작스럽고 놀라운 출현이었다.

그렇다면 키스 자렛은? 1970년대 초의 그 어떤 비평가도 그의 향후 행로가 어떤 방향으로 뻗어갈 것인지 예언할 수는 없었을 것이다. 그러나 미래를 향해 수정구슬을 들여다보았다면, 그의 재능에 대해서만큼은 의심의 그림자조차 보이지 않았을 것이다. 예측을 어렵게 만든 것은 이미 그에게 주어진 관점, 가능성, 선택지들이 지나치게 풍부했다는 점이다. 1973년 말 『다운 비트』에서 스티븐 메탈리츠는 이 상황을 설득력 있게 정리했다. 자렛이 음악계에 등장한 지 대략 7~8년이 지난 시점이었고, 그동안 그의 이름은 네 개의 서로 다른 레이블에서 나온 수많은 앨범에 걸쳐 있었으며, 그 녹음들은 서로 전혀 닮지 않았다. "그는 아름답게 연주하기도 했고, 때로는 거칠게도 연주했다. 그는 마일스와 함께일 때 크게 연주했지만, 솔로에서는 부드럽게 연주를 즐겼다. 또한 프리한 스타일을 좋아하면서 또 독특한 컨트리 록의 흔들림을 지닌 음악도 즐겼다." 분명 자렛은 아직 하나의 스타일에 자신을 고정하지 않았고, 여전히 자기만의 소리를 찾는 과정에 있었다. 그러나 이것이 반드시 결점은 아니었다. 그는 어떤 음악이든 완벽에 가깝게 연주할 수 있었고, 비록 자렛 본인이 자신의 연주에 불만을 표하더라도 그의 언제나 새로운 음악은 사람들에게 큰 만족을 주었다.

실제로 1965년 말 아트 블레이키와의 활동을 끝내고, 1971년 12월 마일스 데이비스를 떠나기까지, 키스 자렛은 하드 밥에서 록-재즈, 전위음악에 이르기까지 놀라울 만큼 광활한 영역을 탐험했다. 심지어 가수나 작곡가 혹은 가스펠 해석자로서의 부수적 활동을 고려하지 않았을 때 이야기다. 이 모든 과정에서, 전통적 장르의 경계란 단지 넘어설 도전 과제로 여겨졌다는 인상을 남긴다. 자렛이 연주한 많은 것에는 마치 이런 몸짓이 스며 있었다. "아, 나는 재즈와 클래식, 전위음악, 또 불행히도 칵테일바 음악까지, 그리고 전자 기반 록-재즈까지 모두 불타오르는 헌신으로 공부해 왔지." 어쩌면 모든 가사를 쓰고, 모든 악기를 연주하며, 스스로 노래까지 부른 1968년 솔로 앨범《Restoration Ruin》이 자주 혹평받았던 것조차, 이미 일종의 파우스트적 좌절의 표출에 불과했을지도 모른다. 아마도 그에게 익숙하지 않은 음향 도구들로의 딜레탕트적이고 급진적인 실험은 모든 예술적 능력을 갖추고도 붙잡히지 않았던, 그리고 음악 세계를 근본에서 묶어두는 것이 무엇인지에 대한 숨겨진 핵심을 찾아내기 위한 마법적 힘을 동원하려는 시도였을지 모른다. 1969년 4월『다운 비트』의 한 평론가는 이러한 위험하고 은밀한 예술에의 접근을 감지한 듯했다. "부디 이 완벽하게 끔찍한 앨범이 카타르시스 역할을 하여, 자렛이 내부의 쓰레기를 모두 쏟아내고 나서 다시 빛나고 생동하며 창의적인 피아노 음악으로 돌아오게 되기를 바란다."

그 뒤에는 무슨 일이 일어났을까? 마일스 데이비스의 무대에서 물러난 이후, 그리고 현란하게 변화하는 음악계 한가운데서 이미 다양한 영역을 통과해온 자렛의 상황을 고려하면 이 질문에 답하기는 쉽지 않았을 것이다. 그러나 다른 한편으로, 마일스 데이비스와의 협업을 스스로 끝내고 앞으로 나아가려는 사람이라면 선택지는 독립밖에 없었다. 황제를 떠나 왕을 섬길 수는 없는 법이다. 전자악기에 대한 자렛의 혐오는 앞으로 그가 레너드 페더가 맹렬히 비난했던 종류의 음악과는 무관하게 갈 것임을 이미 보여주고 있었다. 하지만 선택지는 또 있었다. 찰리 헤이든과 폴 모션, 그리고 특히 마일스를 떠난 직후였던 잭 디조넷과의 관계는 여전히 유효했다. 만프레트 아이허와 ECM이 열어놓은 유럽에의 전망도 있었다. 타인의 음악에 책임을 나눠지지 않아도 된다는 점은 분명 해방감을 줬을 것이며, 무엇보다 더 이상 압박이 없었다. 지나온 성취를 되돌아보고, 현재의 음악적 자리를 확인하는 것만으로도 키스 자렛은 미래를 자신감 있게 바라볼 수 있었다. 그의 이름은 이제 재즈사에서 삭제될 수 없었지만, 그가 최종적으로 어떤 역할을 맡게 될지는 여전히 별들에 적혀 있을 뿐이었다.

1972년은 자렛에게 새롭고 독립적인 삶이 시작된 해였다. 1960년대 후반, 그는 아내 마고와 함께 뉴욕을 떠나 자신의 출생지 펜실베이니아 앨런타운으로 가는 길의 중간쯤인 뉴저지의 넓은 땅이 딸린 집으로 이주했다. 그곳에서 그의 맏아들 가브리엘이 태어났다. 이 이주는 전적으로 자발적 결정만은 아니었고, 전 세계 음악가들이 겪는 문제에 의해 밀려난 면도 있었다. 이웃이 소음 문제로 신고해 골치에 빠뜨릴까 염려하지 않고 어디서 연습할 수 있단 말인가? 그러나 곧 집이 좁게 느껴졌고, 자렛 가족은 근처에 있는 오래된 목조 주택으로 옮겼다. 큰 숲의 빈터에 자리한 이 집은 식민지 시대 네덜란드인들이 지은 것이었다. 시간이 지나면서 확장 공사가 이뤄졌고, 이후 자렛의 많은 녹음이 진행될 그의 케이브라이트 스튜디오 또한 이때 마련되었다.

자렛의 부지에는 개울이 흐르고, 이 물줄기는 완만한 산들에 둘러싸인 맑은 호수로 흘러들었다. 이곳은 고요하며, 하워드 혹스나 샘 페킨파 같은 감독들이 영화 속에 담아낸 원형적 정서가 배어 있었다. 마음속 풍경으로는 언덕 위를 높은 안장에 앉아 달리는 델라웨어 인디언들이 보이고, 연기가 하늘로 피어오르며, 부족의 북소리가 멀리서 들려오는 듯하다. 철저한 낭만주의자가 아니더라도, 이 집과 뉴욕에서 자동차로 두 시간 남짓 거리인 그 주변 환경은 예민한 영혼들이 머물기에 적합한 은둔처임을 이해하기 어렵지 않았다. 자신과 더 깊이 조우하고, 자연과 교감할 수 있는 장소였던 것이다.

섬세한 예술가라면 이 지역에 겹겹이 쌓여 있는 역사의 풍경을 마음속에 쉽게 그릴 수 있을 것이다. 월트 휘트먼이 가르쳐주었듯, 풀잎 하나에도 역사가 담겨 있다. 오래전 수(Sioux) 부족의 추장 옐로 라크가 영어로 번역한 아름다운 시 「오 위대한 영혼이여(O Great Spirit)」가 키스 자렛의 부엌 핀보드에 꽂혀 있더라도 놀랄 이유가 있을까?

O Great Spirit,
오 위대한 영혼이여,

whose voice I hear in the winds
나는 바람 속에서 당신의 목소리를 듣고

and whose breath gives life to all the world,
당신의 숨결이 온 세상에 생명을 불어넣나이다,

hear me! I am small and weak, I need your
내게 응답하소서! 나는 작고 나약하오니, 나는 당신의

strength and wisdom.
힘과 지혜를 필요로 하나이다.

Let me walk in beauty, and make my eyes
내가 아름다움 속을 걷게 하시고, 내 눈이

ever behold the red and purple sunset.
늘 붉고 자줏빛인 석양을 바라볼 수 있게 하소서.

키스 자렛

Make my hands respect the things you have
내 손이 당신이 만드신 것들을 존중하게 하시고

made and my ears sharp to hear your voice.
내 귀가 당신의 목소리를 예리하게 들을 수 있게 하소서.

Make me wise so that I may understand the
나를 지혜롭게 하시어 내가

things you have taught to my people.
당신이 내 사람들에게 가르치신 것들을 이해하게 하소서.

Let me learn the lessons you have hidden
내가 당신이 숨겨두신 가르침을 배우게 하시되

in every leaf and rock.
그것이 모든 잎과 돌마다 있음을 알게 하소서.

I seek strength, not to be greater than my
나는 힘을 구하나니, 내

brother, but to fight my greatest
형제보다 더 위대해지기 위함이 아니오라,

enemy – myself.
나의 가장 큰 적인 나 자신과 싸우기 위함이옵니다.

Make me always ready to come to you with
내가 언제나 깨끗한 손과

clean hands and straight eyes.
곧은 눈으로 당신께 나아갈 준비가 되게 하소서.

So when life fades, as the fading sunset,
그러하여 생이 저무는 날, 저물어가는 석양처럼

1972년, 키스 자렛의 명성은 높아지고 있었고 그는 칼라 블레이, 메레디스 몽크, 소니 롤린스, 메리 루 윌리엄스와 함께 구겐하임 펠로우십을 수상했다. 이 상에는 상당한 규모의 상금이 포함되어 있었고, 이를 통해 그는 1973년 더블 앨범 《In The Light》를 제작할 수 있었다.

앞장에서 언급했듯, 이 음반은 ECM에서 나온 여러 비정형적 음반 가운데 하나로, 여러 음악 장르의 경계에 위치한 자작곡들을 담고 있다. 앨범을 구성한 곡들은 대략 6년 정도에 걸쳐, 찰스 로이드와 마일스 데이비스와 함께한 프로젝트 사이사이에 쓰인 것이다. 그 곡들은 자렛이 데뷔 초기부터 형식적·양식적 혹은 어떤 명명 가능한 범주 안으로 밀려 들어가기보다는 이를 거부하며 벗어나려 했다는 의지를 보여준다. 첫 곡 〈Metamorphosis〉의 커버 노트에서 그는 (그의 글 중에서도) 우아한 언어를 사용하며, 늘 그렇듯 신비주의를 섞는다. 이때 등장하는 개념이 "보편적 포크 음악"이다. 그는 자신의 창작 과정을 설명하면서 초현실주의자들이 심리학에서 차용했고, 이후 미국에서는 마르그리트 뒤라스와 잭 케루악이 다시 사용했던 용어 "자동기술"을 쓴다. 이 무의식적 작곡 흐름은 자렛의 작곡 방식 중 하나가 되었고, 곧 솔로 피아니스트로서 폭넓은 주목을 받게 될 자유 즉흥의 중요한 전제가 되었다. 더블 앨범

 키스 자렛

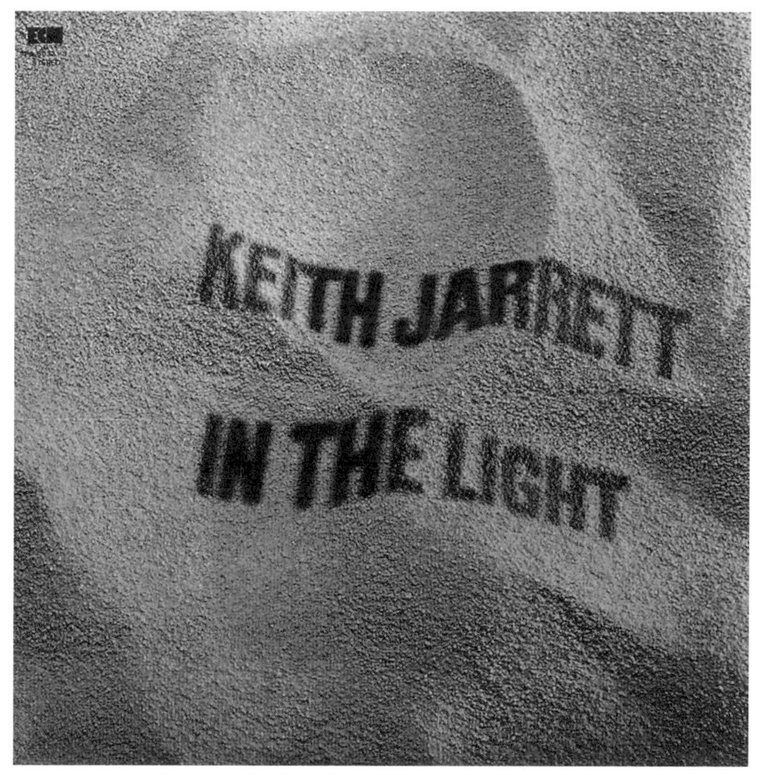

Keith Jarrett – In The Light, ECM 1033/34

의 나머지 곡들은 고전적 제스처와 재즈적 어법 속 서정적 강조가 결합된, 연주하기 매우 까다로운 작품들을 아우른다.

이와 같은 비정형적 작품들은 1987년 《Book Of Ways》까지 이어지는 키스 자렛의 창작 세계에서 중요한 역할을 한다. 그 시점까지 그는 이미 솔로 연주, 트리오 및 쿼텟 활동과 그 녹음들을 통해 현대 재즈의 확고한 존재로 자리 잡고 있었다. 자렛의 불안정하면서도 쉼 없는 예술적 기질, 지속적인 변화, 그리고 음향 탐색의 결과가 늘 변모한다는 사실은 때로 청자를 당황하게 만들기도 했다. 그러나 언제나 의존할 수 있는 본질적 상수 한 가지가 있었다. 그것은 바로 '트리오'라는 형식이었다. 이것은 그의 꺾이지 않는 음악적 척추, 즉 근간으로 볼 수 있을 것이다.

재즈에서 피아노 트리오는 클래식 현악 사중주와 비슷하게 엄격함과 진지함의 아우라에 둘러싸여 있으며, 그 최상의 순간은 높은 지적 밀도로 특징지어진다. 어느 곳에서도 음악가의 예술적 수준, 기술적 자신감, 그리고 소통 능력이 트리오 안에서의 상호작용만큼 명확하게 드러나지 않는다. 어떤 편성도 작곡 구조와 즉흥적 반응, 음악적 서사를 이처럼 노출시키지 않는다. 다른 어떤 편성도 더 큰 음향의 장막 뒤에 숨어 단점을 가릴 여지를 이렇게까지 허락하지 않는다. 클래식 현악 사중주와 재즈 트리오는 가차 없는 시금석이며, 거의 모든 것을 드러낸다.

이 지점에서 요제프 하이든과 빌 에반스 사이의 평행선이 보인다. 하이든은 1781년 〈여섯 개의 현악 사중주, Op.33〉을 발표하며 "완전히 새로운 독특한 방식"으로 작곡했다고 밝혔다. 그는 반주 성부의 기능 변화(선율 진행에 적응하고 참여하는 경향) 와, 네 성부 모두가 동등하게 사용되어 음악 전개를 추진하는 고전적 대위법을 말하고 있었다. 베토벤은 훗날 모차르트의 사중주 양식에도 영향을 미친 이러한 기법을 "오블리가토 반주"라고 묘사했다.

하이든이 현악 사중주를 위해 했던 작업은, 빌 에반스가 멜로디 감각이 뛰어난 베이시스트 스콧 라파로와 정교한 드러머 폴 모션과 함께 재즈 트리오를 재구상한 방식과 비교할 수 있다. 1959년 그들의 혁신적 데뷔 앨범이자 아마도 최초의 '통합적' 트리오 녹음으로 평가되는 《Portrait in Jazz》이 발표되었다. 안타깝게도 이후 1960년과 1961년에 단 두 장의 앨범만 더 발매되었고, 마지막 세션은 24세에 자동차 사고로 사망한 스콧 라파로의 죽음 열흘 전에 이루어졌다. 빌 에반스는 피아노와 이를 보조하는 두 성부로 구성된 전통적인 피아노 트리오를, 세 개의 준-대위적 성부가 동등하게 역할을 갖는 그룹으로 바꾸어 놓았다. 베이시스트의 역할에 대해 에반스는 이렇게 말했다. "예를 들어, 베이스 연주자가 대담하고 싶은 아이디어를 들었을 때 왜 계속해서 4/4 백그라운드만 연주해야 하죠? 더 미묘한 것들도 표현할 수 있는데, 왜 해마다 기본 4/4 박자를 두드려야만 하는지 알 수 없습니다. 그것이 당신 안에 있다면 말이죠." 이는 드러머에게도 동일하게 적용되었다. 이제 드러머 역시 베이시스트와 같은 자유로 타악적 모티프를 발전시킬 수 있었다.

빌 에반스의 설명에는 중요한 단서가 있다. 바로 "대담하고 싶다면"이라는 부분이다. 소통하려는 의지, 그리고 물론 소통할 수 있는 능력은 그의 개념이 성공하기 위한 핵심 요소였다. 이것은 키스 자렛이 트리오 멤버를 신중히 선택했을 때 이미 명확히 알고 있던 사실이다. 그는 잭 디조넷, 게리 피콕, 폴 모션의 경우처럼 오랫동안 다른 밴드에서 함께 연주해왔거나, 잘 알고 있는 연주자 중에서 멤버를 선택했고, 그들은 빌 에반스와 관련이 있는 인물들이기도 했다. 에반스는 그들을 말하자면, 자렛과 그의 믿음직한 피아노 손에 넘겨준 셈이었다. 이런 의미에서도 자렛은 빌 에반스의 후계자로 볼 수 있다.

잭 디조넷과의 관계는 자렛의 예술적 생애에서 가장 지속적인 인연이라 할 수 있다. 두 사람은 찰스 로이드 쿼텟의 핵심이었고, 마일스 데이비스의 앙상블에서도 중심적 역할을 했다. 디조넷과 자렛이 거의 같은 시기에 그 그룹들을 떠났고, 이후에도 예술적 협력이 계속된 것은 결코 우연이 아니다. 자렛이 첫 트리오를 꾸릴 때 드러머로 디조넷이 아닌 폴 모션을 선택한 것은, 이미 로이드와 마일스 밴드 두 곳에서 디조넷과 연주해온 터라 모션과의 협업이 새로운 경험을 풍부하게 해줄 수 있었고 도전 또한 환영할 만했기 때문일 것이다. 참고로, 특정 동료에 대한 이러한 신뢰와 지속성은 재즈에서 좀처럼 찾아보기 어렵다. 그의 찰리 헤이든과의 음악적 협력은 1966년부터 2014년 헤이든이 세상을 떠날 때까지 거의 중단 없이 이어졌다. 디조넷과의 음악적 우정 또한 마찬가지로 길었다. 1983년에 확립된 자렛·디조넷·게리 피콕 트리오(비정기적 연주는 1970년대 중반부터 존재했다)는 현대 재즈에서 가장 안정적이고 견고한 음악적 파트너십 중 하나로 여겨진다.

1972년이 키스 자렛에게 자율성의 해였다고 한다면, 이 자유는 긴 잠복기를 거친 뒤에야 가능했음을 잊어서는 안 된다. 그 기간 동안 자렛은 다른 밴드리더들의 음악적 개념 아래 놓여 있었고, 자신의 미학적 독립을 연습해왔다. 찰스 로이드 이후 자렛이 독립적인 커리어를 이어가기를 누구보다 바랐던 조지 아바키안은, 1967년 첫 트리오가 구성될 즈음 그의 매니지먼트를 맡고 있었다. 기획 의도는 "자렛의 의지와 표상에 따른" 녹음을 위해 트리오를 꾸리는 것이었다. 그러므로 자렛이 베이스에 찰리 헤이든, 드럼에 폴 모션을 선택했을 때, 많은 이들에게 놀라움이었음이 분명하다. 두 사람 모두 뛰어난 연주자였지만, 양식적 관점에서 볼 때 그들은 전혀 다른 음악적 세계에 속한 아티스트로 여겨졌기 때문이다.

어린 시절부터 컨트리 음악에 접했던 찰리 헤이든은 언제나 음악 속에서 순수하고, 단순하며 진실한 것, 심지어는 포크적인 무언가를 찾아 헤맨 것으로 보인다. 그는 더블베이스 연주자로서 탄탄하고 전통적인 교육을 받았지만, 이후 뉴욕 파이브 스팟 클럽에서 열린 1950년대 후반 오넷 콜먼의 전설적인 쿼텟 공연, 그리고 그 연장선의 기획적 제목을 가진 녹음 《Free Jazz》에(공교롭게도 이 사중주의 다른 베이시스트는 스콧 라파로였다) 함께하며 진정한 음악적 반역자가 되었다. 세련된 드러머 폴 모션은 빌 에반스 트리오의 일원으로 굉장히 혁신적이고 극도로 섬세한 실내악적 음악을 만들어냈다. 콜먼의 가차 없는 전위성, 태연한 무심함, 거친 프레이징과 비교하면, 빌 에반스의 음악은 자족적인 미학주의처럼 다가온다.

이처럼 성향이 다른 동료들을 한 트리오에 모았다는 사실만으로도 키스 자렛의 예술적 편견 없음은 충분히 증명된다. 그는 마일스 데이비스와 마찬가지로 두 연주자가 함께할 때 폭발할 수 있는 에너지의 잠재력을 감지했음이 틀림없다. 얼마 지나지 않아 자렛은 이 첫 번째 트리오에 색소폰 주자 듀이 레드먼을 합류시켜, 그의

"아메리칸 쿼텟"을 완성하게 된다. 찰스 로이드 및 마일스 데이비스와 함께하던 시절, 더 큰 독립성을 향한 또 다른 걸음으로는 앞서 언급한 1968년 앨범 《Restoration Ruin》과 1971년 잭 디조넷과의 듀오 《Ruta And Daitya》이 있다. 후자는 자렛이 여전히 마일스와 활동하던 시기에 녹음되었고, 만프레트 아이허에 의해 믹싱되어 2년 뒤 ECM에서 발매되었다. 또한 비브라폰 연주자 개리 버튼과의 영감 어린 듀오 녹음이 있었고, 같은 1971년, 믿기 어려울 만큼 생산적이었던 그 해에 ECM에서 그의 솔로 앨범 《Facing You》가 탄생했다. 1972년 초, 이 음반은 듣는 이 누구에게나 명확히 키스 자렛의 삶에 새로운 단계가 시작되었음을 알리는 신호였다.

1967년 조지 아바키안의 지원으로 제작된 첫 트리오 음반은 이듬해 애틀랜틱 레코즈 산하 서브 레이블에서 발매되었으며, 제목은 《Life Between the Exit Signs》이었다. 예상할 수 있듯, 이 앨범은 다소 양가적 측면을 지녔지만 결코 실망스러운 작품은 아니었다. 자렛은 엄격한 전위적 성향의 베이스 연주자와 한층 미학적으로 기울어진 드러머라는 조합을 구상하며 내면의 귀로 들었을 법한 것을 실현했다. 그것은 재즈 박물관에 보존될 '완전무결한 예술 작품'이 아니라, 서로를 봉합하기보다 모순을 함께 존재하게 하는 음반, 즉 한마디로 '살아 있는 음악'이었다.

이 음반은 사실상 끝없이 이어지는 멜로디와 히트 넘버의 계보에 속하는 미국 대중가요의 전통과 해방된 전위적 스타일의 개념을 연결하는 데 성공했다. 첫 곡 〈Lisbon Stomp〉에서부터 세 연주자는 서로 편안하게 호흡할 수 있음을 보여준다. 누구도 강박적인 박자 유지에 특별히 관심을 두지 않는다. 대신 폴 모션은 트라

Keith Jarrett – Life Between The Exit Signs, Vortex Records

이앵글, 스네어 림샷 같은 금속성 타격을 이리저리 훑으며 다른 연주자들의 음악적 구성에 개의치 않는 듯 연주한다. 이는 빌 에반스와 함께할 때보다 훨씬 자유로운 모습이었다. 키스 자렛은 수정처럼 선명한 단음을 연달아 꺼내놓고, 그것이 반복적으로 코드에 삼켜지는 경이로운 음악 놀이를 시작한다. 한편 모션은 자렛이 떠올릴 수 있는 어떠한 중독성 있는 리듬 공식도 지워버릴 듯, 묵묵히 자신의 비르투오소 브러싱을 이어간다. 찰리 헤이든 또한 상투적 반응 따위는 거부하고, 방해받지 않은 채 금빛 실처럼 그의 베이스 라인을 음향의 직조 속에 엮어 넣는다. 헤이든과 모션은 서로 독립적이지만 결코 무의식적인 방식은 아닌, 같은 방향으로 터널을 파는 두 마리 두더지와도 같다.

〈Love No. 2〉에서는, 그전까지는 상상조차 어려웠던 일이 장난스럽게 실험된다. 바로 거친 야성의 타악적 스타일(한 베닝크)과 정교하고 섬세한 드러밍(셀리 맨)이 한 명의 드러머 안에 공존하는 것이다. 그러나 음반의 각 곡은 저마다 고유한 우주를 품는다. 콜 포터의 〈Everything I Love〉(앨범에서 유일하게 자렛이 작곡하지 않은 곡)에서는 빌 에반스를 떠올리게 하는 순간들이 있으나, 화성 진행과 베이스 솔로들은 그대로 프리 재즈로 흘러들어갈 수도 있는 자유의 예감을 내비친다. 자렛의 아내에게 바친 〈Margot〉은 장난스런 리듬으로 가득하다. 한 손은 더블 타임으로, 다른 손은 하프 템포로 진행하다가, 이내 두 손이 루바토에 의해 악보로 옮기기조차 어려운 왈츠 비슷한 흐름을 만들어낸다. 속도감 있는 〈Long Time Gone〉에서는 세실 테일러를 연상케 하는 프리 재즈식 돌진이 이어지며, 자연스러운 쉼 없이 문장들이 일시 정지하듯 끝날 뿐이다. 이따금 등장하는 괴상한 비밥 클리셰는, 그 당시 연주자들이 어떤 요소를 시대에 뒤처진 것으로 여겼는지 보여준다. 가장 기이한 곡은 〈Church Dreams〉일 것이다. 자렛은 피아노 내부의 현과 공명판을 건드려 기묘한 음색을 만들어내고, 그 사이 폴 모션은 크고 작은 타악기 상자를 뒤지며, 마침내 '종말'이라 적혀 있을 법한 낡은 리듬 주머니를 꺼내는 듯하다.

라이브 공연과 스튜디오 제작물 사이의 뚜렷한 차이는 《Life Between the Exit Signs》와 그로부터 1년 뒤 할리우드 셸리의 맨홀에서의 실황 앨범 《Somewhere Before》를 비교하면 명확해진다. 라이브의 방향성, 속도, 집중도는 스튜디오 녹음만큼 급진적이지 않지만, 청자와 장난치고 싶어하는 멈출 수 없는 욕구가 또렷하다. 이는 밥 딜런의 〈My Back Pages〉의 가스펠 버전에서도 드러나지만, 특히 스콧 조플린의 "래그타임은 빠르게 연주하지 말라"는 원칙을 대놓고 무시하며 폭발적 싱코페이션으로 증기를 뿜어대는 아이러니 가득한 〈Old Rag〉에서 극대화된다. 이런 역할 뒤바꿈 놀이의 충동은 〈Pout's Over〉의 강건한 펑크 소울 리듬, 〈Somewhere Before〉의 느긋한 표현과 롤링 투비트 스톰프에서도 감지된다. 하지만 무엇보다도 그것은 형체도 안정도 없이 광기 어린 프리 재즈로 튀어오르다가 전통적 5도-1도 악구로 갑자기 툭 떨어지는 〈Moving Soon〉에서 절정에 이른다. 그 혼란 속에서도 찰리 헤이든은 마치 다른 음악과 전혀 상관없는 듯 괴짜 같은 베이스 라인을 쓸어내리며 작품을 빛낸다.

삼중주의 전혀 다른 면모는 1971년 스튜디오 제작 앨범 《The Mourning Of A Star》에서 드러난다. 여기서도 조니 미첼의

⟨All I Want⟩를 감각적으로 아름답게 편곡한 한 곡을 제외하면 모든 곡은 자렛의 작품이다. 이 음반의 많은 음악에서 뚜렷한 그루브는 수많은 소란과 억눌림 끝에야 비로소 고개를 든다, 그러나 ⟨Follow the Crooked Path⟩ 같은 곡은 완전히 새로운 경험을 제시한다. 이 음악에서는 리듬, 화성, 그리고 비현실적인 스틸드럼의 음색까지 모든 것이 열려 있고 자유롭다. 그 음색은 작품의 무조적 성격을 더욱 강화한다. 헤이든은 스티브 라이히의 미니멀리즘 음악이나 리게티의 미세한 질감 이동을 떠올리게 하는 광기 어린 반복으로 베이스 솔로를 연주한다. ⟨Standing Outside⟩에서는 포크 록적인 음영들이 《The Köln Concert》의 일부 구간을 예감케 한다. 이 곡에서 찰리 헤이든은 워킹 베이스를 연주하고, 폴 모션은 좌우에 놓인 온갖 유혹적인 타악기를 외면한 채 묵묵히 비트를 유지한다. 그리고 ⟨Everything That Lives Laments⟩의 말로 형용하기 어려운 저 세속적 아름다움은 이렇게 약속하는 듯하다. "죽음이 갈라놓을 때까지 피아니스트와 베이시스트는 서로에게 충실할 것이다."

이 음반에서 키스 자렛은 피아노와 플루트, 그리고 타악기를 오가며 연주한다. 가장 낯선 곡은 아마도 ⟨Interlude No. 1⟩일 것이다. 수행승의 염불이 멀리서 들리는 듯, 타악기는 마치 절간 종소리처럼 울려 퍼진다. 비슷하게 신비로운 곡 ⟨Trust⟩에서는 원시적인 비명과 개골거리는 목소리가 주문처럼 이어지며, 피아노는 정체를 알 수 없는 음조와 음군을 토해낸다. 헤이든은 다시 집요한 반복음으로 파고들고, 이 신비적 분위기의 다른 곡들과 마찬가지로 연주는 무심하게 페이드 아웃된다. 마치 연주가 영원히 지속될 수 있으며, 연주자들은 이미 존재하던 거대한 음악의 흐름 속으로 들어갔다가 어느 순간 아무렇지 않게 빠져나오는 듯하다. 조니 미첼의 〈All I Want〉 편곡은 찬가적이고 가스펠 같은 울림을 가지며, 자렛이 피아노 위에 리코더 트랙을 덧씌운다. 타이틀곡 〈The Mourning Of A Star〉는 뜨거운 열정으로 가득하며, 자렛은 음악적 고양의 순간을 더욱 밀어붙이려는 듯 환희의 외침을 토한다. 폴 모션의 연주는 베니 굿맨 밴드에서 진 크루파가 카네기홀의 장중한 벽을 흔들던, 그 옛 스윙 시대의 기운을 떠올리게 한다.

《The LP Birth》 앨범은 같은 해에 녹음되었으며 색소폰 연주자 듀이 레드먼이 함께했다. 이것이 키스 자렛의 '아메리칸 쿼텟'이며, 이 편성은 1978년까지 유지되었고, 때때로 한두 명의 타악기 연주자나 다른 악기가 더해지기도 했다. 이 앨범의 소재 또한 자렛이 창작한 것이다. 다시 한번 우리는 새로운 그리고 완전히 다른 음악 세계와 마주하게 되는데, 이번에는 타이틀에서 드러나듯 어딘가 마술적인 세계다. 자렛과 색소폰 연주자의 듀오에서 만들어지는 자유로운 리듬 구조는 영혼을 어루만지는 울림을 준다. 그러나 갑자기 듀이 레드먼은 마우스피스에 목소리를 실어 불러내는 기묘한 기법으로 원초적 재즈의 절규를 터뜨려 청자를 흔들어놓는다. 하지만 다음 곡 〈Mortgage On My Soul〉에서는 완전히 다른 장면이 펼쳐진다. 와와 페달을 연이어 밟아 만들어낸 우렁이는 베이스 리프 위에서 광란의 춤이 폭발한다. 여기서 키스 자렛은 소프라노 색소폰을, 듀이 레드먼은 테너를 연주하며, 마치 하드 밥의 전성기처럼 두 연주자가 주제를 완벽히 동시에 제시한다. 음악은 점차 강도를 높이며 광란의 클라이맥스에 도달하고, 다시 색소폰의 주제 선율이 돌아오면서 밴드는 하드밥의 질서 속으로 귀환한다.

이 음반 전체는 놀라움 자체를 목표로 삼은 것처럼 느껴진다. 이어지는 곡 〈Spirit〉은 마치 동방 시장에서 흘러나온 듯한 다양한 음색과 장면의 뒤섞임에 몰두한다. 듀이 레드먼의 뮤제트가 만들어내는 효과와, 자렛이 리코더로 새 지저귐 같은 소리를 내는 장면(약간의 일본 벚꽃 음악의 느낌까지), 흐릿한 목소리의 중얼거림이 겹쳐지며 형성된다. 클라리넷과 피아노의 듀오곡 〈Markings〉은 아이들 동요처럼 들리지만, 〈Forget Your Memories (And They'll Remember You)〉에서는 델로니어스 몽크를 연상시키는 집요하고 더듬거리는 비밥 구절 속에서 자렛이 피아노 위를 자유롭게 질주한다. 〈Remorse〉에서는 서로 맞물릴 것 같지 않은 색채적 음향들이 뒤엉키며 청자를 어리둥절하게 만드는 또 하나의 장면이 펼쳐진다. 자렛의 밴조 피킹은 거의 아라비아풍의 색감을 내고, 찰리 헤이든은 아랑곳없이 순수한 재즈 라인을 베이스로 그려내며, 뜬금없이 등장하는 클라리넷이 불쑥 소리를 들이민다. 스틸 드럼은 존재를 주장하듯 울려 퍼지지만, 짜증스러운 클라리넷은 그것을 무너뜨리려는 듯하고, 헤이든은 다시 단음 반복이라는 자신만의 놀이를 펼친다. 이후에 밴조가 재등장하는데 이번에는 스페인풍의 기색을 띠며, 드럼에서는 부서지고 긁히고 딱딱거리는 괴이한 타격음이 받쳐준다. 비슷한 사운드 집중은 《El Juicio(The Judgement)》에서도 들을 수 있는데, 1971년 쿼텟이 녹음했으나 4년 뒤에야 발매되었다. 〈Gypsy Moth〉는 록 질감 속에서 램지 루이스의 중독적 피아노 스타일을 변주한 듯 들리고, 〈Pardon My Rags〉는 자렛의 광기에 가까운 속도의 래그타임과 스트라이드 혼합이다. 〈Pre-Judgement

Atmosphere〉는 드럼의 난장 무대이고, 타이틀곡 〈El Juicio〉는 초기에는 엇갈린 리듬이 채찍처럼 휘몰아치다 후반에 불경한 웃음의 짧은 장면으로 정점을 찍는다. 롱 버전과 숏 버전이 모두 존재하는 〈Piece For Ornette〉는 듀이 레드먼의 테너와 자렛의 소프라노 색소폰이 복잡한 프리 재즈 듀오로 엮이며 마무리된다.

1971년에는 앞서 간략히 언급된 두 장의 음반이 제작되었고, 이로써 경이로운 연작이 마무리되었다. 하나는 로스앤젤레스 선셋 스튜디오에서 잭 디조넷과 듀오로 녹음한 세션으로, 마일스 데이비스 투어 중 공연 사이의 빈 날에 진행되었으며, 이후 만프레트 아이허가 믹싱을 맡아 《Ruta And Daitya》라는 제목으로 발매되었다. 다른 하나인 《Facing You》는 엄밀히 말해 자렛의 ECM 데뷔작이자 그의 첫 솔로 음반이었다. 이 음반은 훗날 키스 자렛에게 기대하게 될 방향성을 이미 드러내고 있다. 즉, 가스펠적 찬가의 웅대한 즉흥, 놀라우리만큼 다채로운 배음이 살아 있는 발라드풍 창작물, 대위적 자기 영감과 복합적 리듬, 그리고 온전히 피아노만으로 구축되는 우주적 음악 세계가 담겨 있다. 《Facing You》는 1972년 비평가들로부터 뜨거운 환호를 받았고, 1973년 몽트뢰 페스티벌에서 그랑프리를 수상했다.

이 시간들을 느린 슬로 모션처럼 바라보면, 온갖 방향으로 뻗어나가는 기이한 파노라마 한 장면으로 보일지도 모른다. 실제로 일부 청중은 이러한 다방향적 사운드의 폭발에 당혹감을 보이기도 했다. 그러나 결국 이 작품들을 하나로 묶는 본질은 분명하다. 키스 자렛이 순간의 생성력에 의지해 음악을 발전시키려는 의지, 그리고 창작을 억누르는 양식적 규범 앞에서 결코 굴복하지 않으려

Keith Jarrett – Facing You, ECM 1017 ST

는 태도가 그것이다. 어떤 의미에서 이 시기는 거의 백과사전적이
라 할 수 있을 만큼 방대하고 경이로운 산출물의 연속이었다.

　미국에서 《Expectations》, 《Birth》, 《Facing You》 세 음반이
동시에 발매되었을 때, 《롤링 스톤》의 로버트 파머는 자못 냉소적
인 말로 평을 맺었다. 키스 자렛은 미국에서 아무도 눈치채지 못하
는 사이 중요한 피아노 스타일리스트가 되었다는 것이다. 이는 사
실이었다. 자렛의 뛰어난 재능을 먼저 알아보고, 그가 자유롭고 독
립적으로 발전할 수 있는 길을 열어준 것은 유럽인들이었다. 1972
년은 단지 그의 자기 결정의 해일 뿐 아니라, 미국인 키스 자렛이
또 하나의 유럽적 존재를 획득한 해이기도 했다.

5장 음악적 장인으로 향하는 굽이진 길

미국 음악이란 무엇인가? 예리한 비평가이자 뛰어난 작곡가였던 버질 톰슨은 기막힌 답을 내놓았다. "미국 음악을 쓰는 건 아주 쉽다. 미국인이 되어서, 머릿속에 떠오르는 음악을 그냥 적어 내려가면 된다." 이 대답은 질문을 진지하게 받아들이는 동시에, 그 질문 자체가 품고 있는 부조리를 벗겨내고 있다. 거트루드 스타인의 친구였으며 오랫동안 유럽에서 지낸 톰슨에게 미국 음악이란, 그 특성을 너무 폭넓게 규정해야만 존재할 수 있는 것, 그래서 결국 아무 의미도 남지 않는 것에 가까웠다. 그러나 그는 인간의 습성에 대해 통찰력 있는 관찰자였기에, 존 필립 수자의 오페레타《미국인 하녀》공연 중 성조기 패러프레이즈가 연주될 때 미국 관객들이 애국심에 북받쳐 경건히 자리에서 일어나는 장면을 보았다면 전혀 놀라지 않았을 것이다.

이 다소 수수께끼 같은 단순화가 설득력이 없다고 느껴진다면, 미국 음악의 다른 옹호자인 레너드 번스타인을 참고해볼 수 있다. 번스타인은 그의 영감을 불러일으키는 책 『음악의 즐거움』에서 소크라테스식 가상 대화법을 통해 미국 음악에 대한 생각을 전개한다. 한 브로드웨이 프로듀서는 번스타인에게 뮤지컬 작곡을 부탁하며, 이 장르야말로 "진정한 미국 음악"이라고 주장한다. 그리고 미국 콘서트홀에서 연주되는 음악은 실제로는 모두 유럽 음악이며, 카우보이 선율, 블루스 화성, 재즈 리듬을 조금 뿌려 미국식으로 보이게 만든 것에 불과하다고 말한다. 번스타인은 아무에게도 속지 말라는 충고를 받는다. 심지어 러시아 교향곡조차 실제로는 맥주 대신 보드카로만 바뀐 독일 교향곡에 가깝고, 세자르 프랑크의 작품도 독일 음악이며—다만 호른의 쓰임이 약간 다를 뿐—리스트, 엘가, 그리그, 드보르자크의 교향곡도 마찬가지라는 것이다. 민족적 색채가 덧입혀져 있더라도 실제 음악의 발전 계보는 모차르트에서 말러까지 곧게 뻗은 독일적 선 위에 있다는 결론이었다.

그리고 이 동료(물론 실제로는 번스타인이 설정한 그 자신의 또 다른 자아)는 "우리 고유의 포크 음악"과 미국 뮤지컬 탄생에 기여한, 순진하면서도 영리하고 흥미로운 재즈에 대해 논의를 이어간다. 이제는 〈Guys and Dolls〉나 〈Pal Joey〉 같은 작품들을 진정한 예술로 승화시킬 수 있는 새로운 미국의 모차르트가 등장해야 할 때가 되었다는 것이다. 의심할 것 없이, 번스타인은 이 말을 하며 약간의 아이러니를 곁들이면서도 내심 자부심 어린 뉘앙스로 그 역할을 자신이 맡을 수 있다고 생각했을 것이다. 즉, 재즈의 정신에서 음악극 예술의 정수를 끌어올릴 수 있는 인물로서 말이다. 한편, 이 자문자답은 유럽에서 작곡가로서 인정받기 위해 평생 분투해야 했던 한 미국 예술가의 과잉 보상적 독백으로 읽힐 수도 있다. 그가 지휘자이자 미디어 스타로서는 유럽에서 절대적 환호를 받았던 것과 대조된다.

미국 음악 논쟁 속으로 끌려 들어간 또 한 사람은 쿠르트 바일이다. 그는 1920년대에 이중의 삶을 살았던 인물이다. 문학 및 음악학 연구서들조차 '유럽의 바일'과 '미국의 바일'을 구분하며, 두 사람이 완전히 다른 예술가인 것처럼 다룬다. 학자들은 대서양 양편에서 바일의 할리우드식 송라이터 이미지와 바이마르 공화국 시기의 사회비판적 음악극 작곡가로서의 모습을 서로 대립적으로 비교하며, 그의 작품 세계에 일관된 발전이 있었다는 사실을 부정하는 경향이 있다. 미국에 도착한 바일이 구대륙의 음악적 뿌리를 버리고 예술적 자살을 한 뒤 미국에서 전혀 다른 모습으로 재탄생했다는 식이다. 그러나 〈Street Scene〉 같은 작품을 보면 이러한 주장은 오해임이 쉽게 드러난다. "브로드웨이 오페라"라는 외피 아래에는 여전히 사회를 날카롭게 관찰하는 음악적 패러디의 명수였던 옛 바일의 모습이 또렷하게 보인다. 메리 매카시의 말처럼, 바일은 음악을 깊이 아는 이에게도, 단순히 즐기는 이에게도 통할 정도의 '포커 페이스'를 지닌 인물이었다. 이 미국인 작가는 다른 많은 분석가들보다 더 섬세한 청각과 더 넓은 시야를 가지고 있었던 것 같다.

우리는 키스 자렛을 하나의 혼합적 성격을 지닌 예술가로 묘사하고 싶어질지도 모른다. 즉, 매니저 조지 아바키안의 말에 따르면 애틀랜틱과 ABC-임펄스! 레이블에서 한층 "전통적인" 음악을 만들었던 '미국의 자렛', 그리고 ECM에서는 한층 "진지하고 기이한 음악"을 남긴 '유럽의 자렛'이라는 식으로 말이다. 자렛의 음반 각각에 독립된 성격이 있다는 사실은 맞지만, 이를 부당한 양분화나 이중인격의 결과로 보는 것은 명백히 잘못이다. 키스 자렛은 단지 주어진 기회를 활용해 자신의 음악적 발상을 실현했을 뿐이며, 그 이상으로 분열된 예술가는 아니다. 섬세한 사람이라면 찰리 헤이든과 폴 모션과의 미국 트리오 음반과, 게리 피콕과 잭 디조넷과 작업한 ECM 음반을 서로 경쟁시키려는 생각 따위는 하지 않을 것이다. '아메리칸 쿼텟'과 '유러피언 쿼텟'이 서로 다른 미학적 철학을 대표하기 때문이 아니라, 그 음악의 차이는 근본적으로 연주자 개개인의 성향과 특성에서 비롯된다.

1978년(석 장의 클래식 음반을 제외하면 자렛이 미국 레이블에서 음반을 낸 마지막 해)까지의 녹음을 살펴보면, 차이의 대부분은 녹음 환경, 제작자의 진정성과 대담함(혹은 그 결여), 그리고 레이블 경영진의 청중에 대한 관점에 기인한 것으로 보인다. 자렛이 마치 스위치를 켜고 끄듯 '미국적' 혹은 '유럽적' 음향을 선택적으로 흘려보내는 마법사였던 것은 아니다. 그는 자신이 만프레트 아이허 같은 제작자와 만난 것이 얼마나 행운인지 알고 있었고, 그 행운을 활용하는 법 또한 잘 알고 있었다. 만약 ECM이 존재하지 않았다면 자렛은 아마도 대중을 위한 음악을 만드는 한 인격과, 알려지지 않은 채 책장 속에 작품을 쌓아가는 또 다른 인격 사이에서 분열될 위험이 있었을 것이다. 그러나 ECM과 함께한 그는 자신이 원하는 음악을 내놓을 수 있었고, 지금까지도 그러하다. 그리고 우리는 그 결과물들이 특정 대륙이나 국가의 산물이 아니라, 오로지 키스 자렛이라는 개인의 의지

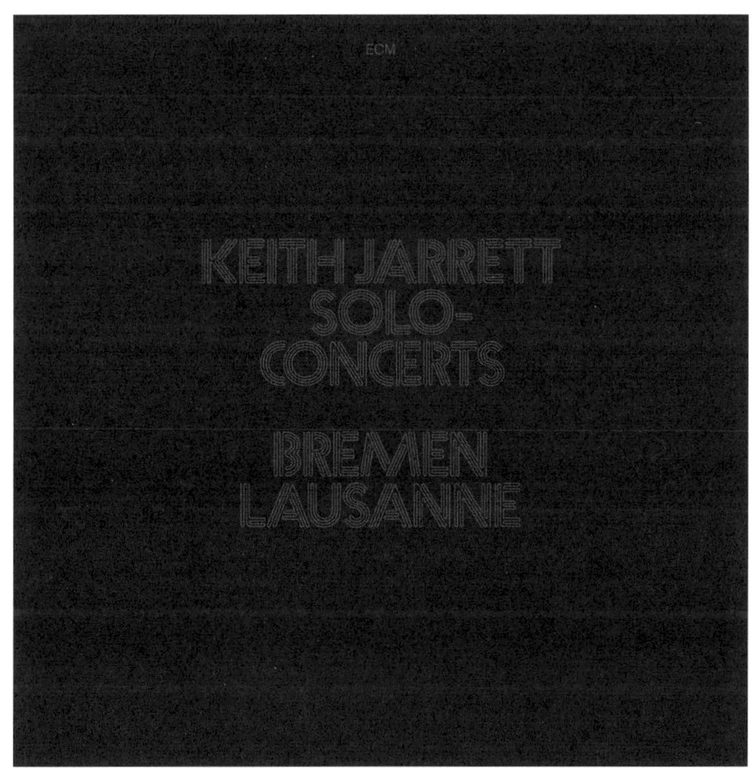

Keith Jarrett – Solo Concerts: Bremen / Lausanne, ECM 1035–37 ST

에서 나온 세계임을 확신할 수 있다.

1972년부터 1979년 사이, ECM과 미국의 임펄스! 레이블을 합하면 키스 자렛의 음반이 무려 스물석 장 발매되었고, 그가 다른 밴드와 참여한 음반도 여섯 장이 있다. 이는 자신의 이름으로만 연평균 약 석 장의 음반을 낸 셈이다. 그중에는 스튜디오 녹음도, 라이브 녹음도 있으며, 트리오, 여러 형태의 쿼텟, 그리고 솔로 작업 또한 포함되는데 미국뿐 아니라 유럽과 일본에서도 이루어졌다. 이 시기는 자렛의 경력에서 가장 생산성이 높았던 시기이자, 창작력이 폭발하듯 솟구친 시기였다. 다만 뒤에서 다루겠지만, 이러한 폭발적 활동은 그의 사회적·개인적 삶에도 영향을 미쳤다.

자렛의 '자기 결정의 시대'는 석 장의 매우 다른 음반으로 상징적으로 시작된다. 이 작품들은 곧 록-재즈의 거대한 물결을 넘어, 전 세계 재즈 애호가들에게 다가올 음악적 전망을 미리 보여준다고도 할 수 있다. 첫째는 '아메리칸 쿼텟'의 첫 녹음인 《Birth》, 둘째는 같은 쿼텟이지만 기타리스트 샘 브라운과 타악기 연주자 아이르토 모레이라(자렛과 마일스 데이비스 아일 오브 와이트 무대에서 함께했던 인물), 그리고 금관·현악 앙상블까지 참여한 2LP 대작 《Expectations》, 마지막으로는 ECM 첫 발매작이자 솔로 피아노 음반 《Facing You》이다.

ECM과의 연결을 통해 자렛에게 새로운 예술적 가능성이 열렸다는 사실은 곧 분명해졌을 것이다. 《Expectations》가 만장일치에 가까운 호평을 받았음에도 매출이 CBS를 만족시키지 못하자, 레이블은 자렛과의 음반 계약을 철회해버렸다. 반면 만프레트 아이허는 로스앤젤레스에서 잭 디조넷과 녹음한 듀오 음반 《Ruta And Daitya》의 믹싱을 직접 진행했고, 1973년 ECM 두 번째 작품으로 발매했다. 같은 해 뮌헨의 ECM은 유럽 단독 공연을 18회 기획했고, 그 가운데 브레멘과 로잔 공연은 녹음되어 즉시 3LP 박스로 출간되었다. 미국과 달리 유럽에서는 예술적 비행에 한계가 없음을 느꼈을 가능성은 충분하다. 그럼에도 그의 솔로 콘서트와 음반은 본국에서도 열광적인 반응을 일으켰다. 1975년 『뉴욕 타임스』는 지난 8년을 정리하며, 존 콜트레인이 1967년 사망한 이후 전통적 어쿠스틱 재즈를 전자 록-재즈에 맞서 수호한 진정한 계승자는 마일스 데이비스도, 오넷 콜먼도 아닌 키스 자렛이라며, 자렛을 "재즈 거장"의 반열에 올려놓았다.

독일 투어는 모든 면에서 예술적 성공이었고, 특히 LP 석 장으로 나온 《Bremen/Lausanne》 앨범은 이에 결정적인 역할을 했다. 아이허와 자렛 사이의 개인적 유대 또한 깊어졌다. 그러나 유럽 체류는 자렛에게 시련도 안겨주었다. 젊은 시절의 허리 부상(디스크성 고통)이 재발하여, 특히 브레멘에서는 공연을 괴롭혔다. 그의 연주 자세는 통증을 악화시키곤 했고, 오래전 보스턴에서도 "이대로 연주하면 나중에 척추교정사가 필요할 것"이라는 경고를 들은 바 있었다. 예언은 맞았다. 자렛은 유럽 투어 내내 코르셋을 착용해야 한데다 거의 움직이지 못했고, 유럽행 비행기에서도 진통제를 복용했으며, 공연 사이 대부분은 호텔 침대에 누워 지냈다. 브레멘에서는 사운드 체크조차 겨우 통과했고, 공연 중에도 통증을 유발할 동작을 피하는 데 온 정신이 쏠려 있었다. 뒤돌아보면 그는 어떻게 연주를 마쳤는지, 무엇을 연주했는지조차 기억하지 못했다. 그러므로 아이허가 들려준 녹음이 놀라울 정도로 영감에 찬 공연 기록이었다는 사실은 더욱 경이롭다. 브레멘 공연 실황은 미국에시 일본까지, 그리고 물론 독일에서까지 열광적 찬사를 받게 된다.

1973년《Bremen/Lausanne》LP 박스가 발매되었을 때, 스스로 전문가라 칭하던 이들은 이 무모한 제작에 고개를 저었다. "절대 수익이 날 수 없다"는 평이 지배적이었다. 그러나 몇 년 지나지 않아 이 '미친 발상'은 35만 장이라는 자랑스러운 판매고를 올렸는데 1970년대 록-재즈 시대의 대부분 음반보다 높은 수치였다. 즉, 상당수의 청자들이 즉흥연주를 듣는 데 주저하지 않으며, 쉼 없이 몰아치는 일렉트릭 리프에 몸을 맡기지 않겠다는 의지를 보여준 셈이다. 이 음반을 통해 자렛은 스타일의 미개척지를 밟았고, 소수지만 중요한 재즈 혁신가의 무리에 합류했다.

놀라움은 그다음 해 다시 찾아왔다. 더블 앨범《In The Light》이 발표되자, 특히 미국 청중들은 반복되는 변신에 경악했다. 재즈 피아니스트였던 자렛이 이번엔 진중하고 고전적인 음악을 쓰는 작곡가가 되어 나타났기 때문이다.『다운 비트』는 최고 등급을 부여하며, 그 아름다움을 형언할 수 없다며 식상할 만큼 미사여구만을 늘어놓을 수밖에 없다고 고백했다. 다소 감상적일지라도 이 음악은 "바그너적·교향적 의미에서… 황홀하며 대담하게 포착된 빛나는 작품"으로, 과거의 가장 위대한 걸작들과만 비교될 수 있다고 평했다. 평문은 결국 이렇게 결론지었다. "《In The Light》속에 새로운 미국 음악의 혁명적 가능성이 열쇠처럼 쥐어져 있다."

키스 자렛은 자신의 새 음반이 이런 찬탄을 불러올 것이라곤 감히 상상도 못 했을 것이다. 그는 라이너 노트에서 청자는 지금까지 들어온 모든 음악을 잊고, 스타일이라는 범주나 선입견, 음악이란 무엇인지에 대한 추측조차 내려놓아야 한다고 적는다. 어쩌면 '미는 그것 자체를 위해 존재한다'는 플라톤적 관념에 이끌린 급진적 요청이었을지도 모른다. 혹은, 완전히 예측 밖의 음악을 음반에 새겨 넣은 재즈 피아니스트로 오해받는 것을 경계했기 때문일 수도 있다. 독일에서는 이 다층적 스타일과 경이로운 음악성을 지닌 음반이 우호적으로, 그러나 미국만큼 열광적으로는 아닌 온도로 받아들여졌다. 이후 자렛이 새로운 프로그램이나 녹음을 발표할 때마다 평자들은 곧잘 "이제는 무엇이든 가능하다"라고 썼고, 이는 곧 그와 그의 음악을 둘러싼 컬트적 열광이 뻗어나가는 토대가 되었다.

이 특별한 녹음들이 세상에 등장한 것과 같은 시기, 자렛은 ABC-임펄스! 레이블에서 '아메리칸 쿼텟'으로 넉 장의 재즈 음반을 추가로 발표했다. 편성은 1~2명의 타악기가 더해진 형태였으며, 1973년 빌리지 뱅가드 라이브 《Fort Yawuh》, 이듬해 스튜디오 앨범인 《Treasure Island》, 《Backhand》, 《Death And The Flower》가 뒤를 이었다. 이 짧은 시간 동안 그의 마음과 정신이 얼마나 많은 것을 만들어냈는지 이해하려면, 그 직전에 ECM에서 어떤 작업을 내놓았는지 함께 살펴보아야 한다. 정리하자면 그는 완전 자유 즉흥의 3LP 박스를 막 끝냈고, 이어 현악 사중주·푸가·교향적 양식을 다룬 더블 앨범을 발표했으며, 이제는 현대 재즈 정점에서 또 넉 장의 음반을 내놓고 있었다.

이런 야성적 재즈의 사운드, 즉 비밥을 뿌리에 두면서도 프리 재즈의 폭발적 활력과 힘(혼돈은 더 적지만)까지 품은 음악이 이처럼 응축된 형태로 들린 예는 라이브 앨범 《Fort Yawuh》 외에는 좀처럼 찾기 어렵다. 첫 곡 〈(If The) Misfits (Wear It)〉에서 키스 자렛, 폴 모션, 찰리 헤이든이 구축하는 질주하는 반복 패턴은 즉시 청자를 휩쓸어간다. 이어 조성의 돌연한 전환이 상상하기 어려울 정도의 강도로 연주를 끌어올리고, 다시 한번 조성이 이동한다. 모션의 심벌 워크는 자렛과 완벽하게 맞물려, 악센트 사이에 1밀리초의 틈도 없는 듯 느껴지며, 누가 이끌고 누가 따르는지조차 분간이 어렵다. 생존을 건 추격전, 마치 "콘스탄츠 호수를 배를 타고 질주하는 듯한" 광경, 그 누구도 뒤돌아보지 않기를 바랄 뿐이다. 이것이야말로 자렛이 말한 "즉흥 속에서 작곡한다"는 진의일 것이다. 모든 음은 수정 불가능한 필연처럼 논리적이며, 마치 모든 대안이 이미 시험된 뒤 선택된 것처럼 들린다. 시험했다고? 이 템포가 230인데? 듀이 레드먼의 색소폰은 압력과 강도를 높이다 못해 비명을 쏟아내고, 목과 관이 하나의 악기가 되는 듯 융합된다. 자렛의 타악적 피아노 어택은 레드먼의 목소리-색소폰 결합이 악기를 초월하듯, 피아노라는 악기 자체를 넘어선다. 그리고 찰리 헤이든은 베이스로 음향의 구멍을 메우며 질감과 밀도를 완성한다.

〈Fort Yawuh〉에서는 앞 곡의 긴장이 고요로 변환된다. 자렛의 섬세한 피아노 동기들은 끝없는 공간에 흩뿌려지고, 음은 허공에 울리며 사라졌다가 다시 새로운 변주로 이어진다. 개별 타악기 음들이 서서히 속이 빈 거품처럼 합쳐지고, 동기적·선율적 반복과 리듬이 솟구치기 시작하며, 지속적으로 들려오는 두드림은 지하 대장간처럼 울린다. 마치 니벨룽의 노예들이 황금 보물을 단조하는 소리와도 같다.

이 소리의 세계 역시 유령처럼 흩어져 사라진다. 이어 자렛의 랩소디적 피아노, 듀이 레드먼의 찬가적 색소폰, 찰리 헤이든의 대지 같은 베이스, 폴 모션의 노래하는 심벌이 더욱 밝게 빛나며 빌리지 뱅가드의 홀을 환히 채운다. 그러다 음악은 곧 뱀술사의 의식 같은 장면으로 변모한다. 레드먼은 뮤제트를 집어 들고, 피아노와 베이스는 페달 포인트와 오스티나토를 이어가며 주술적 흐름을 만든다. 마지막에는 이 구조 전체가 자유 발라드 같은 흐름으로 풀리고, 피아노 상성부의 작은 동기 반복과 모션의 종소리 같은 심벌 타격이 점점 멀어지며 소리 행렬이 지평선 너머 사라지는 행진처럼 잦아든다.

〈De Drums〉는 아련한 올드 록의 윤곽을 지닌 채 피아노와 베이스의 짧은 리프로 시작하여 펑키한 가스펠 질감으로 넓혀진다. 갑자기 곡은 투정 섞인 기묘한 셔플로 돌변하고, 이내 베이스가 주도권을 쥐고 다른 연주자들을 조용히 페이드아웃으로 끌고 간다. 그러나 여기서도 양식의 사전은 끝나지 않는다. 〈Still Life, Still Life〉는 쇼팽풍 전주로 시작해 바로크적 대위로 넘어갔다가 다시 낭만적 몸짓으로 되돌아오며, 결국 모션의 리듬에 이끌려 피아노와 베이스는 재즈로 회귀한다. 그것은 자렛의 번뜩이는 논레가토 터치가 확인시킨다. 마지막 〈Roads Travelled, Roads Veiled〉은 광대한 화성과 자유로운 리듬을 지닌 서사의 서막으로, 청자는 긴 이야기의 예고를 듣게 되고 차분히 앉아 인내하게 된다. 자렛이 반복 동기에 사로잡혀 빠져나오지 못하면, 이야기는 종종 서사시적인 길이로 늘어나게 된다. 여기서도 그렇게 된다. 그리고 다수의 서브플롯 속에서 우리는 라이히의 〈드러밍〉, 무소륵스키의 시골스러운 풍성함, 라흐마니노프의 과잉 같은 잔향을 듣는다. 이 순간 듀이 레드먼의 극적이면서 우아한 음색으로 등장하면 음악은 막 떠오른 햇살처럼 빛난다. 자렛은 소프라노 색소폰으로 새소리처럼 지저귀며, 레드먼과 함께 자연의 음색 위에서 예술을 형상화한다.

《Fort Yawuh》는 '아메리칸 쿼텟'에 타악기를 추가한 편성으로 제작된 다른 석 장의 음반보다도 더 인상적인데, 음악 자체에다 뉴욕 클럽의 생생히 맥동하는 라이브 공기 덕분이기도 하다. 자렛은 청중·공간·기류·분위기에 극도로 민감하게 반응하지만, 그렇다고 복잡한 공연 환경이 필수는 아니다. ECM엔 스튜디오 녹음임에도 건조함을 잊게 만드는 음반이 수없이 많다. 《Treasure Island》 앨범의 첫 곡 〈The Rich (And The Poor)〉가 좋은 예다. 자렛 특유의 가스펠적 서정 제스처로 시작하여, 피아노는 지속 선율을 짧은 리듬 동기와 매혹적 화음으로 대체하며 격렬함을 더해간다. 이는 찰리 헤이든의 깊이 있는 베이스, 폴 모션의 절제된 타악, 듀이 레드먼의 장엄하고 고양된 색소폰에 의해 힘을 얻는데, 레드먼의 음색은 이 음반 전체의 성격을 규정하는 핵심이다.

타이틀 곡 〈Treasure Island〉는 예외적이다. 공기처럼 가벼운 대위법적 흐름, 높은 음역에서 연주하는 키스 자렛, 그리고 기타리스트 샘 브라운과의 동시적 결합이 중심을 이룬다. LP 2면 첫 곡처럼 자유로운 프렐류드에서는 자렛 음악의 유사한 순간들에서 우리가 항상 염두에 둘 점이 드러난다. 그는 화려한 기교를 추구하는 것이 아니라, 슈만의 〈어린이 정경〉에서 볼 수 있듯, 일종의 민속적 음조의 단순하고 자연스러운 스타일을 향해 나아간다는 점이다. 제목과 달리 이 음악은 아이들을 위한 곡이라기보다, 어른이 자신의 젊은 시절을 회상하며 듣는 음악, 즉 슈만의 표현대로라면 "늙은이가, 나이를 먹은 자신에게 건네는 회상"에 가깝다. 이어지는 〈Yaqui Indian Folk Song〉에서 듀이 레드먼이 자렛의 도입부를 받아 소박하면서도 따뜻한 색소폰으로 풀어내는 방식은 두 사람이 공유한 정서적 교감의 깊이를 다시금 드러낸다.

가스펠적 동기와 리드미컬한 스윙, 오스티나토와 록 리프 중심의 구성에도 불구하고, 〈Backhand〉에는 기존 재즈 어법을 넘어서는 완전히 새로운 음향 지형이 펼쳐진다. 〈Kuum〉은 원시적 세계에서 들려오는 듯한 막연한 리코더 멜리스마로 시작하며, 마치 자렛이 피타고라스 이전, 음악적 질서가 생기기 전 존재했을지도 모를 '원초적 소리'를 탐색하는 듯한 느낌을 준다. 불길한 타악기 긁는 소리, 레드먼의 비음 섞인 뮤제트, 그리고 온음계 체계를 무시하듯 흔들리는 베이스의 음정 변이는 조율 체계를 와해시키며 태초의 풍경을 그린다. 이 LP의 백미라 할 〈Vappalia〉는 스튜디오 녹음이 얼마나 영감을 품을 수 있는지 보여주는 대표적 예이며, 이전에 《Facing You》에서도 짧은 버전으로 소개된 바 있다. 자렛은 부드럽고 우울한 주제를 삼화음의 순정미에서 낯선 화성 세계로 이끌어 가면서도, 지나치게 감상적으로 흐르지 않도록 조율한다. 이는 언제나 폴 모션의 과민하게 정교한 반응이 함께하며 완성된다. 예전 표현을 그대로 쓴다면, "좋은 취향"이라 불리는 순간이다. 그 당시엔 감정 표현을 둘러싼 사회적 합의가 더 견고하게 존재했기에 이 말이 자연스러웠다. 오늘날 우리는 이 명명을 다시 회복할 용기가 필요하다. 그 순간들에서 키스 자렛의 위대함과, 그의 세련된 감각이 드러난다.

1976년에 이르기까지 키스 자렛은 '아메리칸 쿼텟'과 함께 여섯 장의 앨범을 추가로 녹음했다. 넉 장은 ABC-임펄스!에서, 두 장은 ECM에서 나왔다. 이 음반들은 〈Fort Yawuh〉에서 이미 시작된 방향의 추가 진전을 보여준다. 즉, 찰리 파커에서 찰스 로이드로 이어지는 비밥 전통의 억센 혈통, 그리고 그 비밥 영역을 확장해 혼란스럽기보다 더 통제된 형태의 프리 재즈로 나아가는 음악. 여기에 더해 자렛이 가능한 모든 음악적 동력을 끌어내고자 하는 욕망이 반복적으로 드러나는 음반들도 있다. 대부분은 그의 자작곡이지만, 종종 동료 작곡가들의 작품이 포함되기도 한다. 예컨대 〈Byablue〉에는 폴 모션의 곡들, 그리고 아직 음악계에 이름조차 없던 한 사람, 디자인을 공부했을 뿐 음악을 전공하지 않았던 자렛의 아내 마고 자렛의 작품까지 담겨 있다. 〈Bop-Be〉에는 듀이 레드먼, 찰리 헤이든, 알렉 윌더의 곡들도 수록되어 있다.

ECM에서의 두 녹음은 형식적 구조 개념과 녹음기술 측면 모두에서 ABC-임펄스! 시기의 작품들과 근본적으로 다르다. 이후 자렛의 활동 방향이 점차 ECM 중심으로 기울게 되는 이유를 이해하려면, 같은 1976년에 거의 동시에 제작된 두 작품, 즉 ABC-임펄스!의 〈Mysteries〉와 ECM의 〈The Survivor's Suite〉를 비교하기만 하면 충분하다. 두 작품 사이에는 음향 세계의 간극이 너무 커, 거의 패러다임의 전환이라 부를 수도 있을 정도다. 비유적으로 말하자면 〈The Survivor's Suite〉의 생생하고 조각적이며 입체적인 사운드에 비해 〈Mysteries〉는 마치 원근법이 재발견되기 이전에 그려진 회화처럼 들린다.

원근법적 시각의 개념은 '공간적 청취', 혹은 투명한 청취 방식과 비교할 수 있다. 그러나 여기서 말하는 것은 1950년대 이후 전자적 방식으로 구현되어온 공간 사운드의 모사, 즉 공간 속에 존재하는 것처럼 들리는 소리를 의미하지 않는다. 여기서 논의되는 것은 서로 명확히 분리되고 구분되는 음향 자체이다. 〈The Survivor's Suite〉에서는 듣는 이가 피아노 앞에 서 있는 연주자와 그 건반에서 튀어나오는 음들까지 들을 수 있을 뿐 아니라 볼 수도 있는 듯한 인상을 준다. 드럼이 만들어내는 각기 다른 타악적 소리들, 은색 광택 같은 색조를 띠는 색소폰 소리 역시 동일하게 또렷하다. 베이스의 울림 또한 배경의 모호한 웅웅거림이 아니라 독립된 질감의 존재로 다가온다. 청취자는 뒤섞인 음색 덩어리를 마주하는 것이 아니라 단일한 색채들을 먼저 인지하고, 이후 그것들이 섞여 하나의 완성된 음악적 인상을 형성하는 과정을 체험하게 된다. 사회적 현상에 비유하자면, 이는 '해방된 청음'이라고도 부를 수 있을 것이다. 자렛은 여러 스튜디오 경험을 통해 이러한 차이를 잘 알고 있었고, 만프레트 아이허의 치밀한 작업 방식에 대해 자주 언급했다. 최적의 투명한 음향을 얻기 위해 그는 녹음실에서 마이크 위치를 밀리미터 단위로 조정하며 몇 시간이고 옮겨놓는 작업을 반복했다.

ECM 음반과 ABC(임펄스!)에서의 '아메리칸 쿼텟' 녹음 사이의 두 번째 큰 차이는 작품을 떠받치는 형식 개념에 있다. 《Shades》와 《Mysteries》에서는 라틴어 표현을 빌자면 'cum grano salis(소금을 약간 쳐서)', 즉 기본적으로 비밥 전통을 중심에 두되 약간의 확장을 통해 프리 재즈로 뻗어가는 구조를 취하고 있으며, 주제-솔로-코러스-주제 회귀라는 전형적 포맷을 유지한다. 《Byablue》와 《Bop-Be》 또한 이 틀을 벗어나지 않는데, 이는 자렛이 동료들의 작품을 보다 전면에 배치하고 자신의 색을 한 발 물린 결과로 이해될 수 있다. 반면 ECM 음반인 《The Survivor's Suite》와 《Eyes Of The Heart》는 이러한 규범을 과감히 벗어나, 훨씬 큰 형식적 용기를 지향한다. 그 속에서 연주자들은 더 자율적으로 펼쳐지고 소통할 수 있는 공간을 얻는다. 이제 즉흥적 상호작용은 가능한 것을 넘어 당연히 요구되는 방식이 되었다.

이 비교는 말하자면 연주자가 바뀐 것이 아니라 바뀐 것은 음악적 개념과 제작 환경이다. 비밥 스타일의 〈Shades Of Jazz〉, 라틴 넘버 〈Southern Smiles〉, 혹은 잔잔히 흐르는 발라드 〈Rose Petals〉와 같은 곡들이 비록 전통적 재즈 형식(주제를 포함한 '코러스' 구조)을 따른다 해도, 음악가들은 놀라울 만큼 활력 있는 스윙과 영감을 담아 연주한다. 예컨대 그야말로 폭풍 같은 곡인 〈Diatribe〉에서는 찰리 헤이든의 믿기 어려울 정도의 트레몰로 베이스 스트로크, 키스 자렛이 건반 위를 폭포수처럼 쓸고 지나가는 사운드의 물결, 듀이 레드먼이 마우스피스를 곯고 물어뜯으며 내지르는 육성에 가까운 포효, 그곳에서 쏟아지는 광기 어린 음절들 앞에서는 구조나 형식적 틀은 거의 의미를 잃는다.

《Mysteries》 역시 그러한 억제 없는 순간의 자발성으로 귀결된다. 〈Rotation〉에서 찰리 헤이든의 에너지 넘치는 워킹 베이스는 곧 광기에 가까운 단음 반복으로 고조된다. 이러한 즉흥적 곡예 사이에서, 이미 《The Mourning Of A Star》에서 선보인 발라드 〈Everything That Lives Laments〉는 압박 없는 상태에서 펼쳐지는 높은 음악적 기량으로 청자를 숨 쉬게 한다. 자렛의 음향적 화음은 어두운 악기 바탕에 상아 인타르시아를 새기듯 정교하게 파고들며, 음악 속 깊은 결을 드러낸다. 한편 《Byablue》의

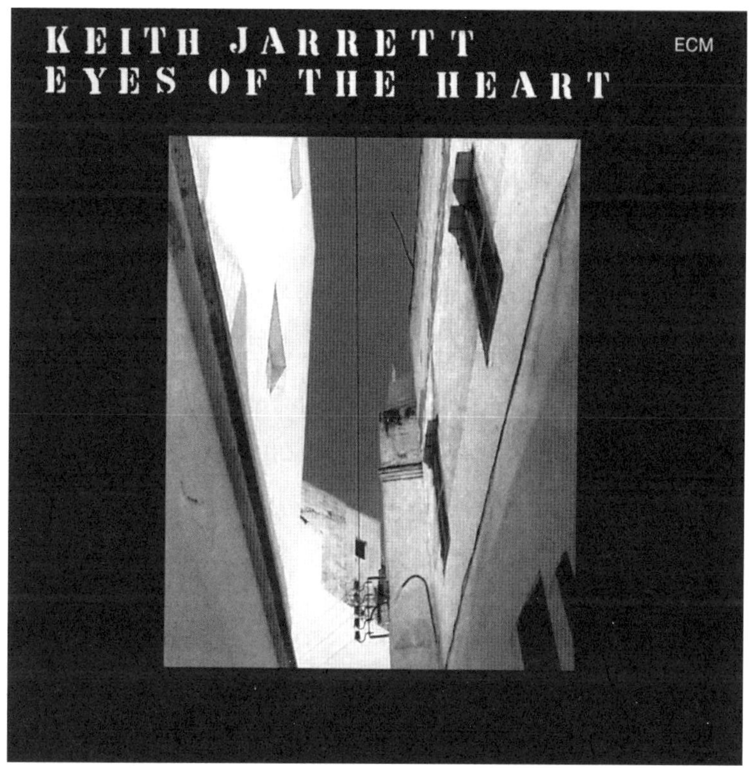

Keith Jarrett – Eyes Of The Heart, ECM 1150

〈Yahllah〉 같은 곡에서는 듀이 레드먼의 뮤젯과 모션의 다양한 타악기가 도화선이 되어 재즈적 몸짓과 오리엔탈한 음향이 결합한다. 또한 《Bop-Be》에서는 듀이 레드먼이 쓴 〈Mushi-Mushi〉처럼, 몽크 풍의 도약적 피아노 어구를 포함한 전형적 비밥 곡도 등장한다.

우리는 찰리 헤이든이 지미 블랜턴이나 레이 브라운을 연상시키는 굉장한 워킹 베이스 연주자라는 사실을 잘 알고 있다. 하지만 그는 또한 스스로 만든 단순한 리프 하나를 끝까지 밀어붙여 가장 뻣뻣한 사람조차 발끝을 까딱이게 만들 수 있는 연주자이기도 하다. 우리는 듀이 레드먼의 관악기 리드의 광란과 같은 연주를 알고 있지만, 동시에 풍부하고 발라드적인 음색 역시 알고 있다. 폴 모션은 소리를 새기고 다듬는 조각가 같은 드러머일 수 있지만, 마음만 먹으면 금속 드럼, 하이햇, 심벌을 미친 듯 두드리는 아트 블레이키 같은 존재로 돌변할 수도 있다. 키스 자렛은 말할 필요도 없다. 그는 무엇이든 가능하다. 이 다층적인 능력치의 총합이 가장 또렷하게 들리는 기록물은 바로 장대한 〈The Survivor's Suite〉이며, 그만큼이나 서사적이지만 약간 더 불균질한 앨범 《Eyes Of The Heart》 또한 예외가 아니다. 만약 이 용어가 유행 속 남용으로 의미가 바래지 않았다면, 우리는 〈The Survivor's Suite〉를 "-주의(ism)"도 없고 규격화된 범주도 없는 자유로운 형태의 '월드뮤직'이라고 불렀을지도 모른다. 편견 없이 듣는 사람이라면, 도입부의 깊은 플루트 저음이 어디서 오는지, 혹은 리듬적 속박이 없는 소리의 체계가 어떤 음악적 규범과 연결되는지 짐작할 수 없을 것이다. 그리고 베이스가 1파운드짜리 지폐처럼 활로 긁어낸 듯

                                         키스 자렛

한 모티브를 끝내 놓지 않고 그것이 (비록 5/4 박자이긴 하지만) 재즈 리프의 기반으로 변모할 때, 찰리 헤이든은 모든 음악적 의도를 씻어내듯 피치카토 점묘 속에 몸을 숨기며, 그 소리가 어디로든 향하거나 혹은 아무 데도 가지 않을 수 있는 여지를 만든다. 소프라노와 테너 색소폰은 동양적 진동이 실린 가느다란 아라베스크 선율을 그리며, 폴 모션의 단조롭게 반복되는 바탕 리듬에 의해 섬섬 황홀경으로 빨려 들어가는 듯하다. 그러나 하모니가 바뀌는 순간, 현실로 돌려세워진다. 새로운 조성에 겨우 적응하려는 찰나, 그들은 동일한 선율 소재로 5도 순환을 여행하며, 마치 바흐의 〈평균율 클라비어곡집〉이 이 '보편적 포크 음악'의 맥락에서도 유효함을 증명하려는 듯 보인다.

두 악장으로 구성된, 약 한 시간짜리 작품 〈The Survivor's Suite〉는 음악 백과사전 전체를 넘기듯 스트라이드 피아노에서 스윙, 비밥, 프리 재즈, 그리고 데르비슈 춤 같은 음악에 이르기까지 서로 다른 장을 펼쳐낸다. 우리는 대위법과 랩소디풍 서법, 4성부 구성, 그리고 독일식 표현으로 말하자면 '민속적 단순미'에 대한 탐구를 들을 수 있다. 자렛이 '천체의 음악'을 발견하고 이를 실로폰 계열의 셀레스트로 이를 구현하려 할 때, 그 신비로운 울림은 헤이든의 흙냄새 나는 베이스와 대조되며, 피아노가 얼마나 천상의 영역까지 도달할 수 있는지 시험하는 장면이 된다. 헤이든 역시 이에 응답해, 자렛의 풍부한 오버톤을 울림 깊은 베이스 톤으로 확장시킨다. 〈The Survivor's Suite〉의 마지막에서 이 둘보다 더 감각적이고 천상의 듀오를 상상하긴 어렵다. 그리고 이 모든 것은 극도로 투명하고 균형 잡힌 녹음 덕분에 하나도 손실되지 않는다. 청자는 자신과 연주자 사이에 녹음 장비가 존재한다는 사실을 잊고, 마치 무대 바로 옆에 앉아 있는 듯한 착각 속에서 음악을 듣게 된다. 여기서 《Eyes Of The Heart》까지의 거리는 그리 멀지 않다. 이 음반에서는 되풀이되는 패턴이 긴 흐름 속에서 다시 떠오르고 사라지며, 명상적 황홀감이 음악 전반을 감싸고 있지만, 정작 겉보기에 "큰 일이 일어나지 않는 것처럼" 들리는 순간도 많다. 그러나 귀를 기울이면 색을 달리하며 떠오르는 다채로운 모티브들, 그리고 환상적인 자렛의 연주가 여전히 굳건하게 음악을 떠받치고 있음을 알 수 있다. 무엇보다 다시 한번 인상적인 것은 연주자들이 만들어내는 폭넓은 음색의 스펙트럼이다. 이 음반은 1976년 5월, ECM 기획 유럽 투어 중 오스트리아 브레겐츠의 콘마르크트에서 '아메리칸 쿼텟'의 실황으로 녹음되었다. 곧 해체를 앞두고 있던 밴드의 백조의 노래에 해당하며, 5년간의 활동은 여기서 사실상 막을 내린다. 자렛, 헤이든, 모션 트리오를 이 쿼텟의 전신으로 본다면, 약 10년에 달하는 공동 작업의 종착점이라 할 수 있다. 이 시기가 이미 끝물이었다는 사실은 음반의 분위기에 미묘하게 스며 있다. 개별 연주자의 창의성에도 불구하고, 곡의 상당 부분은 《The Survivor's Suite》의 소재적 잔향 위에 세워져 있으며, 계획된 것은 아니었으나 일부 구간은 다소 길게 늘어졌고 구조를 유지하려는 시도처럼 들리는 부분도 있다. 자렛의 암시적 회고에 따르면, 이 녹음에서 거의 들리지 않는 듀이 레드먼이 참여를 거부하듯 보였던 순간도 있었다. 특히 첫 파트에는 갑자기 음악이 멎고 약 30초 가까운 '소리의 구멍'이 생기는 기묘한 정적의 장면이 있다. 소프라노 색소폰을 연주하던 자렛은 피아노의 몇 개의 화음으로 다시 등장하고, 이어 헤이든의 조심스러운 베이스 피킹, 그리고 모션의 불확실하게 부서지는 타악기 조각들이 뒤따른다. 게다가 더블 LP임에도 실질적으로 세 면만 담겨 있다는 점은 이 음반의 또 다른 괴벽이며, 이러한 마지막 작품의 불안정함에도 불구하고, '아메리칸 쿼텟'은 1970년대 가장 다채롭고 혁신적이며 창조적인 재즈 밴드 중 하나로 평가받기에 충분하다. 특히 장대한 〈The Survivor's Suite〉를 고려한다면 이 평가에 반대할 근거는 단 하나뿐이다. 바로 '유러피안 쿼텟'의 존재다. 가바렉은 스톡홀름에서 열린 찰스 로이드 쿼텟의 공연을 직접 듣고, 특히 리듬 섹션과 자렛에게 깊은 인상을 받았다. 그 쿼텟이 연주한 〈Autumn Leaves〉에서 가바렉은 재즈의 초기 양식부터 현대적 사운드, 고전주의, 인상주의, 무조, 실험음악에 이르기까지 음악사의 총체가 한데 얽혀 있는 것을 들을 수 있었다. 이후 로이드가 유럽을 다시 투어하던 시기, 자렛 역시 오슬로에서 열린 잼 세션에서 욘 크리스텐센과 얀 가바렉의 연주를 직접 듣게 되었고, 가장 인상적인 프리 재즈라 느꼈다. 두 사람은 1960년대 말 보스턴에서 한 번 더 마주하게 되는데, 그때 자렛은 마일스 데이비스 밴드와 함께 공연 중이었고, 가바렉은 일주일 내내 클럽의 첫째 열에 앉아 매일같이 연주를 듣고 또 들었다. 당시 밴드의 컨디션은 최고조였던 듯하다. 이 편성은, 칙 코리아가 빠진 이후, 게리 바츠, 마이클 헨더슨, 잭 디조넷, 그리고 키스 자렛으로 구성된 바로 그 라인업이었다. 자렛은 생전에 이 팀이 데이비스가 꾸렸던 밴드 중 가장 뛰어났다고 말한 적도 있었다. 다만 아쉬운 점은 CBS가 이 음악을 녹음해 남기지 못했다는 사실이었다.

1972년, 만프레트 아이허가 자렛에게 얀 가바렉과의 협업을 제안하는 데는 큰 설득이 필요하지 않았다. 이미 수년 전부터 두 사람 사이에는 언젠가 함께 작업하자는 공감대가 형성되고 있었다. 자렛이 아이허에게 가바렉을 위해 새롭게 작곡할 색소폰과 현악을 위한 작품까지 포함한 프로젝트를 추가로 제안했을 때도, 이를 가로막는 장애물은 거의 없었다. 1973년 겨울, 가바렉은 미국으로 건너와 자렛의 집에서 며칠 머물며 이야기를 나누었다. 가바렉의 회고에 따르면, 이 만남은 일상적이고 편안한 분위기 속에서 진행되었으며, 음악 이야기를 나누긴 했지만 작업실 같은 긴장감 있는 논의는 아니었다. 두 사람은 함께 식사하고 산책하고 서로를 알아갔다. 새로운 작품에 대해 긴 말을 나눌 필요조차 느끼지 못할 정도였다. 몇 달 뒤 오슬로에서 자렛의 '유러피안 쿼텟' 첫 녹음이 이루어졌다. 그러나 자렛은 ABC-임펄스!와의 계약 때문에 자기 이름으로 쿼텟을 발표할 수 없었고, 결국 앨범의 타이틀곡 〈Belonging〉을 이름으로 삼아 공식적으로 '빌롱잉 쿼텟'이라는 명칭이 사용됐다. 그 직후 독일 루트비히스부르크에서 오케스트라 작품 〈Luminessence〉가 녹음되었다. 특히 타이틀곡 〈Belonging〉 녹음은 거의 영감이 내려앉은 순간이었다고 한다. 전해지는 이야기로는, 자렛은 이 곡을 한 테이크 이상 녹음하길 거부했고, 마일스 데이비스처럼 기술적 완성보다 순간의 자발성을 더 높이 평가했다는 것이다. 그 덕에 모든 연주자들은 극도의 집중 속에서 임했고, 가바렉은 "이토록 빨리 거의 리허설 없이 녹음을 끝낸 적은 없었다"고 회상한다. 마치 마일스 데이비스의 영혼이 오슬로의 아르네 벤딕센 스튜디오 위에 떠 있었던 듯, 이렇게 말하며 요구하는 것 같았다. "네가 할 수 있는 것을 연주하지 말고, 할 수 없는 것을 연주하라."

밴드는 먼저 독일에서 몇 차례의 콘서트를 가진 뒤, ECM이 기획한 "즉흥 음악의 밤"이라는 슬로건 아래 진행된 대규모 유럽 투어에 '더블 프로그램' 형태로 참여했다. 이 공연에서는 두 개의 세트가 연속하여 편성되었고, 각각 두 개의 팀이 차례로 무대에 올랐다. 첫 세트는 키스 자렛의 '유러피안 쿼텟'과 에그베르투 지스몬치 & 나나 바스콘셀루스가, 두 번째 세트는 오리건에 이어 얀 가바렉-랄프 타우너 듀오가 공연하는 방식이었다. 비록 '유러피안 쿼텟'이 '아메리칸 쿼텟'과 동일하게 약 5년(1974~1979) 존재했지만, 무대에 오른 횟수는 훨씬 적었고, 앨범도 넉 장만 발매되었다. 다섯 번째 음반《Sleeper》는 뒤인 2012년에 발매되었으며, 1979년 도쿄 라이브 실황에서 수록된 일부 연주가 기반이 되었다. 공연 횟수와 음반 수가 적다는 사실은 '유러피안 쿼텟'이 청중에게 받은 높은 평가를 조금도 깎아내리지 못했다. 오히려 이들은 아메리칸 쿼텟의 위상을 위협할 만한 존재로 받아들여졌다.

음반을 들어보면, 왜 오늘날까지도 음악가들에게 강렬한 영향을 미쳤는지, 왜 이 쿼텟이 현대 재즈 역사에서 가장 위대한 앙상블 중 하나로 여겨지는지 쉽게 이해할 수 있다. 많은 이들이 가장 먼저 떠올리는 음반은 데뷔작《Belonging》이다.

이들은 거의 함께 연주한 적도 없었다. 리허설 또한 적었고, 테이크를 여러 번 갖지도 않았음에도 직관적 교감 위에서 완성된 드문 걸작이었다. 음반은 투명한 음향 구조와 균형감, 네 연주자의 자연스러운 음악성(과시적 기교의 흔적 없음), 확고한 자신감과 상호 소통 능력, 상대의 아이디어에 대한 겸손하고도 세심한 반응이라는 면에서 유례를 찾기 어렵다. 다소 낭만적으로 들릴 수 있지만, 첫 만남에 음악적 사랑이 이루어졌다고밖에 설명할 수 없는 수준의 자유로운 상호작용이 펼쳐졌고, 〈Belonging〉은 '재즈 100년사의 위대한 순간' 목록에 올라야 마땅한 음반이다.

이 음반에는 새로운 혹은 과감한 사운드, 새로운 형식이나 기이한 미학적 철학이라는 측면에서 혁신적인 요소가 없다. 그러나 만약 우리가 이 음악을 하나의 고전적 예술 작품으로 분류한다면, 선택된 음악적 재료가 과연 동시대적인가에 관한 이론적 질문이나 그것이 현대음악인가에 대한 의문은 되레 우리에게 되돌아온다. 녹음 세션 당시의 다소 특이한 상황에도 불구하고, 이미 형식 면에서 완성에 이르렀고, 연주는 흠잡을 데 없이 정교하다. 예술적 합성 속에서 하나의 보석을 고르라면, 봄을 주제로 한 바로크적 알레고리처럼 다가오는 발라드 〈Blossom〉을 제시하고 싶다. 피아노로 열린 도입부는 민속적 색채를 띤 선율로 이어지고, 가바렉은 특유의 뜨겁고 순결한 음색으로 이 선율을 받아 펼쳐내며, 마치 모든 각도에서 관찰되어야 하는 석조 조각을 다루듯 다양한 방향에서 대면한다. 자연스레 아리스티드 마욜의 여성 누드 조각 《라 메디테라네》가 떠오르며, 작가 스스로 "그늘진 정원을 위한 형상"이라 표현했던 그 조각의 이미지가 겹친다. 자렛의 피아노 반주는 가지가 뻗어 나가듯 퍼지는 음형과 하모니의 그림자 놀림으로, 마치 바로 그 정원을 묘사하려는 듯 들린다. 같은 그림은 팔레 다니엘슨의 노래하듯 울리는 베이스에서도 그려지는데, 암시적인 트레몰로로 시작하며, 물론 얀 크리스텐센의 드럼 또한 단 한 번도 억지로 들리지 않는다.

음반은 이러한 음악적 정점들의 연속이며, 〈Blossom〉은 그중 가장 높은 봉우리일 뿐이다. 이어지는 〈Spiral Dance〉는 스윙감 넘치는 움직임으로, 그리고 복음성가 〈'Long As You Know You're Livin' Yours〉에서는 가바렉이 색소폰을 들어 올려 예배당의 환희에 가까운 성가를 연주하고, 자렛·다니엘슨·크리스텐센이 합창단처럼 구둣발로 박자를 구르며 받쳐 든다. 짧은 타이틀곡 〈Belonging〉에서는 가바렉이 마치 성악가처럼 선율을 프레이징하고 자렛이 공기를 머금은 반주를 들려주어, 듣는 이는 눈앞에 뮤지션들이 몸짓을 하며 슈베르트 가곡 중 하나를 연주하는 모습을 떠올릴지 모른다. 마지막으로 〈Solstice〉는 좀 더 로맨틱한 〈Blossom〉의 표현주의적 변형처럼 다가오며, 〈The Windup〉은 괴짜 같은 스퀘어 댄스이다. 후자의 곡에서 자렛의 광포한 솔로는, 반주 없는 단편적 멜로디와 단음들이 리듬적으로 구획되어, 기본 박이 단 한 번도 울리지 않아도 맥박이 또렷이 느껴질 수 있음을 보여주는 훌륭한 사례다.

《My Song》은 3년 후 녹음되었음에도 똑같이 매혹적이다. 리듬적으로 복잡한 비밥·프리 재즈 트랙인 〈Mandala〉를 제외하면, 이 앨범은 좀 더 서정적이며 애가 성격을 띤 음악으로 채워져 있다. 친근하고 때로는 우울한 정조의 음반으로, 커다란 요구도 질문도 없이 그저 존재한다. 스튜디오에는 온화한 공기가 감돌았을 것이며, 그러했기에 이토록 부드럽고 절제된 음악이 가능했을 것이다. 때로 음악은 아주 단순한 컨트리 스타일로 시작하다가 장난스럽게 룸바 리듬을 이어받아 진행하지만, 이는 점차 중심 박을 잃고 코다에서는 왈츠로 변모한다. 듣는 이는 자렛이 마치《Nude Ants》,《Personal Mountains》,《Sleeper》에서처럼 가바렉 곁에서 유난히 편안함을 느끼는 듯한 인상을 받는다. 두 사람은 편안한 의사 교환과 끊임없는 대화를 이어가며, 더는 혼자 음악적 전개를 짊어질 필요가 없는 듯 자유롭다.《Belonging》이후 이 석 장의 음반이 나오기까지 5년이 흘렀다. 그 사이 자렛은《The Köln Concert》,《Sun Bear Concerts》, 교향 앙상블을 위한 위촉 작곡, 독일 오토보이렌의 카를 요제프 리프 바로크 오르간에 대한 화려한 음악적 탐험 등으로 세계를 경악시켰다. 1979년의 이 세 음반은 '유러피안 쿼텟'이 무대에서 퇴장하기 전 마지막으로 분출된 황홀한 에너지처럼 들린다. 더 오래 함께했더라면 하는 바람만 남는다.

《Personal Mountains》는 1979년 도쿄 실황으로 녹음되었지만, 발매는 10년 뒤에야 이루어졌다. 이미 자렛과 아이허가 빌리지 뱅가드 실황작《Nude Ants》를 출반했는데, 그 절반이 동일 레퍼토리를 다른 버전으로 담고 있었기 때문일 것이다. 이어《Sleeper》가 있었는데, 이는《Personal Mountains》와 같은 공연에서 채록된 자료를 바탕으로 앞선 두 음반의 요소를 결합하여 더 늦게인 2012년에 공개되었다. 이 일련의 음반에서 우리는 동일한 곡이 두 번, 혹은 세 번까지 다른 형태로 연주되는 것을 듣게 되며, 네 연주자(특히 자렛)가 지닌 사실상 무한대의 즉흥 변주 역량을 유례없이 선명하게 확인할 수 있다. 형식적 틀을 잊고 'LP Personal Mountains'의《Personal Mountains》와《Sleeper》에 수록된 동명의 트랙이 동일한 곡이라는 사실마저 지우고 들으

                                                          키스 자렛

면, 마치 완전히 다른 작품처럼 들릴 정도다. 특히 즉흥 구간에서는 더욱 그렇다. 이는 변주 기법의 백과사전이라 할 만하며, 자렛과 가바렉의 즉흥 모델을 채보한다면 어느 재즈 대학 석사 과정도 채우고 남을 분량이 될 것이다.

〈Processional〉에서는 피아노가 묵상적 멜리스마를 울리는데, 빌리 홀리데이가 전설적 발라드 〈Don't Explain〉의 서두에 놓았을 법한 음형이다. 이어 테너 색소폰이 들어오면 분위기는 히치콕적 미스터리로 전환되고, 자렛은 이를 베토벤 소나타의 악장처럼 변형·심화시켜 파고들어, 되돌아오는 데 곤란을 겪는 듯한 몰입의 기색을 보인다. 자렛의 정신과 손가락(손가락 또한 기억을 가진다)은 지금껏 연주했던 어느 것 하나 잊은 적이 없는 듯 들린다. 듣는 이는 계속해서 드뷔시의 아르페지오가 쇤베르크식 무조성으로 변색되거나, 부기 리듬이 모차르트의 알베르티 베이스로 이어지는 예기치 못한 순간을 맞이하게 된다.

1979년은 키스 자렛의 음악적·개인적 삶 모두에서 전환점이 된 해였다. 두 개의 쿼텟은 이미 과거의 일이 되었고, 그의 솔로 퍼포먼스는 그를 재즈의 정점으로 이끌었을 뿐 아니라 즉흥 음악 역사 속에서도 독보적 위치를 부여했다. 재즈와 클래식 작곡 모두에서 현존 연주자 가운데 가장 다재다능한 인물 중 하나임을 보여주었고, 아직 음악적 반경이 다 펼쳐지지 않았으며 앞으로도 이 불안한 영혼의 피아니스트이자 작곡가·즉흥연주자에게서 더 많은 것이 기대될 수 있음을 입증했다. 그는 예술의 미래를 사전에 감지해내는 지진계 같은 감각을 지니고 있었다.

그러나 그가 스튜디오에서 스튜디오로, 공연장에서 공연장으로 쉴 새 없이 이동하며 음악 활동을 쉼 없이 이어온 세월은 결국 대가를 요구했다. 잦은 이동과 예술 세계에 깊이 잠겨 살아야 하는 조건은 많은 예술가에게 그러하듯 부부 사이의 소원함으로 이어졌다. 아내 마고가 아들 가브리엘을 돌보며 사실상 가정에 머무는 역할로 밀려난 것도 상황을 악화시켰다. 마고와 가브리엘은 종종 자렛의 투어에 동행했지만, 이는 공연에 집중해야 했던 자렛에게도 여행지에서 나라를 탐방하며 지냈던 가족에게도 결코 편안하거나 즐거운 경험만은 아니었을 것이다.

1978년 초 둘째 아들 노아가 태어난 뒤로는 마고가 더 이상 투어에 동행하기 어려웠다. 그러나 어쩌면 자렛은 본래부터 전형적인 '가족 중심의 사람'은 아니었을지 모른다. 그는 어린 시절 부모의 별거로 겪은 정서적 시련으로부터 스스로를 보호하기 위해 일찍이 음악 속에 몸을 파묻었던 것은 아닐까. 1974년 보스턴에서의 일주일간 음악 체류 중 만난 젊은 여성 로즈 앤 콜라비토와의 관계는 이미 위태롭던 결혼 생활을 더욱 악화시켰다. 로즈 앤과 자렛은 한동안 연락이 끊어졌으나 4년 뒤 재회했고, 연락을 다시 시작한 것은 로즈 앤이었으나 자렛 역시 이를 받아들일 준비가 되어 있었음이 분명했다. 두 사람의 관계는 점점 깊어졌고, 결국 1979년 마고와의 이혼으로 이어졌다. 이는 당시 여덟 살이었던 아들 가브리엘과의 관계에도 큰 균열을 남겼으며, 몇 년간 단절을 초래했다. 이후 두 사람의 관계는 어느 정도 회복되었으나, 어린 아들 노아와의 관계는 처음부터 줄곧 안정적으로 유지되었다. 당시 자렛은 옥스퍼드 자택 부지에 새로운 녹음 스튜디오를 건설 중이었으며, 마고는 집에 대한 소유권을 포기해 자렛이 그곳에 머물 수 있도록 했다.

이혼 직후 자렛은 로즈 앤 콜라비토와 함께 일본 투어에 나섰고, 이 투어에서 《Personal Mountains》와 《Sleeper》의 녹음이 이루어졌다. 이어진 미국 클럽 투어 또한 큰 성공을 거두었으며, 그 중 뉴욕 빌리지 뱅가드에서의 전설적인 공연은 《Nude Ants》라는 앨범으로 발매되었다. 자렛의 뉴욕 공연에서 빌리지 뱅가드를 선택한 것은 그의 성향을 잘 보여준다. 그는 오래된 친구들에게 충실했듯, 1960년대 아직 널리 알려지지 않았던 시절 자신의 트리오를 받아준 이 클럽 역시 잊지 않았다. 자렛과 클럽 운영자 맥스 고든은 입장료를 6.50달러라는 낮은 가격으로 유지하기 위해 출연료를 크게 줄이기로 합의했다. 그 결과 다섯 번의 공연은 모두 매진되었고, 공연마다 관객의 줄은 7번가까지 길게 이어졌다. 자렛을 향한 미국의 관심이 높아지던 시기였으며, 동시에 미국은 점차 유럽을 향해 마음을 열기 시작하고 있었다.

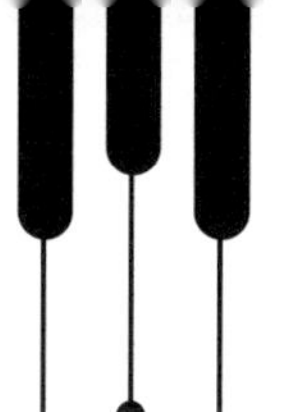

6장 한계 없는 솔로이스트

피아노 예술에 관한 현명한 문장들을 몇 개 살펴보자. 브람스의 친구이자 바그너의 적대자였던 에두아르트 한슬리크의 말에 따르면, 피아니스트의 매력은 '터치'라는 비밀에 있다. 시인 하인리히 하이네는 귀로만 듣는 것이 아니라 영혼으로 듣는 이만이 월계관을 얻는다고 썼다. 아이러니하게도 피아노의 신에게 채찍을 휘두르던 존재였던 프란츠 리스트는 오직 손가락의 움직임만이 필요하며, 손이나 팔의 동작은 거의 언제나 불필요하다고 믿었다. 자신의 음악이 기이하게 해석되는 것을 용인할 수 있느냐는 질문에, 대체로 엄격한 아카데미 작곡가였던 월터 피스턴은 연주자가 자기 음악에 대해 무엇을 생각하는지는 전혀 중요하지 않다고 답했다. 만약 그가 과연 무언가를 생각하고 있다면 말이다. 안톤 루빈시테인은 친구 레프 톨스토이에게, 연주자가 연주 중에 지나치게 흥분해 있다면 그 해석은 결코 청중에게 도달할 수 없다고 말한 바 있다. 페루초 부소니는 피아노의 궁극적 신비라 할 수 있는 오른쪽 페달을 달빛에 비유했다. 그것은 기하학적 형태 속에 공기나 물을 들이붓듯 다룰 수 있는 것이 아니라는 것이다.

이처럼 피아노 예술에 대해 신비롭고, 기술적으로는 명확하며, 은유적으로 풀어낸, 때로는 서로 모순되기까지 하는 이 모든 문장은 분명 많은 것을 알려준다. 그러나 동시에 키스 자렛에게는 전혀 다른 무언가가 적용되는 것이 아닐까? 그는 질문을 던질 대상이 아니다. 그의 즉흥연주에 관한 한, 그는 마치 시토 수도회의 엄격한 관찰자와도 같으며, 그의 솔로 작업 전체를 훑어보아도 그 안에는 오직 웅변적인 침묵의 진술들만이 존재할 뿐이다.

그의 첫 번째 솔로 음반《Facing You》는 1971년에 발매되었다. 이 음반에는 피아노 작품 여덟 곡이 수록되어 있지만, 라이너 노트나 해설은 어디에도 실려 있지 않다. 2년 뒤에는《Solo Concerts Bremen/Lausanne》가 발표되었는데, 이 장대한 즉흥연주들에 대해 제공된 정보는 연주 장소와 녹음 날짜뿐이었으며, 음악 자체에는 어떤 제목도 붙어 있지 않았다. 1975년의《The Köln Concert》역시 네 면에 걸친 즉흥 피아노 음악으로 구성되어 있으며, "Part I"과 "Part II a, b, c"라는 구분만 있을 뿐 어떠한 설명도 덧붙지 않았다.

이듬해 제작된 더블 LP《Staircase》를 이루는 네 개의 섹션에도 마찬가지로 어떠한 해설문도 제공되지 않았다. 같은 해인 1976년, 자렛은 독일 오토보이렌의 베네딕도회 수도원 오르간에서 두 개의 찬가와 아홉 악장으로 구성된 하나의 '구체의 음악'을 녹음하여

Keith Jarrett – Staircase, ECM 1090/91

《Hymns/Spheres》라는 제목으로 발표했다. 커버에는 단 한 줄의 짧은 문장만이 실려 있었다. "많은 독특한 효과들은 이전에 한 번도 사용된 적이 없었지만, 특정 스톱을 부분적으로 당기고, 다른 것들은 완전히 열거나 닫는 방식으로 이루어졌다."

같은 해에 발표된 《The Sun Bear Concerts》는 일본 여러 도시에서 열린 다섯 차례의 솔로 콘서트를 담은 결과물이다. 여기에 붙은 모토는 거트루드 스타인의 문장 하나, "귀를 눈처럼 생각하라"뿐이었다. 1979년과 1980년에는 더블 음반 《Invocations》,《The Moth And The Flame》이 나왔다. 자렛은 〈Invocation〉 일곱 곡을 오토보이렌의 바로크 오르간으로 연주했고, 두 번째 작품은 독일 루트비히스부르크의 스튜디오에서 콘서트 그랜드 피아노로 녹음했다. 이 음반에 동반된 것은 로버트 블라이의 시 「When Things Are Heard」 한 편뿐이었다. 1980년 3월에는 G. I. 구르지예프의 《Sacred Hymns》를 녹음했는데, 역시 어떠한 텍스트 해설도 덧붙여지지 않았다. 1981년에 나온 《Concerts(Bregenz/ München)》의 부클릿에는 미하엘 크뤼거의 시 「키스 자렛을 위한 정원」, 페터 뤼에디의 에세이 「마법사와 광대들」, 그리고 창작에 대한 키스 자렛 자신의 단상이 수록되어 있다. 그로부터 4년 뒤(자신의 스튜디오에서 녹음된), 피아노, 플루트, 색소폰, 타악기를 위한 스물여섯 개의 소품이 《Spirits》라는 제목으로 발표되었으며, 커버에는 라이너 마리아 릴케의 소네트 한 편과 인간 정신에 관한 자렛의 짧은 글이 인쇄되어 있다. 자렛은 1986년 자신의 스튜디오에서 여러 악기로 연주하고 녹음한 스무 곡을 모은 앨범 《No End》의 음악을 무려 27년 동안 자물쇠로 잠가 두었다. 마침내 2013년에 발매된 이 더블 CD에는 독특한 고양감이 감돌며, 커버에는 데이비드 포스터 월리스의 인용문과 자렛의 단상, 그리고 적들을 포함한 모든 이들에게 바치는 헌사가 실려 있다. 1986년의 《Book Of Ways》에서는 섬세한 클라비코드 연주를 선보이는데, 이 역시 아무런 설명 없이 제시된다. 이듬해 도쿄 산토리 홀에서 열린 라이브 콘서트로 제작된 《Dark Intervals》의 커버에는 오직 다음의 짧은 문장만이 적혀 있다. "터치는 오직 공간의 가장자리에서만 가능하다. 빛은 오직 어두운 간극 속에서만 소중하다."

키스 자렛은 《Paris Concert》를 발표하며 솔로 피아니스트로서 또 한 번의 여정을 시작한다. 이 음반 역시 라이너 노트는 없다. 3년 뒤 발표된 《Vienna Concert》에는 로버트 블라이의 시 한 편과 음악, 그리고 불의 언어에 관한 난해한 짧은 문장이 동반되었다. 다시 4년이 지나 《La Scala》가 나왔을 때, 거기에는 이탈리아 풍의 무대 뒤 풍경을 담담하게 묘사한 간단한 설명만이 얽혀 있을 뿐이었다. 《The Melody At Night, With You》에서는 이 음악적 지형도가 잠시 중단되는데, 심각한 질병 이후 회복의 징표로서 제시된, 몇 편의 단순한 피아노 독백들 때문이었다. 2002년, 자렛은 다시 길을 나섰다. 일본에서 열린 두 차례의 솔로 공연을 녹음한 《Radiance》를 발표하며, CD 부클릿에 「음악에 관한 몇 가지 말들」이라는 짧은 글을 직접 남겼다. 2006년 《The Carnegie Hall Concert》은 아무런 해설 없이 발매되었고, 2년 후 석 장짜리 박스 세트 《Paris/London - Testament》는 자렛의 솔로 퍼포먼스 전반을 회고하는 성격을 띠었다. 브라질에서 라이브로 녹음된 피아노 솔로 즉흥연주 15곡을 담은 두 장짜리 음반 《Rio》 역시 텍스트 해설 없이 출간되었다. 그 다음 발표작들은 2014년 4월부터 7월 사이 일본, 캐나다, 유럽에서 열린 네 차례의 콘서트 중 일부를 선별한 《Creation》, 그리고 집필 당시 기준으로 그의 마지막에서 두 번째 솔로 녹음으로 시간상 위치하는 《Munich 2016》이다. 이 음반의 커버에는 설명도, 시적 분위기를 암시하는 문구도, 모토도 없다. 아무것도 없다.

이처럼 키스 자렛의 스물다섯 장에 달하는 솔로 프로젝트를 열거하는 것이, 이 녹음들이 지닌 탁월한 실체와 내용을 생각하면 다소 건조하게 느껴질지도 모른다. 그러나 우리는 40년에 걸쳐 약 36시간에 이르는 즉흥 음악을 마주하고 있다. 이 음악은 대개 어떤 사전 모델이나 형식적 계획 없이, 순간의 충동과 강렬한 자기 탐색 속에서 만들어졌다. 우리는 자렛이 자신이 매개체가 된 음악을 찾아, 의식적으로이면서도 몽유병자처럼, 충동적이면서도 신경외과적으로 정교하게 분투하는 모습을 듣는다. 이 부분만으로도 그의 음악적 업적은 가히 거대한 생애의 성취로 보아야 한다. 어떤 선입견도 없이, 의도, 스타일, 사전 교육의 흔적을 가능한 한 철저히 배제하려는 음악, 순수 무결한 즉흥을 향한 광기 어린 발상인 '자유 연주'는 그 시대에 너무도 급진적이어서, 재즈의 역사 속에서 소수의 혁명적 아이디어와 사건 가운데 하나로 반드시 포함되어야 한다. 키스 자렛이 이 연주 관행의 거의 유일한 대표자라는 사실을 감안하더라도 그렇다. 어쩌면 이 상황은, 자신이 오직 혼자만 거주하는 음악적 태양계를 가지고 있다고 주장했던 괴짜 캐나다 피아니스트 글렌 굴드와 비교할 수 있을지도 모른다.

키스 자렛의 기념비적인 솔로 녹음들을 통계적으로 정리하는 일은, 모든 언어적 해석을 거부하는 '말 없는 음악'의 완강한 제스처를 인정하는 일이기도 하다. 설명에 인색하고, 자신을 둘러싼 음악에 대한 거의 모든 논의를 부정하며, 암호 같은 표현으로만 말하고, 청중을 굳이 이해시키려 하지 않는 예술가, 자신의 섬세함만큼이나 청중의 감수성도 정교하다고 상정하는 이러한 태도는 그의 작품과 그 자신을 하나의 컬트적 존재로 만드는 길 위에 서 있다. 에밀리 디킨슨은 그녀의 훌륭한 시 가운데 하나에서, 우리가 풀 수 있는 수수께끼를 종종 경멸한다고 말한 바 있다. 그 반대 역시 성립한다는 사실은 다 빈치의 《모나리자》부터 자렛의 솔로 콘서트들, 그리고 그 이후의 작품들에 이르기까지의 예술에서 분명히 확인할 수 있다.

위대한 피아니스트와 위대한 재즈 피아니스트 사이에는 근본적인 차이가 있다. 아르투르 루빈스타인, 빌헬름 박하우스, 루돌프 제르킨, 스비아토슬라프 리히테르, 알프레드 브렌델, 아르투로 베네데티 미켈란젤리 같은 위대한 피아니스트들을 논할 때, 우리는 암묵적으로 그들을 독주자로 떠올린다. 토마스 베른하르트 역시 글렌 굴드를 다룬 소설 『몰락하는 자』에서, 가상의 스승 블라디미르 호로비츠와 몇몇 부차적인 피아니스트와 함께 굴드를 본질적으로 독주자로 규정된 존재로 제시한다. 반면 위대한 재즈 피아니스트는 자신의 이름이 붙지 않은 트리오, 쿼텟, 혹은 빅밴드에서 평생을 보낼 수도 있다. 그는 솔로이스트로 나서기를 거부하거나, 반주 없는 음반 녹음을 하지 않으면서도 여전히 자기 분야의 '88명의 위대한 연주자' 가운데 한 사람으로 인정받을 수 있다. 여기서 우리는 키스 자렛의 독보적인 위상을 확인하게 된다. 그는 위대한 피아니스트이면서 동시에 위대한 재즈 피아니스트다. 재즈 음악가로서 그의 위대함은 이중적이다. 앙상블의 일원으로서, 그리고 고독한 늑대로서의 위대함이다. 이를 가장 정확히 이해한 곳이 바로 스톡홀름의 폴라 음악상 심사위원단이었다. 이 상은 흔히 음악계의 노벨상으로 불리며, 100만 스웨덴 크로나(약 11만 달러)의 상금이 수여되고, 통상 클래식 음악가 한 명과 넓은 의미에서의 대중음악가 한 명에게 나뉘어 수여된다. 그러나 2003년, 이 상은 사상 최초로 단 한 사람의 예술가에게 수여되었다. 심사위원단의 설명에 따르면, 그는 "음악의 세계에서 경계를 끊임없이 넘나들 수 있는" 능력을 지닌 인물이었다. 그 이름은 바로 키스 자렛이었다.

자렛을 타고난 솔로이스트로 말한다고 해서, 그가 통상적인 피아니스트의 삶에 따르는 고난들을 면제받았다는 뜻은 아니다. 프란츠 리스트의 스승이었던 카를 체르니에 관한 책에서, 예리한 피아노 교육자 그레테 베메이어가 체르니 연습곡이 있든 없든 악기 앞에서의 "독방 감금"을 그렇게도 격렬하면서 정확하게 말한 것은 결코 우연이 아니다. 키스 자렛 역시 고독한 솔로이스트라는 역할에 수반되는 심리적·육체적 스트레스에서 자유롭지 않았다. 물론 그는 글렌 굴드나 반 클라이번, 그리고 훗날의 프리드리히 굴다처럼 더욱 폐쇄적인 고전음악 영역에 갇혀 솔로이스트적 고립을 탈출해야 할 필요는 없었다. 자렛은 잭 디조넷, 폴 모션, 찰리 헤이든, 개리 버튼, 개리 피콕, 얀 가바렉, 듀이 레드먼, 킴 카슈카시안 등 여러 뛰어난 음악가들과 함께 무대에서 연주하며 보낸 긴 경력을, 그랜드 피아노 앞에서 홀로 고통받는 시간보다 오히려 즐겼다. 그럼에도 그가 이상적인 솔로이스트라는 점은 끊임없이 강조되어 왔다.

　솔로이스트들은 종종 자기만의 사회 안에 머문다. 이는 대중적 주목의 소란을 피해 수줍게 은둔하듯 살아가는 키스 자렛에게도 분명히 해당된다. 자렛은 사실 솔로이스트가 '된' 것이 아니라, 언제나 솔로이스트였다는 가설을 뒷받침하는 정황도 있다. 찰스 로이드 쿼텟의 베이시스트 론 매클루어는 악의 없이, 다소 연민을 담아 동료 자렛을 이렇게 묘사한 바 있다. "키스는 음악적으로 남을 도와주는 타입이 아니었어요. 당신이 어떤 곡의 코드 진행을 모르면 그걸 가르쳐주지 않았죠. 팀 플레이어가 아니었고, 지원해주는 성격도 아니었어요. 그는 결코 '우리 중 한 명' 같은 사람이 아니었고, 그런 경험을 인생에서 한 번도 해본 적이 없었을 거예요. 야구도 해본 적이 없었겠죠. 하지만 키스는 천재예요. 그는 대부분의 사람들보다 훨씬 앞서 있었죠. 아시다시피 그런 사람들과 지내는 건 쉽지 않아요. 제 생각에 키스는 가끔 저를 답답해했을 거예요. 저는 상온 같은 사람이거든요. 차분하죠. 제 온도가 72도라면 그는 180도쯤 될 테니까요!"

　키스 자렛이 자기 음악 속에서, 더 정확히 말해 자기만의 소리의 세계 속에서 어떻게 살아가는지를 보여주는 또 하나의 좋은 사례가 있다. 그의 방대한 음반 목록 전체를 놓고 볼 때, 그리고 보컬리스트와의 간헐적인 녹음이나 아트 블레이키, 찰스 로이드, 마일스 데이비스의 밴드에서 활동했던 시기를 제외하면, 그는 다른 작곡가의 음악을 해석해야 하는 프로젝트에 참여하는 데 거의 관심을 보이지 않았다. 이런 유형의 작업은 모두 합쳐도 대략 여섯 장 정도의 음반에 불과하다. 캐나다·영국 출신의 트럼페터 케니 휠러가

ECM에서의 녹음을 계획했을 때, 만프레트 아이허는 데이브 홀랜드(베이스), 잭 디조넷(드럼) 등 마일스 데이비스 출신의 음악가들로 그룹을 구성했고, 키스 자렛에게도 합류를 요청했다. 자렛은 1975년 6월에 제안을 수락했고, 그 결과 영감에 찬 음반 《Gnu High》가 탄생했다. 자렛은 늘 그랬듯 녹음 세션이 시작되기 직전에야 악보를 건네받았다. 그러나 스튜디오에서 그는 휠러의 곡 가운데 하나를 되돌려주며 직설적으로 이렇게 말했다. "이 곡으로는 나는 아무것도 할 수 없어요." 그것은 그의 음악이 아니었고, 자렛은 그 곡과 아무런 유대도 느끼지 못했던 것이다.

자렛은 휠러가 즐겨 쓰던 것 같은 빠른 코드 전개가 자신의 화성적 세계에는 속하지 않는다는 점을 인정했다. "그런 종류의 코드 진행을 연주하는 데 정말 어려움이 많았어요. 그건 당시의 제 위치가 아니었죠. 그 음반은 악보로만 봤을 때 제 흥미를 전혀 자극하지 않았어요. 어떤 구조들은 너무 비유기적이고, 모든 게 다 설명돼 있어서, 저는 그걸 둥근 면을 가진 무언가로 만들고 싶어졌죠. 그런데 그 곡들은 한 박이나 두 박마다 수직적인 메시지를 던지고 있었어요. 제가 세션을 많이 하지 않았던 이유 중 하나가 바로 그거예요. 그런 상황에 들어가고 싶지 않았거든요." 세션 도중 어느 순간, 컨트롤 룸에서 만프레트 아이허가 그의 기분이 어떤지 묻자, 자렛은 이렇게만 답했다. "잘 모르겠어요. 아시겠지만, 이건 제 것이 아니에요."

비슷한 일은 한동안 예술적 휴지기를 갖고 재즈 씬과도 멀어져 있던 게리 피콕이 복귀했을 때에도 일어났다. 만프레트 아이허는 1977년, 피콕의 이름을 내건 음반 제작을 제안하면서 키스 자렛과 잭 디조넷을 요청했다. 이 프로젝트는 결과적으로 여섯 해 전의 협업에 다시 불을 붙이는 계기가 되었고, 재즈 100년 역사에서 가장 생산적이고 영감 넘치는 트리오 중 하나를 출범시키는 불씨가 되었다. 이 경우에도 자렛은 세션이 시작되기 단 하루 전에 악보를 건네받았고, 수록곡 가운데 〈Vignette〉에 대해서만 호감을 표했다. 《Tales Of Another》에 실린 다른 곡들에 대해서는 아무런 언급도 하지 않았다. 수년 뒤 이 음악가들과의 작업을 즐겼느냐는 질문을 받자, 그는 이렇게 답했다. "그게 정말 나를 위한 작업이었는지는 잘 모르겠어요. 만약 그렇지 않았다면, 그건 내가 또 다른 프로젝트 국면에 있었기 때문이었을 겁니다. 내가 있던 지점에서 이 음악이 있어야 할 곳으로 옮겨 가려는 과도기였죠."

자렛이 드러머 폴 모션의 작곡 능력을 언제나 깊이 존중해 왔다는 점을 감안하더라도, 모션의 《Conception Vessel》 녹음 세션 역시 그에게 편안한 경험은 아니었을 가능성이 크다. 이 음반에서 자렛은 단 두 곡에만 참여했고, 그중 한 곡에서는 피아노가 아니라 플루트를 연주했다. 프레디 허버드의 과장된 음반 《Sky Dive》를 들어보면, 일반적인 트럼펫, 트롬본, 색소폰으로 구성된 빅밴드 대신 즉석에서 꾸린 소규모 반주 오케스트라가 솔리스트를 받쳐주는 구조 속에서, 키스 자렛의 피아노와 키보드 연주가 드물게도 전혀 고양된 기색을 보이지 않는 순간들을 발견하게 된다. 프레디 허버드, 휴버트 로스, 베이시스트 론 카터, 드러머 빌리 코브햄, 조지 벤슨, 그리고 자렛이 포함된 화려한 이름들이 포진해 있음에도 불구하고 이 음반은 돈 세베스키가 주도한 유행성 펑크-재즈의 과잉 편곡 사례로 남았고, 다행히도 오늘날에는 거의 잊힌 채 호텔

엘리베이터 혹은 쇼핑몰에서나 간간이 생명을 이어가고 있을 뿐이다. 학창 시절 스탠 켄턴의 오케스트라와 함께 작업한 경험을 제외하면, 키스 자렛은 다시는 빅밴드 영역으로 발을 들여놓지 않았다. 그런 의미에서 그는 결코 '사회적인 음악가'라고 부를 수 있는 인물이 아니었다.

키스 자렛의 독주 녹음들은 그의 음악 세계 전체에서 중심축을 이룬다. 그렇다면 이 작업들이 다른 어떤 음악적 영역에서의 활동보다도 그의 성격, 음악적 취향, 미학적 기준을 더욱 분명하게 드러내지 않는다면 오히려 이상할 것이다. 조지 버나드 쇼는 예술을 단순한 평균적인 거울 이상의 것으로 보았다. 그는 예술 속에서 우리는 영혼을 인식할 수 있다고 말했다. 이는 예술가 자신의 자기 성찰에만 해당하는 말이 아니라, 작품 뒤에 있는 예술가의 존재가 드러나는 모든 예술적 수용 과정에도 그대로 적용된다. 키스 자렛은 '무반주 즉흥연주'라는 새로운 양식에도 신중하게 접근했다. 그러나 그에게 동등하게 전형적인 것은, 일단 사건의 지평선을 넘어서면 끝까지 밀어붙이는 지속적인 에너지였다. 그의 첫 솔로 콘서트는 미국이 아니라 독일에서 열렸다. 1972년 6월 4일, 하이델베르크 재즈 스테이지에서 '재즈 피아노'라는 표제 아래 열린 공연이었다. 이러한 페스티벌의 관례대로, 관객들(객석은 만석이 아니었다)은 키스 자렛의 전일 독주 리사이틀이 아니라 여러 프로그램으로 나뉜 구성에 대비하고 있었다. 무대에는 네 개의 섹션이 예정되어 있었는데, 피아니스트 미하엘 나우라의 쿼텟(오랜 동료인 비브라폰 연주자 볼프강 슐뤼터가 포함된), 클래식 음악에서 이탈한 프리드리히 굴다와 퍼포먼스 아티스트 파울·림페 푹스, 네덜란드 플루트 주자 크리스 힌체의 밴드, 그리고 자렛의 솔로 연주였다.

독일 음악 잡지『재즈 포디움』7월호에서 울리히 올샤우젠은 프리드리히 굴다의 재즈 시도에 대해서는 호의적인 평가를 거의 내놓지 않았지만, 미하엘 나우라는 독일 재즈 즉흥연주자 가운데 가장 뛰어난 인물 중 하나라며 높이 평가했다. 그러나 그의 찬사는 키스 자렛의 무반주 피아노 연주에 이르러 더욱 강해졌다. 자렛은 "오스티나토 형식과 현대 재즈 및 가스펠 음악의 요소들을 인상주의와 표현주의와 결합하며 연주를 전개했고, 탁월한 테크닉과 상상력, 그리고 높은 예술적 논리 감각을 지니고 있었다". 자렛의 연주는 거의 즉흥연주에 가까웠다. 그는 자신의 곡 하나로 출발했지만, 곧 그 출발점에서 크게 벗어나 이후 연주된 모든 음악을 하나의 덩어리로 묶어 나갔다. 훗날 그의 공연에서 반복적으로 나타나는 방식이었다. 1년 뒤 브레멘과 로잔에서 열린 투어 콘서트에서는 여기서 한 걸음 더 나아가, 즉각적으로 즉흥연주를 펼쳤다. 이것이야말로 이후 표준이 되는 완전히 통합된 솔로 콘서트의 형태였다.

하이델베르크에서의 이 콘서트는 키스 자렛이 새로운 방향을 조심스럽게 탐색하기 시작한 첫 시도로 볼 수 있다. ECM에서 발표한 그의 데뷔 음반《Facing You》는 여전히 작곡된 소재 위에서 즉흥을 전개하는 전통 안에 놓여 있었는데, 아트 테이텀에서 칙 코리아, 폴 블레이, 그리고 동시대의 다른 피아니스트들에 이르기까지 이어져 온 방식이었다. 1972년 발표 당시《Facing You》는 미국에서 매우 뛰어난 평가를 받았다.『롤링 스톤』지에 실린 로버트 파머의 평에서 그는 이 음반을 "아트 테이텀이 세상을 떠난 이후 가장 뛰어난 솔로 피아노 앨범일지도 모른다"고 묘사했다. 아트 테이텀은 이미 16년 전에 사망한 상태였다. 예일대의 프랭크 티로와 같은 다른 필자들 역시 자렛의 즉흥적 자질뿐 아니라 변주 기법을 다루는 거의 바로크적인 능력을 높이 평가했다. 실제로 이러한 사례들은 고음악 연주 관행을 다룬 교과서에 실어도 어색하지 않을 정도다. 이는 화성 구조와 같은 오래된 음악적 도구들이 오늘날에도 여전히 유효하며, 잘 기능하고 있고, 일부 급진적 아방가르드와 그 옹호자들이 주장해온 것처럼 과거의 폐기된 유물이 아님을 보여준다.

1975년 『다운 비트』는 《Facing You》와 또 하나의 ECM 음반, 폴 블레이의 《Open》, 《To Love》를 흥미롭게 비교하는 글을 실었다. 두 음반은 개별적으로 이미 리뷰된 바 있었지만, ECM이 미국에서 폴리도르를 통해 유통망을 확장하며 더 많은 주목을 받게 되자 다시 비교 대상으로 다뤄진 것이다. 필자 존 발레라스는 두 음반 모두에 최고 점수를 부여했지만, 녹음 조건이 모든 면에서 동일했음에도 불구하고 지적 내용과 음악적 강조점에서는 얼마나 큰 차이를 보이는지를 설명했다. 한쪽에는 "더 이상 자신의 손에게 무엇을 연주하라고 지시하지 않는" 신비주의적 예술가, 자신을 더 높은 힘의 매개로 여기며 음악이 흘러가도록 내맡기는 인물이 있고, 다른 한쪽에는 모든 음악적 세부를 의식하고 있는 덜 즉흥적인 폴 블레이가 있다. 녹음 결과물은 바로 그러한 차이를 그대로 드러낸다. 발레라스에 따르면 자렛은 리듬면에서 더 적극적이고 더 생동감 있으며 기술적으로도 훨씬 유연한 피아니스트로, 노래하듯 연주하는 오른손과 대위적 화성 감각을 지니고 있다. 그는 더 이상 재즈 피아니스트라고 부르기조차 어렵다. "스윙하지 않는다. 자렛

                                                                                키스 자렛

은 흐른다"고 그는 말했다. 이에 비해 블레이의 음악은 무조적이며, 특이한 개성과 함께 조성적 선율이나 삼화음을 음악에 덧입히는 것을 꺼린다. 그러나 그 너머에서 블레이는 음악적 정지의 중요성을 이해하고 있었고, 연주 중 자신이 내딛는 한 걸음 한 걸음을 더 의식하고 있는 듯 보인다. 키스 자렛은 이러한 비평을 마음에 새겼을까? 1985년 무렵까지,《The Köln Concert》를 포함해 자신의 연주에 대해 남긴 자렛의 자아비판적 발언들은 그가 실제로 이를 받아들였음을 보여준다. 그는 자신이 너무 많이 연주했고, 휴지가 충분하지 않았으며, 그 음악의 상당 부분은 불필요한 요소를 덜어냈다면 더 나았을 것이라고 토로했다.

바로《Solo Concerts Bremen/Lausanne》앨범과, 그로부터 2년 뒤의《The Köln Concert》가 『뉴욕 타임스』의 제임스 링컨 콜리어가 이른바 "키스 자렛 붐"이라고 부른 현상을 촉발했다. 재즈 역사에서 키스 자렛이 이룩한 성취를 도달한 음악가는 극히 소수에 불과하다. 루이 암스트롱과 듀크 엘링턴, 어쩌면 베니 굿맨, 데이브 브루벡, 마일스 데이비스와 같은 인물들처럼, 그는 재즈의 울타리를 넘어 더 넓은 영역으로 진입한 예술가가 되었다. 특히 미국에서는 유명 인사의 재정 상태를 상세히 공개하는 것이 이미 관행처럼 자리 잡고 있었는데, 『뉴욕 타임스』는 자렛이 1978년 세전 수입으로 50만 달러를 신고했으며,《The Köln Concert》가 전 세계적으로 50만 장(이후 약 400만 장)에 달하는 판매고를 올린 성공 사례였고, 항상 매진되는 그의 솔로 콘서트 한 회당 출연료가 1만~1만 5천 달러 사이라는 사실을 전했다. 여기에 더해 ECM은 열 장짜리 박스 세트《Sun Bear Concerts》를 내놓으면서 모두를 경악하게 했다. 그때까지는 베토벤이나 모차르트 아니면 어떤 음반도 그런 식으로 나오지 않았다. 이 시점에서 일부 비평가들은 더 이상 자렛을 재즈 음악가로 보지 않게 되었고, 그의 팬층은 재즈 애호가들만이 아니라 포크, 록, 재즈, 클래식을 아우르는 모든 장르의 음악 애호가들로 확장되었다.

1974년 『다운 비트』는 《Solo Concerts Bremen/Lausanne》을 그해 최고의 재즈 레코딩으로 선정했고, 비평가들은 자렛을 세계 최고의 재즈 피아니스트로 추앙했다. 그러나 이러한 설문 결과는 실제 연주의 수준보다는 그 음악적 사건이 지닌 흡인력을 더 많이 반영하는 경우가 많다는 점을 상기할 필요가 있다. 전자 장비와 비대해진 퓨전 사운드가 지배하던 시대에, 콘서트 그랜드 피아노 앞에 홀로 앉아 즉흥연주를 펼친 키스 자렛이 이처럼 큰 주목을 받은 이유는, 그가 일련의 긍정적 요소들을 하나로 결합해냈기 때문이다. 음악적 실질, 극적인 연주 스타일, 그리고 사전 구상이나 리허설에 의존하지 않는 무대 행위라는 매혹적인 모험이 모두 그 매력의 구성 요소였다. 다시 한번 『뉴욕 타임스』는 키스 자렛의 솔로 콘서트를 인상적으로 묘사했다. 글쓴이에 따르면, 그것은 마치 아트 테이텀과 쇼팽이 함께 카누를 타고 강을 내려가는 듯한 소리였다. 브레멘 녹음에서 연주 시작 약 9분 지점에 이르면, 두 사람이 폭포를 향해 나아가고 있는 듯한 인상마저 든다. 스윙하는 왼손의 오스티나토 위에서 오른손의 클러스트는 점점 더 응집력을 얻고, 점차 빛을 발하기 시작한다. 이내 그 음들은 마치 피아노의 육중한 기계적 장치마저 초월한 듯, 건반 위에서 아무렇지 않게 던져지고, 손길의 흔적조차 닿지 않은 끝없는 소리만이 남는 것처럼 느껴진다.

19세기의 위대한 피아니스트들 역시 이처럼 기교적이고 장광설에 가까운 방식으로 즉흥연주를 했을 것이다. 그러나 쇼팽과 리스트가 번성하던 즉흥 전통의 거울로서 우리에게 남긴 모든 것, 즉 박자와 마디라는 틀을 회피하는 자유로운 환상곡들은, 자렛의 억제되지 않은 공세와 비교하면 온순해 보인다. 그의 다중리듬적인 두 손이 우리를 미지의 해안으로 밀어 올리거나, 혼돈이 임박한 순간에 이르러 조성적·리듬적 한계를 완전히 포기해버리는 장면들 말이다. 특히 눈에 띄는 것은 그가 그렇게도 노골적으로 의존하는 오스티나토들이다. 한번 연주되고 나면 이보다 더 스윙적이고 황홀하며 문자 그대로 움직이는 음악을 상상하기란 어렵다. 이 음악은 세련되면서도 귀에 붙고, 선율적으로 매혹적이면서 동시에 리듬면에서 불편하다. 그리고 자렛이 기쁨에 찬 리듬 속으로 가스펠 제스처를 들고 뛰어드는 장면도 적지 않게 들을 수 있다. 이는 그의 수많은 양식적 특징 가운데서도 아마 가장 날카로운 것이며, 동시에 그의 영성을 분명히 드러내는 표현이기도 하다. 어떤 의미에서 그의 모든 작품은 '찬가'라 불릴 수 있을 것이다. 그는 자신의 즉흥연주에 대해 이렇게 말한 적이 있다. "내가 한 모든 것을 '찬가'라고 부를 수 있다면, 그게 적절할 거예요. 왜냐하면 제대로 되었을 때 그것들은 바로 그런 것이니까요. 그 음악이 더 큰 힘과 연결되지 않고, 내가 그것에 나를 내맡기지 않는다면, 아무 일도 일어나지 않습니다. 매번 그것은 선물이에요."

이러한 반복적 의식에서 지속 시간이 얼마나 중요한 요소인지는, 자렛이 이런 오스티나토나 리프 위에서 찬가로 스윙에 들어가 스스로를 황홀경의 상태로 몰아넣을 때 분명히 드러난다. 황홀은 5분 만에 도달되지 않는다. 주크박스와 황홀은 양립할 수 없다. 동시에 이러한 즉흥연주들은 데이브 브루벡이나 레니 트리스타노 같은 지적인 연주자들을 포함해 거의 모든 재즈 음악가들이 언젠가 한 번쯤은 했던 선언, 즉 재즈는 춤이라는 말을 재확인시켜준다. 그리고 자렛은 재즈의 아프리카 유산과 그것이 교류하는 상태와 맺는 연관성을 충분히 의식하고 있다. 하지만 브레멘과 로잔의 이 솔로 콘서트들에는 이 밖에도 주목할 만한 순간들이 많다. 수정처럼 맑은 데상트 음향, 빗방울 같은 프렐류드, 록의 악센트, 베토벤의 〈함머클라비어 소나타〉를 연상시키는 폭포 같은 음형, 그리고 시간을 거슬러 회전하다가 중세의 호케투스까지 더 거슬러 올라가는 래그타임 리듬들이다. 로잔 콘서트 역시 이러한 점들에서 브레멘 연주와 대등하며, 우리는 이 공연의 도입부부터 자렛이 이야기꾼으로서 지닌 믿기 어려운 능력을 직접 확인할 수 있다.

이 우아한 음악 안에는 논증과 근거가 있고, 맥락과 해결이 있으며, 딸림7화음 위에서 계속해서 맴도는 질문들과 해답을 지연시키는 허위 종지가 존재한다. 그리고 사태가 지나치게 추상적이고 무조적으로 흐를 때면, 자렛은 돌연 광장에서의 스퀘어댄스에 어울릴 법한 리듬을 찾아내어, 한층 직관적인 청자들의 주의를 확실히 붙잡아 둔다. 그는 굵직하게 반복되는 음이나 재즈-록 리듬을, 손으로 피아노 현을 뜯고 해머를 눌러 소리를 죽이는 기법과 거듭해서 결합하는데, 그 모습은 마치 버디 볼든과 피에르 불레즈가 동전의 양면처럼 공존하고, 그다음 차례를 기다리며 베토벤이 곧 들어올 것만 같은 느낌을 준다. 여기에는 프리 재즈의 시대에서 나온 음악, 포크풍의 정서, 서정적 아라베스크, 거친 록 리듬까지 모든 것이 공존한다. 그리고 마지막 음이 사라진 뒤에야, 우리를 전율하게 했던 것이 개별적인 세부가 아니라 전체 연주였다는 사실, 그 넘쳐흐르는 풍요로움과 열기, 그리고 피아니스트가 언제라도 '무너질' 수 있었던 위험 그 자체였음을 깨닫게 된다.

자렛의 솔로 녹음 가운데 가장 유명한 작품,《The Köln Concert》의 표지에는 다소 거슬리는 문장이 하나 적혀 있다. "All composed by Keith Jarrett." '작곡되었다'고? 즉흥연주가 아니라? 자렛은 작곡과 즉흥연주를 구분하지 않는 것일까? 어쨌든 이 두 용어에 결부된 태도들은 공통의 지반을 공유한다. 그 음악이 종이에 적혀 있었는지, 아니면 그의 머릿속에 있었는지는 자렛에게 아무런 차이가 없다. 즉흥연주는 순간에 의존한다. 특정 음과 소리의 프레이징, 그것들의 변형과 변주, 재구성, 자유로운 전개에 대한 판단이 즉각적으로 내려진다. 이런 의미에서 즉흥연주는 작곡을 위한 가장 빠른 길이다.

이 글의 필자가 키스 자렛의 한 콘서트에 대해 이와 유사한 발언을 했을 때, 독일 작곡가 볼프강 림이 이의를 제기한 바 있다. 즉흥연주는 작곡으로 가는 가장 빠른 길이 아니라는 것이다. 그는 오히려 그 반대라고 말한다. 작곡이야말로 가장 느린 방식의 즉흥연주라는 것이다. "원초적인 신선함을 텍스트화 과정에서도 유지할 수 있다면, 그 결과는 설득력 있는 예술 작품이 됩니다. 모차르트나 드뷔시처럼 이것을 성취한 작곡가들이 지금도 매력적인 이유가 바로 여기에 있습니다. 그들의 작품에서 핵심 원리는 즉흥연주를 작곡하는 데 있습니다. 먼저 그것을 정신적으로 포착한 뒤, 순간적인 반사 작용의 영역에서 끌어내어, 어떤 손상이나 손실도 없이 성찰의 단계로 변형하는 것이지요. 이것은 위대한 이상입니다! 하지만 이런 일은 결코 빠르게 이루어지지 않습니다. 빠르게 진행되는 것들은 체계적이거나 규칙, 혹은 분류된 재료에 기반한 아이디어들뿐입니다.”

모든 존중을 전제로 하더라도, 볼프강 림의 이 반론은 자렛의 태도와 실제로 충돌한다고 보기는 어렵다. 두 사람 모두 ‘순간의 활력’이 지니는 중요성을 인식하고 있기 때문이다. 다만 자렛의 예술에는 ‘텍스트화’가 필요하지 않다. 아마도 ‘반사’와 ‘성찰’ 사이에 어떤 간극도 존재하지 않기 때문일 것이다. 이러한 순간적 결정의 신선함은 단순히 갑작스러운 영감으로 이해될 수 있으며, 바로 이 영감과 직관이야말로 진정한 예술가와 가짜를 가려내는 기준이 된다. 영감의 파도가 이토록 빠르게 밀려오고, 동시에 더 이상의 작곡적 정리가 필요 없을 만큼 완결된 결과로 즉각 이어진다는 점, 바로 그것이 자렛의 음악을 그토록 가치 있게 만드는 요소다. 어쩌면 이것이 재즈라는 예술이 지닌 근본적인 매력일지도 모른다. 재즈는 신속한 창조의 예술이며, 재즈와 임기응변의 정신은 동의어다. 키스 자렛은 바로 이 현상에 대한 하나의 연구 사례라 할 수 있다.

《Solo Concerts Bremen/Lausanne》에서 처음으로 일어난 일은 《The Köln Concert》와 이후 그의 모든 솔로 피아노 녹음에서 계속 이어졌다. 자렛이 형식적으로 자유로운 연주의 발명가는 아니었지만, 그 아이디어를 이처럼 일관되고 엄격하며 극단적으로까지 밀어붙이며 그 모든 잠재력을 효율적으로 활용한 인물은 없었다. 그리고 여기서 멈추지 않았다. 자렛은 피아노 솔로 투어들 사이에 긴 공백을 두고 또 다른 탐험에 나섰다. 오토보이렌의 바로크 오르간, 섬세하게 짜인 클라비코드, 하프시코드를 자신의 다악기적 상상 세계 안으로 끌어들였고, 과거에 사용했던 다른 악기들을 다시 발견했으며, 고전 작곡가들의 음악을 해석하고 새로운 작곡을 시작했다. 신비주의자 구르지예프의 성스러운 찬가들의 의례와 바흐의 〈평균율 클라비어곡집〉이 지닌 지적 수련에도 몰두했고, 자신의 스튜디오에 틀어박혀 파울 클레의 성냥개비 인물들을 위한 음악적 기호를 찾아 나섰다. 그리고 이러한 자기 몰입적 연습곡들에 충분히 잠겼다고 느끼면, 그는 게리 피콕과 잭 디조넷을 만나 『Great American Songs Book』이 아직도 결코 낡아버린 것이 아님을 증명했다. 그저 굳게 굳은 표지를 열어젖히고 그 안의 진주들을 다시 빛 속으로 끌어내기만 하면 되었던 것이다.

《Solo Concerts Bremen/Lausanne》 이후 곧바로 또 다른 솔로 녹음이 이어지지는 않았다. 자렛은 연간 약 70회에 달하는 공연 일정으로 투어에 매달려 있었고, 두 개의 쿼텟과 함께, 그리고 수많은 다른 프로젝트에서 솔리스트로 무대에 올랐다. 그러다 1975년 1월, 유럽 투어 중 독일 쾰른의 쾰른 오페라하우스에서, 무엇보다도 피아노 즉흥연주자로서 그의 명성을 확고히 굳혀준 라이브 음반 《The Köln Concert》의 녹음이 이루어졌다. 그 뒤를 이어 믈라덴 구테샤의 지휘 아래 슈투트가르트 방송 교향악단과 함께한 독창적인 음반 《Arbour Zena》, 그리고 '아메리칸 쿼텟'과의 걸작 《The Survivor's Suite》가 나왔고, 그 다음에야 비로소 《Staircase》라는 제목의 다음 솔로 음반이 발표되었다.

이 녹음은 1976년 5월, 파리에서 키스 자렛과 만프레트 아이허가 처하게 된 다소 기이한 상황 덕분에 탄생했다. 자렛은 영화감독 미셸 로지에의 영화 〈Mon cœur est rouge〉를 위해 음악을 작곡하고 연주해 달라는 의뢰를 받았고, 출연 배우는 프랑수아 모리악의 조카이자 장-뤽 고다르의 아내인 안 비아젬스키였다. 제작자는 아이허였다. 녹음은 파리의 명성 높은 다부 스튜디오에서 이루어졌는데, 이곳은 피에르 불레즈에서 마일스 데이비스에 이르기까지, 이브 몽탕에서 진 켈리, 조안 바에즈에서 롤링 스톤스에 이르기까지, 장르를 가리지 않는 수많은 음악인에게 존경받아 온 장소였다. 자렛과 아이허는 늘 그렇듯 고도의 집중 상태로 스튜디오에 들어갔지만, 비교적 비중이 크지 않은 이 영화의 작업을 예상보다 훨씬 빨리 마무리했다. 남은 반나절을 그냥 흘려보내기는 아까웠다. 피아노는 훌륭했고, 녹음 기사와 조율사도 그대로 대기하고 있었기 때문이다. 결국 두 사람은 이 여분의 시간을 자신들만을 위한 녹음에 쓰기로 결정했다.

그 결과물인 《Staircase》는 1년 뒤에 발매되었고, 다시 한번 이전의 어떤 음반과도 전혀 다른 모습을 보여준다. 이 앨범을 《Facing You》나 이후의 무한에 가까운 즉흥연주 세션들과 구분하는 것은 반드시 음악적 재료 그 자체라기보다 오히려 프레이징과 아티큘레이션에 있다. 본질적으로 이 음반은 소리에 대한 인상적인 연구다. 쾰른 오페라하우스에서 뵈젠도르퍼 피아노로 겪었던 참담한 경험 이후, 자렛은 이 음반을 통해 그러한 섬세함을 감당할 수 있는 악기 위에서 자신의 감각적 음향 세계의 가장 미묘한 영역까지 파고들 수 있는 능력을 유감없이 보여준다. 피아노적 서정성이라는 이상에 이토록 근접한 키스 자렛의 녹음은 다른 어디에서도 찾아보기 어렵다. 이 놀라운 음반에 담긴 열한 개의 곡에서 자렛이 내보내는 모든 소리는 물리적 성질을 지닌다. 어느 음도 납작하지 않으며, 둥글고, 각이 지고, 때로는 입체적이며, 깊이와 초점으로 충만하다. 하나의 음이 사라질 때 그것은 단순히 작아지는 것이 아니다. 마치 터널 속에서 멀어지듯 소멸한다. 음량만 줄어드는 것이 아니라, 크기 자체가 수축하는 듯한 인상을 준다. 만약 《The Köln Concert》가 이러한 삼차원성과 이와 같은 아티큘레이션의 잠재력을 지닌 상태에서, 그 강렬한 표현력 그대로 연주되었다면 어떤 모습이 되었을까? 그리고 그 "부분음들, 공명하는 배음들"은 또 얼마나 풍부한가! 그 색채의 농밀함은, 이를 분석하는 것만으로도 배음열 이론 전체를 전개할 수 있을 것처럼 느껴질 정도다.

청자는 이 즉흥연주의 중심부에 자리한 숭고한 음향에 압도되어, 모티프·선율·형식적 구상에 투입된 모든 창작적 노동이 자연스레 배경으로 밀려나는 경험을 하게 된다. 예컨대 세 부분으로 이루어진 모음곡 〈Staircase〉의 Part 2는 진정한 '소리의 축제'라 할 만한데, 그 와중에도 각 음은 여전히 또렷이 구분된다. 그러나 곧 자렛의 다성적 얽힘은 극도로 밀집되어, 소리들이 마치 옛 키이우의 정교회 성당 종들이 한꺼번에 울려 퍼지는 듯한 울림을 만들어낸다. 단 하나의 피아노에서 이처럼 거대한 음악의 총량이 쏟아져 나오는 경우는 거의 찾아보기 어렵다. 두 귀만으로는 피아노의 공명체에서 방출되는 모든 것을 포착하기에 부족할 정도다. 이러한 음악적 경이는 모음곡 〈Hourglass〉의 Part 1에서도 이어진다. 이 곡은 낭만적인 엘레지로, 다성적 질감 속에서 터치의 미묘한 뉘앙스를 색채의 차이로 구분해 각 성부를 식별하게 만든다. 〈Sundial〉은 음악의 자족적 성격과는 모순되는 듯 보이지만, 은 세공 작업장에서 일하는 장인들의 모습을 담은 영화의 사운드트랙으로 쓰여도 어울릴 법하다. 이 믿기 어려운 음향 예술의 종합은 모음곡의 마지막 부분인 〈Sand〉의 포크적인 구간에서 마무리된다. 여기서 자렛은 제목을 문자 그대로 받아들인 듯, 음표들을 손가락 사이로 모래처럼 흘려보내며 진주처럼 둥근 아라베스크의 영구기관 속으로 사라지게 한다.

같은 해 그리고 이 음반이 말하자면 우연히 손에 들어온 직후, 키스 자렛은 그를 아는 이들 모두를 놀라게 한 급격한 방향 전환을 감행한다. 만프레트 아이허의 제안에 영감을 받아 그는 독일 운터알괴 지방으로 향해, 베네딕도회 오토보이렌 수도원을 위해 카를 요제프 리프가 제작한 두 대의 오르간 가운데 더 큰 삼위일체 오르간을 살펴보았다. 이 상황은 그의 이상에 거의 완벽하게 부합했을 것이다. 그는 아무런 사전 지식 없이, 오직 순간의 충동과 직관, 그리고 자신의 음악적 천재성에 이끌려 악기에 처음부터 접근할 수 있었다. 두 개의 코랄풍 찬송가가 아홉 개의 〈Spheres〉를 둘러싸는데, 이 곡들은 다소 비정형적이며 음향 변주와 음색 중심의 구조에 기대어 매우 모더니즘적인 인상을 준다. 그럼에도 본질적으로 조성적 기반을 끝내 포기하지 않는다.

키스 자렛은 한편으로는 악기의 압도적인 음량, 다른 한편으로는 오르간의 50개 스톱이 제공하는 사실상 무한한 음색 팔레트에 깊이 매료되었음이 분명하다. 그는 특정한 효과를 얻기 위해 스톱을 완전히 당기지 않고 절반만 당기는 방식까지 활용했다. 이 작품들은 새로운 음향의 발견을 추구한다는 점에서 《Staircase》와 닮아 있지만, 결정적인 차이가 있다. 《Staircase》가 탁월한 피아노의 뉘앙스를 활용한 일종의 '노래들'이라면, 〈Spheres〉에서는 작곡적 구조 자체가 음색에 의해 규정된다는 점이다. 이러한 접근은 음색 작곡의 계보에 놓을 수 있다. 대표적인 예가 아르놀트 쇤베르크의 〈다섯 개의 관현악곡, Op. 16〉인데, 그중 세 번째 곡은 전통적인 음악적 건축을 거의 시도하지 않고, 색채·리듬·정서의 연속적 흐름을 제시하는 데 집중한다. 쇤베르크는 이 기법을 이론적으로 다음과 같이 설명했다. "화음의 변화는 새 악기가 등장할 때 어떤 강조도 느껴지지 않을 만큼 미묘하게 일어나야 하며, 오직 새로운 음색만이 들려야 한다." 이른바 '음색 선율'이라는 개념은 쇤베르크의 아이디어였지만, 이를 전면적 작곡 원리로 확장한 인물은 안톤 베베른이었다. 자렛의 〈Spheres〉 역시 이러한 색채 변주 중심의 원칙을 공유하지만, 결정적인 차별점이 있다. 자렛은 조성적으로 조직된 음들을 사용하며, 그것들을 층층이 겹쳐 클러스터로 밀집화한다. 특히 리듬적 움직임이 거의 없는 준정적(quasi-static) 음향 바닥에서는, 청감적 인상이 죄르지 리게티의 오르간곡 〈볼루미나〉나, 그의 혁명적인 음향-표면 작품 〈애트모스피어〉와 매우 유사하게 다가온다. 여기에서는 더 이상 고전–낭만주의적 의미의 음악적 발전이 작동하지 않는다. 존재하는 것은 오직 소리의 변화뿐이다. 뚜렷한 리듬도 부재하고, 이 음향의 강물에서는 쉼이나 단절조차 허용되지 않는다.

이 지점에서 〈Spheres〉는 연주된 음악이라기보다, 시간 속에서 스스로를 전개하는 음향 상태에 가깝다. 자렛은 여기서 서사와 형

Keith Jarrett – Hymns/Spheres, ECM 1086/87

식을 내려놓고, 오직 소리 그 자체의 현존을 탐구한다. 이 진동하는 연속체 속에서, 어떤 음들은 좀처럼 멈추기를 거부하며, 그 결과 오르간 레지스트레이션의 모든 파토스가 총동원된 거대한 축적과 화성적 층위가 형성되는 순간들이 나타난다. 자렛은 이러한 음향의 표면(혹은 음향의 산맥) 안을 탐색자처럼, 혹은 자신의 능력에 스스로 놀라는 마법사의 제자처럼 헤집고 다니지만, 언제나 결국에는 자신이 쌓아 올린 소리의 탑에서 빠져나오는 길을 찾아낸다. 어떤 부분들은 다양한 오르간 스톱을 엄격하게 활용하는 방식으로 청자를 매혹하고, 또 다른 부분들은 마치 폭력적인 창조 행위처럼 울려 퍼진다. 특히 〈Spheres〉의 일곱 번째 악장은 이러한 성격이 두드러지는데, 마치 미니멀리즘과 드론 효과의 원형적 존재인 라 몬테 영이 자렛의 어깨 너머에서 지켜보고 있는 듯, 길게 지속되는 음들로 시작된다. 이 정지된 음들은 그대로 유지된 채, 그 주위에 끊임없이 새로운 음향 층위들이 덧씌워지며, 설명하기 어려운 주파수의 혼탁과 화성적 긴장을 만들어낸다. 이러한 기괴한 축적은 어쩌면 자렛이 1975년, 로잔에서 퀼른 공연으로 이동하던 중 만프레트 아이허와 함께 차를 타고 베른에 들렀을 때 경험한 어떤 장면에서 영감을 얻었을지도 모른다. 두 사람은 정오 무렵 교회 탑의 종소리에서 발생하는 배음의 음운(音雲)에 깊이 매료되었고, 자렛은 이를 훗날 녹음에서 배경 효과로 사용해 보고 싶다는 관심을 표명했다.

앞서 언급했듯이, 《Hymns/Spheres》에서는 두 개의 코랄 전주가 아홉 개의 〈Spheres〉를 감싸고 있다. 그런데 흥미롭게도, 이 코랄 전주들이야말로 이 작품 전체에서 우리가 '고대 음악'적 제스처와 연관 지을 수 있는 유일한 대목이다. 그 밖에는 전주곡, 토카타, 푸가와 같은 전형적인 바로크 형식에 대한 암시를 거의 찾아볼 수 없다. 그렇다고 해서 이 음악이 감상자를 냉담하게 만드는 것은 아니다. 오히려 그 상당 부분은 문자 그대로 전례 없는, 놀랍고 독창적인 소리들로 이루어져 있다. 다만 강하게 남는 것은, 이 음악이 익명의 청중을 향해 연주되었다기보다는, 자렛 자신을 위해 연주되었다는 인상이다. 만프레트 아이허가 과거 다른 음반에 대해 했던 말이 이 경우에도 그대로 적용될 수 있을 것이다. 이 음악은 청중에게 도달하기 위해 만들어진 것이 아니라, 존재하기 위해 만들어진 음악이다.

3년 뒤, 키스 자렛은 오토보이렌으로 돌아와 오르간과 소프라노 색소폰을 위한 일곱 개의 《Invocations》를 녹음했다. 이 작품은 1년 전에 스튜디오에서 녹음된 다섯 부분짜리 피아노 솔로 음반 《The Moth And The Flame》과 함께, 다소 기이한 더블 LP로 발매되었다. 그러나 이번에는 자렛이 오르간 음향의 세계를 탐사하는 여정에 나선 것이 아니다. 그는 오르간을 즉흥연주와 작곡을 위한 전통적인 악기로 사용하며, 그 음색적 특성을 활용해 분명한 구조를 형성한다. 《Hymns/Sphere》에서 자렛의 주된 관심이 음향적 잠재력을 끌어내는 데 있었다면, 《Invocations》에서는 다양한 색채를 활용해 형식적 전개에 초점을 맞춘다. 《Invocations》에는 색소폰 솔로가 더해지는데, 이는 마치 설교자가 회중을 향해 더 높은 힘에 호소하며 문제 해결을 촉구하는 역할과 유사하다. 두 번째부터 여섯 번째 곡에 이르는 부분에서는 (일부 색소폰과의 중첩을 포함해) 비교적 어두운 색조의 음악이 오르간을 중심으로 펼쳐진다. 이러한 어둠은 이미 두 번째 〈Invocation〉에서부터 감지되는데, 기도용 수레바퀴를 연상시키는 페달 오스티나토가 바탕을 이루고, 그 위에 미니멀리즘적 구절과 자유로운 환호로 구성된 색소폰 파트가 놓인다. 이내 시멘트 믹서나 산업 설비를 떠올리게 하는 클러스터가 등장하고, 그 위로 강력한 프린시펄 레지스터의 음향이 퍼져 나간다. 이어 거의 탈자연화된 소리들로 빚어진 완전히 비정형적인 구간이 나타나는데, 이는 시리즈의 중심에 해당하는 간결한 다섯 번째 〈Invocation〉이 선명한 대비로 드러나도록 하기 위한 장치처럼 보인다. 이 지점에서 오르간은 시동에 문제가 생긴 터빈 엔진처럼 들리고, 색소폰은 거슈윈의 〈서머타임〉을 연상시키는 선율 파편들을 덧붙인다. 이후 공격적인 음향 덩어리들이 제시되었다가 해체되며, 성스러운 악기는 유원지의 오르간으로 변모하고, 색소폰은 내세에 대한 신적 약속처럼 그 위를 유영한다.

이 오르간 음악이 왜 피아노곡 〈The Moth And The Flame〉과 함께 더블 LP로 묶여 발매되었는지는 명확하지 않다. 아마도 이러한 병치는 예술가의 야누스적 양면성을 보여주기 위한 의도였을지 모르나, 이를 제시하기에는 더 적절한 사례들이 있었을 것이다. 이 피아노 작품들은 키스 자렛의 경력에서 하나의 정점에 속한다고 보기 어렵기 때문이다. 수많은 뛰어난 라이브 녹음들과 비교하면, 이 음악은 지나치게 이질적이고 비중이 작다. 모음곡의 Part 1은 장식적인 모티프를 중심으로 끊임없이 변주하고 재검토하는 즉흥 연주이지만, 실질적인 발전은 이루지 못한다. 이는 자렛의 라이브 및 스튜디오 녹음에서 흔히 발견되는, 접근성 높은 랩소디에 가깝다. 동기적 아라베스크로 시작해 마누엘 데 파야의 〈스페인 정원의 밤〉 같은 목가적 장면을 연상시키다가, 날카로운 화음으로 분

절되는 Part 5는 진정한 독창성을 보여준다. 반면, 포크적인 두 번째 부분, 과시적인 재즈-록적인 추진력을 보이는 세 번째 부분, 화성적으로 더 세련된 네 번째 부분은 그만큼의 인상을 주지 못한다. 만약 베토벤의 남성적인 피아노 스타일과 마누엘 데 파야의 섬세한 감각을 결합한 사례를 찾고자 한다면, 이 Part 5는 교과서적인 예가 될 것이다.

키스 자렛이 오토보이렌의 바로크 오르간으로 다시 돌아가기 전에, 이 장르에서 그때까지 알려진 어떤 음반 발매의 규모도 압도하는 솔로 피아노 녹음이 하나 제작되었다. 업계 전문가들의 집단적인 고개 젓기에도 불구하고, 이 작업은 키스 자렛과 프로듀서 만프레트 아이허가 완전히 자기들만의 범주로 사고할 수 있음을 실제로 입증했다.

《Sun Bear Concerts》는 1976년 11월 일본 투어 중에 열린 다섯 차례의 솔로 리사이틀을 묶은 것이다. 음반 산업은 이 기획을 미친 짓으로 보았지만, 청중과 음반 구매자들은 전혀 다른 판단을 내렸다. 이 열 장의 LP, 혹은 여섯 장의 CD는 이제 그 역사적 중요성에 걸맞은 평가를 오래전부터 받아왔다. 키스 자렛이 매일 밤 완전히 무(無)에서 음악을 발전시킬 수 있다는 사실을 믿지 않으려는 이들이라면, 이 다섯 번의 콘서트 기록에서 분명한 실증 자료를 찾을 수 있을 것이다. 11월 5일, 8일, 12일, 14일, 18일, 키스 자렛은 피아노 앞에 앉아 공연장이 지닌 특성, 전통적으로 예의를 갖춘 일본 관객, 그 순간의 분위기 그리고 그가 불러낸 음악적 사고들이 자신을 자극하도록 내맡겼다. 그 결과로 탄생한 즉흥연주들은 이

Keith Jarrett – Sun Bear Concerts, ECM 1100

처럼 응축되면서도 무한히 열려 있고, 동시에 매번 새로움을 유지
하는 형태로서는 전례를 찾기 어렵다.

이 녹음들의 규모는 교토 콘서트 1부를 이루는 중단 없는 45분
만 들어도 즉각적으로, 그리고 분명하게 드러난다. 3도 음정을 중
심으로 맴도는 아주 작은 선율 파편 하나가 전체 즉흥연주의 유도
동기로 작동하며, 이후에는 교향악적 규모로까지 확장된다. 하나
의 분할되지 않은 핵에서 음악적 복합체가 발전해 나가는 방식이
라는 점에서는 베토벤 〈교향곡 5번〉이나 브람스 〈교향곡 4번〉의 1
악장이 떠오르지만, 물론 여기에는 소나타 형식의 이원성 같은 흔
적은 전혀 없다. 반면 오사카 콘서트는 미국 노래를 패러프레이즈
한 듯한 음악으로 시작되는데, 고전-낭만주의 피아노 전통에 깊이
잠긴 작곡가가 구상한 것처럼 들린다. 자유로운 서주 이후, 교토
콘서트에서 등장했던 그 작은 모티프가 왼손에서 다시 모습을 드
러내지만, 음악의 성격은 극단적으로 달라져 있어서 자렛이 하나
의 눈에 띄지 않는 짧은 구절로부터 교향곡과 포크송을 동시에 만
들어낼 수 있음을 보여주려는 듯한 인상을 준다. 그러나 이후 오사
카의 음악은 리듬적으로 무게감 있는, 미니멀한 동기들과 오스티
나토 형식들로 방향을 틀고, 그 유도동기는 대체되어 공연이 끝날
때까지 다시는 나타나지 않는다.

며칠 뒤 나고야에서 열린 공연에서 키스 자렛은 교토와 오사카
에서의 두 가지 도입부를 모두 잊어버린 듯 보이며, 대신 왼손의
가벼운 반주 위에 강하게 선율 지향적인, 선형성이 두드러진 환상
곡으로 연주를 시작한다. 앞선 두 녹음과 비교하면 더 절제되고 사
색적인 음향 풍경이 펼쳐지며, 자렛이 그때그때 마주한 악기의 고

유한 특성에 맞추어 연주를 즉흥적으로 형성해 나가는 과정이 또렷이 들린다. 이 경우 그를 사로잡은 것은 특히 눈부시게 빛나는 고음역으로, 그는 개별적으로 고립된 음 하나하나에 집중하거나 그것들을 연결해 선율을 만들어낸다. 곧 그는 특유의 강조된 허밍(아니면 강렬한 콧노래라고 해야 할까?)을 보태고, 건반 상부에서 터져 나오는 밝은 음색을 바탕으로 무조적 형상들이 전개되는데, 이는 점점 버르토크의 〈알레그로 바르바로〉를 연상시키는 모습으로 다가온다. 여기서 그는 20세기 초반에 발을 들여놓은 듯하며, 카를하인츠 슈토크하우젠의 〈클라비어슈튀케〉같은 것의 희미한 그림자만이 들릴 뿐이다. 그러나 작은 음형의 물방울들이 어떻게 전체 음악적 구조로 성장해 가는지를 따라가는 일은 실로 매혹적이다. 종결부에 이르러 자렛은 차가운 아방가르드의 영역에서 가장 섬세한 낭만주의의 지대로 되돌아와, 조용한 작별 인사를 건넨다.

이틀 뒤 도쿄에서 열린 콘서트는 훨씬 더 내밀하고, 소통적인 면모가 적은 출발을 보인다. 여기서 모든 것은 내면으로 향해 있으며, 청자는 자렛이 거의 어떤 표현적 제스처나 기교적 분출도 없이, 오직 자기 자신을 위해 연주하고 있다는 인상을 받게 된다. 이 공연은 앞선 세 번만큼 화려하지는 않을지 모르지만, 오히려 더 진정성 있게 느껴질 수도 있다. 이 개인적인 성격은, 거장에게서는 다소 이례적인, 간헐적인 실수나 잘못 눌린 음의 등장으로 더욱 강화된다. 약 8분가량이 지나고 나서도 여전히 내밀한 국면 속에서 하나의 작은 멜리스마가 제시되는데, 이는 곧 오스티나토로 변하며 자렛은 한동안 그 위에 머문다. 그러다 점차 자신의 내면 세계를 벗어나 외부를 탐색하기 시작한다. 그 이후에 펼쳐지는 전개는 다른 연주들에서 드러난 자렛의 백과사전적 정신이 보여주듯, 마찬가지로 다채로우면서도 예기치 못한 전환들로 가득하다. 그리고 물론 그는 블루 노트로 흠뻑 적신 리듬 속으로 몸을 담그며, 가스펠과 노동요의 어딘가에 자리한 음악 세계를 통해 재즈의 뿌리, 곧 아프리카계 미국인의 트랜스적 요소로 되돌아가는 유혹을 끝내 뿌리치지 못한다.

마지막 콘서트는 삿포로에서 열렸다. 자렛의 연주는 마치 단순하지만 아주 오래된 이야기를 들려주려는 듯 고요하게 시작된다. 다섯 차례의 콘서트 가운데 가장 과장되지 않은 도입부임이 분명하지만, 기능화성 위에서 펼쳐지는 이 여덟 마디의 순환이 영원히 계속되지는 않으리라는 것도 우리는 알고 있다. 이내 자렛은 새롭고 끊임없이 반복되는 동기에 사로잡혀 또 하나의 이야기 연쇄를 풀어놓기 시작한다. 그러다 갑자기 이 진자 운동에서 빠져나올 출구가 열리고, 자렛은 새로운 선율적·화성적 길을 자유롭게 탐색하게 된다.

선 베어 콘서트는 단순히 '3도'라는 소박한 음정 하나만으로도 하나의 완전한 명상 세계를 촉발해낼 수 있을 만큼 고갈될 줄 모르는 음악적 상상력의 결정적 증거다. 일본에서의 다섯 밤, 다섯 번의 즉흥연주─이는 곧 다섯 개의 완전히 다른 프로그램을 의미한다. 즉흥음악에 관심이 있는 사람이라면 이 사실만으로도 가슴 한켠에 쓸쓸함을 느끼게 될 것이다. 결국 이 녹음들이 존재할 수 있었던 것은, 한 프로듀서와 한 예술가가 음반 시장에 함께 맞서기로 결단했기 때문이었다. 매일 밤, 크고 작거나 천재적인 예술가들이 즉흥으로 만들어내는 얼마나 많은 음악이 영원히 사라지고 있는가!

　　　　　　　　　　　　　　　　　　　

1980년에 발표된 구르지예프의 《Sacred Hymns》 녹음은, 4년 전의 작업들과는 또 다른 방향으로 나아간다. 이는 부분적으로 자렛이 여기서 즉흥연주를 거의 완전히 배제하고 다른 작곡가가 쓴 작품을 연주했기 때문이기도 하고, 동시에 이 곡들이 훨씬 더 절제된 성격을 지니며 논쟁적인 그리스-아르메니아 출신의 신비주의자와 연결되어 있기 때문이기도 하다. 이미 1960년대에 자렛은 게오르기 I. 구르지예프(1866-1949)의 밀교적 사유와 전체론적 이론에 관심을 보여왔다. 그는 구르지예프의 저작을 읽었고, 그의 철학에서 핵심적 역할을 차지하는 음악을 연구했다. 구르지예프는 정규 음악 교육을 받은 음악가는 아니었으며, 그의 작품들(혹은 미완의 선율들)은 제자인 러시아 작곡가이자 피아니스트 토마스 드 하르트만이 채보하고 정리하며 화성화한 것이다. 자렛이 이 곡들에 몰두하고 관심을 보인 일은 많은 사람들에게 놀라움을 주었을지도 모르지만, 기독교인 과학자였던 어머니와 할머니를 통해 강하게 전달된 영적 분위기 속에서 유년기를 보낸 한 예술가의 삶을 생각하면 전혀 이상할 것이 없다. 실제로 음악적 보편주의자 자렛의 삶에서 창작의 모든 국면마다 영적 세계의 존재를 감지할 수 있다. 그러나 그는 모종의 영적 경향이나 종교적 사상, 수행에 관여했음에도 불구하고, 특정한 신앙 고백을 가진 인물로 남지는 않았다.

《Solo Concerts Bremen/Lausanne》 음반이 나왔을 당시에도 자렛은 자신을 능동적인 창조자가 아니라 더 높은 힘의 매개체에 불과하다고 생각한다고 말한 바 있는데, 이는 개인의 역할을 축소하려는 종교적 원리를 향한 그의 탐색을 드러내는 입장이었다. 자렛은 또한 토마스 드 하르트만이 남긴 구르지예프 음악의 희귀한 녹음들에도 익숙했다. 결과적으로 자렛 자신의 신중한 해석은, 이 난해한 작품들을 더 넓은 청중의 인식 속으로 끌어들이는 역할을 하게 되었다.

찰스 로이드는 이 점에서 중요한 역할을 했다. 당대의 시대정신을 따르며 밀교적 사유 체계에 관심을 보였던 로이드는 자렛에게 구르지예프를 소개한 인물이었다. 그러나 자렛을 끌어당긴 것은 구르지예프의 철학만이 아니었다. 한층 넓게 보아 신비주의적 사유 전반, 특히 동양 문화의 지혜와 신앙 체계는 오랫동안 그에게 영감을 주어 왔다. 그래서 2년 뒤인 1982년 4월, 샌프란시스코의 워 메모리얼 오페라하우스에서 열린 솔로 콘서트에서 자렛이 곡과 곡 사이에 13세기 페르시아의 신비주의 시인이자 춤추는 메블레비 데르비시 수피 형제단의 창시자인 잘랄루딘 루미의 시구를 인용한 것은 전혀 놀랄 일이 아니다. 그의 경력 전반에 걸쳐, 자렛의 발언과 음악 속에는 신비주의적 사유 전반 그리고 특히 구르지예프에 대한 직접적이거나 은밀한 참조들이 곳곳에서 발견된다. 1973년 2월에 녹음된 아메리칸 쿼텟 음반 《Fort Yawuh》라는 제목은 구르지예프의 '제4의 길'을 애너그램으로 변형한 것이다. 이 용어는 사고, 감정, 신체 움직임의 발전과 조화를 다루는 앞선 세 단계 이후, 일상 속에서의 자기 인식을 목표로 한 구르지예프의 네 번째 수행 경로를 가리킨다.

이 음반에서 자렛이 녹음한 음악을 미학적 기준으로 평가하는 일은 쉽지 않다. 그러나 이는 어느 정도 모든 전례적·영적 음악에 공통적으로 적용되는 어려움이기도 하다. 자렛은 이 음악에 커다란 존중을 가지고 접근하며, 그것을 일종의 금욕 수행으로 다루는

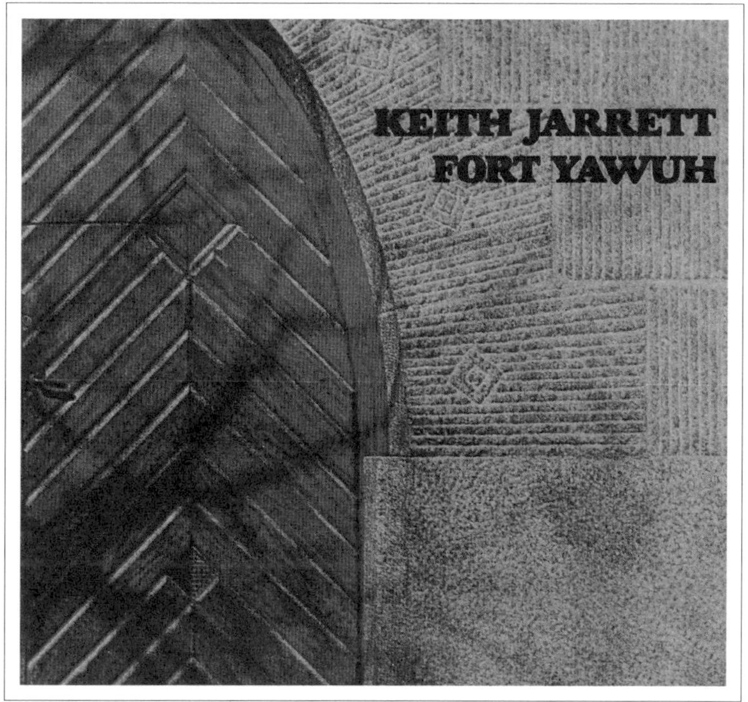

Keith Jarrett – Fort Yawuh, Impulse! 547 966-2

데 겸손의 훈련이라기보다는, 모든 외적 화려함으로부터의 정화에 더 가깝다. 이러한 영적 배경은 선율선과 화성 개념의 단순함을 유지하며, 반복되는 음들이 음악적 묵주 알처럼 이어져(이 표현은 결코 폄하의 의미가 아니다) 하나하나 '기도되듯' 소진된 뒤, 성스러운 음악의 제단 위로 밀려 올라간다. 같은 단순성은 선율이 갑작스럽게 고조되는 순간의 파토스나, 운명의 타격처럼 울려 퍼지는 강렬한 단조 화음들에서도 그대로 드러난다.

자렛은 동양 사상에 대한 자신의 관심에 대해 많은 언급을 남기지 않았다. 그러나 이언 카와의 대화에서 그는 구르지예프의 전기와 저작을 다른 철학자들의 작업과 비교하며 연구했음을 밝힌 바 있고, 그 과정에서 수피즘 전반에 관심을 갖게 되었다고 말한다. "그러다 여러 해의 연구 끝에 수피즘마저도 결국은 사라졌어요. 왜냐하면 내 작업 속의 지혜는 더 이상 특정 철학자들의 글에서 오는 작은 자극에 의존할 필요가 없었기 때문이죠." 이 발언에서 드러나는 거리두기는, 구르지예프의 사상과 종종 결부되곤 했던 유행적·밀교적 뉴에이지 담론에 대한 반작용으로 볼 수 있다. 키스 자렛은 그러한 언어와 분위기로부터 언제나 일정한 거리를 유지해 왔다.

음악적으로 보자면, 자렛은 분명 구르지예프의 절제와 검약의 훈련으로부터 어떤 이익을 얻은 듯하다. 성가 음반을 녹음한 직후, 그는 다시 미국·일본·유럽을 오가는 솔로 투어에 나섰고, 그 과정에서 평단의 극찬을 받은 가장 인상적인 녹음들 가운데 일부가 오스트리아 브레겐츠와 뮌헨의 헤르쿨레스 홀에서 탄생했다. 자렛의 '성스러운 찬가' 수행이 그에게 일종의 준(準) 황홀경적 능력을 부여한 것이 아닐까 생각하게 만드는 순간들이 분명 존재한다. 실제로 브레겐츠와 뮌헨에서의 연주 일부는 거의 데르비시 춤 음악과 맞닿아 있다. 때로는 음악적 재료가 극단까지 밀어붙여진다. 피아노는 신음하고 몸부림치며, 자렛은 악기를 자신의 의지에 굴복시키듯 다루고, 가능한 모든 것을 끌어내다가, 마침내 그 악기가 원래 가지고 있지 않았던 것마저 내어주는 듯한 착각을 불러일으킨다. 피아노의 나무 몸체는 타악기로 적극 활용되고, 그의 허밍과 발성은 기묘한 대위선을 형성한다. 자렛 자신 역시 이 압도적인 상태를 분명히 인식하고 있었다. "즉흥연주자라면, 진정한 즉흥연주자라면 황홀경에 익숙해야 합니다. 그렇지 않으면 음악과 연결될 수 없어요. 작곡가라면 그런 순간을 기다릴 수 있죠. 오늘 오지 않아도 상관없습니다. 하지만 즉흥연주자는 말이죠, 예를 들어 오늘 밤 8시에 연주해야 한다면, 그 상태에 너무나 익숙해져 있어서 거의 스스로 불러낼 수 있어야 합니다."

브레겐츠 공연의 서두에서 곧바로 등장하는 민요풍의 모티프들은, 그날 저녁 키스 자렛이 마치 황홀경을 향해 정확히 조율된 상태로 무대에 올랐음을 우리에게 확신시킨다. 그는 먼저 주제와 변주 기법을 통해 이 모티프들을 전개하지만, 곧이어 그의 많은 세앙스 연주에서 그러하듯 하나의 리드미컬한 패턴 위에서 도취적인 원무(圓舞) 속으로 스스로를 밀어 넣는다. 이 과정에는 끊임없는 신음과 발성이 동반되는데, 이는 '창조적인 행위에는 땀을 제외한 모든 것이 허용된다'는 식의 예술 이론을 노골적으로 배반한다. 자렛은 검은 악기, 즉 피아노로부터 음을 끄집어내는 일이 언제나 갱도 속의 탄광 노동자처럼 체력을 요구하는 작업이었다는 사실을 결코 숨긴 적이 없다. 그러나 이 격렬함 속에서도 우리는 이따금 명상적인 섬, 혹은 아다지오풍 삽입부를 마주치게 된다. 그곳에서 손가락과 심장, 정신은 잠시 휴식을 취한다. 그러다 아주 작은 음정 하나, 혹은 미세한 선율 조각이 열리는 순간, 그 내적 충동은 다시금 굴복하고, 다음 데르비시 춤이 전개될 준비를 마친다.

이곳에서는 실로 엄청난 양의 피아노 음향 덩어리들이 이동한다. 무소륵스키의 음악적 그림 세계에서처럼 알껍질 속의 병아리들이 건반 위를 분노하듯 질주하고, 프로코피예프를 연상시키는 강철 같은 구조가 굳어지며, 나무를 두드리는 소리, 신음, 멜리스마, 발 구르기가 얽힌 대위적 네트워크 속에서 무정부적인 행진곡이 형성된다. 이 행진은 악기와의 전면적인 육박전으로 이어지고, 마침내 손가락들이 더 이상 엉켜버리지 않기 위해 물러서는 순간, 요한 제바스티안 바흐의 '생산 라인'에서 곧장 나온 듯한 다성적 인벤션이 발견된다. 폭발적인 박수는 연이은 앙코르를 요구하고, 자렛은 마치 거대한 형식의 족쇄에서 해방된 사람처럼, 한층 작은 규모의 황홀경들을 축하한다. 말하자면, 집으로 가져갈 수 있는 음악이다.

이 음반의 브레겐츠 세 번째 파트는 음악적 재료를 완전히 장악한 채, 감정적으로 깊이 몰입하고 있으며, 표현에 있어서도 주권적 통제력을 지닌 자렛을 보여준다. 반면, 뮌헨에서 녹음된 두 개의 섹션은 그러한 안전망도, 가짜 바닥도 없는 피아니즘의 공중줄타기가 지닌 추락의 위험을 즉각적으로 드러낸다. 그러나 동시에 바로 이 녹음이야말로 키스 자렛의 본질을 가장 적나라하게 드러내는 순간이기도 하다. 이 콘서트에서 우리는 절망적인 탐색자를, 이어서 악기의 모든 가능성을 착취하는 연주자를, 그다음에는 저지대에서 다듬어진 음악을 거리낌없이 탐색하는 재즈 음악가이자 팝 아티스트로서의 자렛을, 그리고 마침내 피아노를 뜯고 두드리는 타악기로 변형시키는 광전사를 차례로 듣게 된다.

우리는 키스 자렛의 콘서트가 시작될 때 그 여정이 어디로 향할지 거의 결코 알 수 없다. 어떤 밤은 감동적일 만큼 단순한 여덟 마디짜리 민요 모방으로 시작해, 프리 재즈의 혼돈 속에서 끝나기도 한다. 그러나 그 과정에서 헌정처럼 들리는 바로크적 다성부 진행이나 열린 오스티나토의 풍경들이 반드시 등장하는데, 이는 마치록 음악을 연주할 때조차 재즈 음악가들이 지닌 우월성을 입증하려는 듯하다. 무조적 클러스터가 공연의 시작에서 울려 퍼진다고 해서 차갑게 식어버린 청중이라면, 너무 실망할 필요는 없다. 때로는 아무런 보물을 발견하지 못한 채 구덩이만 파게 되는 경우도 있지만, 적어도 기록적 가치와, 분명히 예술적 정직성의 측면에서 보자면, 뮌헨 공연 전체를 녹음하고 발표한 결정은 옳았다. 자유 연주의 밝은 면과 어두운 면이 이처럼 명확하게 제시된 경우는 드물며, 단 하나의 콘서트 안에서 자렛의 모든 음악적 특성이 이토록 잘 드러난 예 또한 없다.

서두에 흐르는 후기 낭만주의적 음조는 고도의 형식적 상호작용을 떠받칠 수 있는 구성들을 겨냥한 듯 보인다. 그러나 곧 우리는 자렛이 화성적, 리듬적 무인지대에 길을 잃은 채, 점점 더 조급해지며 탈출구를 찾지만 끝내 발견하지 못하고 있다는 느낌을 받게 된다. 그는 반복해서 그저 자기 자신 안으로만 맴도는 듯한 모호한 형상들과 화성적 표현들을 내놓는다. 그리고 음악적 구조를 얇게 만들기 위해 각 음을 단순한 시구처럼 하나씩 분리해 연주하려 할 때조차, 그 결과는 결국 동요처럼 들리고 만다. 아마도 이런 순간 이었을 것이다. 1970년대 로잔의 어느 공연에서, 자렛이 자리에서 일어나 무대 앞으로 걸어 나와, 객석 어딘가에 혹시라도 피아니스트가 앉아 있다면 올라와서 자신의 콘서트를 대신 끝내 달라고 열정적으로 호소했던 일이 있었다는 것을 말이다.

이 음반의 첫 번째 파트 가운데 두 번째 구간에서는, 사용된 음악적 재료 자체는 본질적으로 달라지지 않았음에도 불구하고 전체적인 인상이 분명히 달라진다. 이제 자렛의 탐색은 잠재력을 지닌 화성으로 그를 이끈다. 여기에는 하나의 명백한 '회피의 의식'이 감지된다. 그는 순수한 추상성의 함정에 빠지지도 않으려 하고, 그렇다고 음악적으로 피상적인 것에 굴복하지도 않으려 한다. 그리고 마치 마법처럼, 자렛은 선율적 변주들이 아무 조건 없이 귀속되는 하나의 중심음을 찾아낸다. 그 중심음은 반복해서 두드려지고, 그 위로 상상력은 날개를 펼쳐 장대한 선율 장식을 덧붙인다. 동시에, 자렛이 자신의 발상을 해방시키는 과정에서 터져 나오는 신음과 발 구르기 또한 점점 더 격렬해진다. 이 중심음은 이제 왼손에서 두 음 사이를 오가는 진자 운동이 되고, 오른손에서는 동양적인 멜리스마가 확장된다. 이 진자 운동은 황홀하게 고조된 시르타키 리듬으로 흘러들어갔다가, 다시 더 사색적인 국면으로, 이어서 뒤엉킨 대위법을 거쳐 광적인 발 구르기와 분주한 움직임으로 나아간다. 양손의 패시지는 점점 더 거칠고 격렬해지고, 발 구르기와 신음도 더욱 강해지며, 이 지점에서 자렛은 더 이상 피아노를 연주하고 있는 것이 아니라, 말 그대로 피아노와 몸으로 싸우고 있다는 사실이 분명해진다. 이 분투 뒤에는 우레와 같은 박수가 뒤따른다. 휴식 후 자렛은 다시 한번 열광적인 환호 속에 무대로 맞이되며, 그의 연주에서는 이전의 모든 음향적 투쟁이 사라진다. 흔들리는 카리브해 리듬이 햇빛에 흠뻑 젖은 섬의 풍경을 그려내고, 순수한 낙관주의가 터져 나온다. 자렛은 가볍고 찬가풍인 분위기 속으로 스윙하며, 어떤 불길함도 예고하지 않는 선율적 민속성을 드러낸다. 그러나 곧 극적이고 어두운 색조의 음향 구름이 등장하고, 자렛은 자리에서 일어나 피아노 내부의 현을 뜯고 손으로 눌러, 마치 미리 준비된 피아노와 같은 효과를 만들어낸다. 덜컹거림과 포효, 달그락거림과 지저귐이 이어지고, 그 사이사이를 자렛의 성대에서 흘러나오는 끊임없는 '아'와 '오'의 소리가 가로지른다. 청중은 이 황홀경을 거의 손으로 붙잡을 수 있을 것만 같다. 그만큼 그것은 생생하게 그려지고, 피아노가 타악기로 변모하는 이 순간은 결정적으로 중대한 의미를 지닌다. 완전히 탈진한 상태에서, 공연의 나머지 부분은 박수 속에 잠긴다.

이처럼 고전압의 방전이 이어진 뒤에, 누가 과연 공연의 시작을 기억할 수 있겠는가? 누가 공연 초반의 사건들을, 자렛이 자신이 가진 재료들로 무엇을 할 수 있는지 시험하고, 어떤 혼합이 필연적으로 어떤 반응을 낳는지를 알아보기 위해 (실험실의 화학자처럼) 설정한 실험 장치로 해석하지 않겠는가? 뮌헨 콘서트는 문자 그대로 인간이 만들어낸 자연현상이었고, 이미 존재하는 음악적 물질의 폭발이었다. 그 자리에 있었던 이들은 이후에 무엇이 올 수 있을지 스스로에게 묻지 않을 수 없었을 것이다. 점점 늘어가는 자렛의 열성 팬들은 확신하며 고개를 끄덕였다. "분명 더 대단한 것이 올 것"이라고 말이다.

7장 장엄함과 위기

1980년대 초반은 키스 자렛에게 음악적으로 격동의 시기였다. 1970년대에 발표한 일련의 대성공을 거둔 솔로 음반들을 통해 그는 이미 탁월한 피아니스트로서 위상을 확고히 다져 놓은 상태였다. 동시에 그는 바로크 시대에서 빈 고전파를 거쳐 유럽과 미국의 현대음악에 이르는 폭넓은 레퍼토리를 중심으로, 클래식 작곡가들의 음악에 대한 학습을 다시 활성화하기 시작했다. 1979년, 그는 미네소타의 세인트 폴 체임버 오케스트라와 협업을 시작했으며, 이 작업은 데니스 러셀 데이비스의 지휘 아래 이루어졌다. 이 연주에서는 콜린 맥피, 루 해리슨과 같은 미국·캐나다 출신의 비주류(혹은 독립적) 작곡가들, 그리고 호주 작곡가 페기 글랜빌-힉스(Peggy Glanville-Hicks)의 작품들이 연주되었다.

1981년 5월과 6월에는 파리를 방문해, 테아트르 드 라 빌에서 앙상블 앵테르꽁땅뽀랭과 함께 이들 작곡가의 음악을 연주했다. 1982년 3월에는 독일 슈투트가르트에서도 같은 레퍼토리를 선보였고, 같은 해 8월에는 캘리포니아에서 열린 카브리요 현대음악 페스티벌에 출연해 스트라빈스키의 〈피아노 협주곡〉, 존 케이지의 〈댄스/4 오케스트라〉, 그리고 페기 글랜빌-힉스의 〈에트루리아 협주곡〉을 연주했다. 1981년 초 무렵, 자렛은 숙원이었던 대규모 세미나 시리즈를 열고자 시도했다. 이는 교육에 대해 극도로 비판적이며, 어쩌면 '교육 거부자'라고까지 부를 수 있는 그를 교사의 역할로 상상하기 어려운 일처럼 보일 수도 있다. 그러나 자렛은 언제나 그랬듯, 이 역시 훨씬 더 포괄적인 구상을 염두에 두고 있었다. 그는 저널리스트이자 재즈 음악가인 마이크 즈웨린과의 대화에서 이렇게 설명한 바 있다. 그의 세미나는 단지 음악에 관한 것이 아니라는 것이다. "이것은 사람들이 음악을 넘어서, 일반적인 감각적 자각을 탐구할 수 있는 기회가 될 것입니다."

자렛은 예술적으로만 새로운 국면에 들어선 것이 아니었다. 첫 번째 아내 및 가족과의 이별 이후 그의 삶은 급격하게 변했다. 로즈 앤 콜라비토는 항상 곁에 있으면서 모든 투어에 동행했고, 화가로서의 작업을 통해 그의 예술적 스펙트럼을 넓혀주었다는 점에서 키스 자렛에게 새로운 영감을 주는 존재였다. 이 새로운 관계로 인해 비롯된 것으로 보이는 변화들도 여럿 관찰된다. 투어 중이던 시기에 자렛은 사적으로도 더 활발해져 테니스, 조깅, 스키 같은 스포츠를 즐기기 시작했다. 1981년에는 엄지손가락 부상으로 몇 차례 공연을 취소해야 했다. 그는 또한 집을 정비하는 데 시간을 들였고, 건축가를 고용해 새로운 스튜디오와 확장 공사를 포함한 설계를 진행했다. 자렛은 1970년대 중반 매니저 조지 아바키안과의 협업도 중단했으며, 이후 한동안 전문적인 매니지먼트 없이 활동하다가 브라이언 카를 새 에이전트로 선택하게 된다.

이 격동의 시기가 모든 면에서 순탄했던 것은 아니다. 1980년대 초반 무렵, 자렛은 몇몇 금융 투자에 끌리게 되었고, 그 결과 약 4년 동안 40만 달러에 달하는 손실을 입으며 심각한 재정적 곤경에 처하게 된다. 여기에 더해 세무 당국에 대한 상당한 체납액까지 떠안게 되면서, 그는 더 많은 공연 일정을 소화할 수밖에 없었다. 그 결과 1983년, 로즈 앤과 함께 무려 여덟 달 반 동안 투어 생활을 이어가게 된다. 로즈 앤은 이언 카에게 당시가 얼마나 힘든 시기였는지 설명했다. "그는 모든 상식과 이치에 비춰볼 때 여러 번 무너졌어야 했고, 허리 상태도 정말, 정말 안 좋았어요. 완전히 망가진 상태였죠. 그렇게까지 연주를 해서는 안 됐지만, 손실을 만회하려면 어쩔 수 없었어요." 결국 자렛은 세미나를 열겠다는 계획을 포기했고, 그 프로젝트를 위해 마련해 두었던 집에 대한 임대료 지급도 중단했다. 그의 불안정한 재정 상태는 1987년까지 이어졌고, 이후에야 어느 정도 회복 국면에 들어서게 된다.

상황을 더욱 복잡하게 만든 것은 거의 같은 시기에 그의 솔로 콘서트에 대한 관심이 감소하기 시작했다는 점이었다. 많은 사람이 이미 그의 공연을 한 차례 이상 보았고, 그의 음악은 《The Köln Concert》가 지녔던 직관적이고 접근 가능한 충동을 훨씬 넘어서는 방향으로 점점 더 정교해지고 있었다. 이것이 바로 자렛이 솔로 콘서트 활동을 3년간 중단하게 된 주요한 이유였다. 이 기간에 그는 클래식 음악 연구와 게리 피콕, 잭 디조넷과의 트리오 활동에 집중했다. 이 '두 번째' 트리오는 1977년 이후 처음으로 1983년 뉴욕 빌리지 뱅가드에서 여섯 차례의 공연 시리즈를 통해 다시 모습을 드러냈고, 이후 2014년 11월까지 상설 앙상블로 기능하게 된다.

그러나 1985년과 1986년에 자렛은 자신의 홈 스튜디오에서 개인적으로 매우 중요한 의미를 지닌 솔로 앨범을 두 장 녹음했다. 이 작품들은 그의 마흔 살 무렵 찾아온 창작의 위기로 나타난 음악적 전환점이자 새로운 지평을 보여준다. 이 위기는 1985년 상반기에 시작되었는데, 자렛이 클래식 음악, 정확히 말하면 클래식 연주자들을 다시 경험하면서, 그들이 자신의 음악적 역할에 대해 종종 불만족스러워 보인다는 인상을 받았기 때문이다. 또한 즉흥이라는 창작 충동이 결여되었을 때 자신의 연주가 얼마나 달라지는지도 깨닫게 되었다. 뉴욕 에이버리 피셔 홀에서 쇼스타코비치, 베토벤, 스카를라티, 바흐의 작품을 연주해 뉴욕 타임스의 열광적인 호평을 받았던 리사이틀 이후에도, 강한 공허감과 무기력을 호소했다. 그는 자신이 애초에 클래식 음악 씬에 속한 존재가 아닌 것은 아닐까 하는 의심을 키워가기 시작했다. 이 시기에도 재정적 문제는 해결되지 않은 상태였고, 두 아들을 둘러싼 전처와의 관계에서도 복잡한 문제들이 이어지고 있었다.

이러한 우울한 분위기 속에서, 그의 아내 로즈 앤이 전하듯 자렛은 종종 집 앞 현관 계단에 앉아 멍하니 앞을 바라보고 있곤 했는데, 바로 그때 그는 갑작스럽게 영감에 찬 하나의 생각에 도달한다. 클래식 음악 영역에서의 활동을 접고, 모든 것이 시작되었던 지점으로 돌아가기로 한 것이다. 그것은 바로 즉흥연주로의 회귀였다. 자렛은 이 순간을 이안 카에게 이렇게 설명했다. "나는 스튜디오로 가서 플루트를 하나 집어 들고 연주를 시작했어요. 그 스튜디오는 분위기가 전혀 없는 공간이었죠. 잔향이 전혀 없는, 소위 '죽은' 스튜디오였어요. 그런데 그 플루트를 연주하는 것만으로도 마치 내 혈액순환이 바뀌는 것 같았고, 몸 전체가 달라졌어요. 이전에는 코팅된 파이프를 통해 조금씩, 뚝뚝 흘러들어오던 연료였다면, 갑자기 94 옥탄 연료가 한꺼번에 들어온 느낌이었죠. 그냥 플루트를 불고 있는데 '녹음기를 켜라'는 일종의 메시지를 받은 것 같았어요! '이건 다시는 오지 않을 순간이다'라는 느낌이었죠. 그런 상태가 아마 한 달 정도 지속됐는데, 그동안 나는 아침에 일어나서 식사하고, 머릿속에 어떤 리듬이나 두 개의 음, 아주 짧은 악구를 안고 곧바로 스튜디오로 달려가 카세트 녹음기—둘 다 그냥 카세트 플레이어였어요—의 녹음 버튼을 눌렀죠. 테이프 안에 뭔가 소리가 들어가길 바라면서요."

《Spirits》는 1985년에 발표되었고, 그 작품은 변화된 키스 자렛의 모습을 보여준다. 모든 기교를 내려놓고 음악의 근원으로 돌아간 음악가의 모습이다. 여기에는 순수한 소리 외에는 아무런 의도도 없으며, 녹음 방식 역시 가장 단순한 수단만이 사용된다. 순진해 보일 수도 있지만, 감수성과 창조적 에너지로 충만한 음악이다. 그 결과는 분명히 자렛의 전 생애를 통틀어 가장 개인적인 예술적 표현이라 할 만한 것이었다. 그에게 이 작업은 분명 완전한 해방이었을 것이다.

전체적으로 볼 때, 《Spirits》는 자렛이 음악 속에서 어떤 원초적인 것을 찾고 있었음을 느끼게 한다. 이 앨범은 민족적 경계도, 양식적 특징도 없고, 서양도 동양도 아닌 소리의 풍경이며, 오직 소

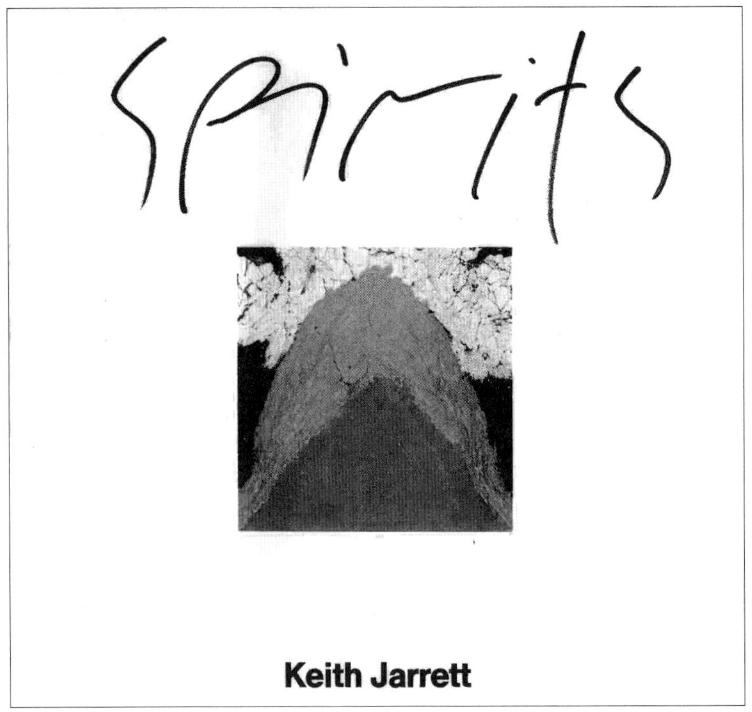

Keith Jarrett – Spirits, ECM 1333/34

리, 리듬, 분위기, 몸짓, 감정만을 다룬다. 이 음악에서 플루트와 타악기가 중심적인 역할을 맡고 있다는 것은 결코 우연이 아니다. 이 악기들은 인간의 형상과 본질, 즉 호흡과 심장 박동에 가장 가까운 도구이기 때문이다. 《Spirits》의 많은 부분에서는 예술과 자연 사이의 경계가 분명히 그어지지 않는데, 마치 자렛이 새소리나 바람 소리를 본따 자신의 음악을 만들어낸 것처럼 들린다. 동시에 이 음악에는 매우 강한 의례적 성격이 감지된다. 태양이나 봄의 첫 날을 숭배하기 위해 연주되는 원주민 부족의 음악을 연상시키는 것이다. 플루트의 저음은 벌떼처럼 웅성거리고, 북의 텅 빈 울림은 주술사의 주문처럼 메아리친다.

이 음악은 낯설고 먼 것에 대한 신격화이거나, 오래전에 사라진 시대의 인간 음악적 감각을 복원하려 애쓰는 고생물학자의 고대 노래처럼 들린다. 오음음계의 선율은 극동 문화의 이미지를 그려내고, 또 다른 부분들은 중세의 콘둑투스처럼, 혹은 장엄한 행렬처럼 성큼성큼 나아간다. 어느 순간 우리는 수도원의 회랑 안에 들어가, 수도사들이 음절 없는 노래를 부르며 소프라노 색소폰의 자유롭고 천상의 멜리스마에 화답하는 장면에 이르게 된다. 피아노는 사이클의 마지막 부분에서야 등장하지만 결코 주도권을 쥐지 않는다. 색소폰과 플루트의 배경으로 기능하거나, 한 곡에서는 전곡을 관통하는 트레몰로로만 존재할 뿐이다.

《Spirits》는 발표 당시, 그 이전까지 키스 자렛이 내놓았던 어떤 작품과도 너무나 달랐기 때문에 큰 충격을 주었다. 만약 자렛이 그로부터 1년 뒤에 만든 녹음(역시 자택 스튜디오에서 여러 악기를 사용해 만든 작품)을 무려 27년 동안 금고 속에 넣어두지 않았다면, 이 음반이 불러일으켰을 대중의 반응은 훨씬 더 컸을 것이다. 1986년에 녹음되었으나 2013년에야 공개된 이 앨범 《No End》는 자렛의 전혀 알려지지 않았던 또 다른 면모를 보여준다. 바로 기타와 펜더 베이스를 연주하는 록 뮤지션으로서의 자렛이다. 이 음반의 음악은 해당 장르의 거장들과 견주어도 손색이 없을 정도다. 이 작품은 비록 오랫동안 세상에 공개되지 않았지만, 마흔을 전후한 시기의 위기 속에서 자렛의 회복 과정에 《Spirits》만큼이나 중요한 역할을 했을 가능성이 크다. 마치 첫 번째 녹음이 천상의 영역과의 대면이었다면, 그다음 녹음은 땅에 발을 붙이기 위한 작업이었던 것처럼 느껴진다. 《No End》에 수록된 음악은 자렛이 다악기 연주자로서 얼마나 뛰어난지를 증명할 뿐만 아니라, 자신에게 낯선 음악적 스타일의 충동을 공감하고, 록적인 그루브를 완전히 자기 것으로 만드는 능력도 보여준다. 이런 식으로 일렉트릭 기타를 연주할 수 있다면, 마치 다이어 스트레이츠의 마크 노플러에게서 오랜 레슨을 받고, 에릭 클랩튼과 잼 세션을 하며, 록 서커스 전체와 함께 클럽과 공연장을 전전하며 혹독한 단련을 거친 것처럼 느껴질 정도다.

　이 음악은 전반적으로 매우 느긋하지만, 동시에 사람을 사로잡는 리듬을 지니고 있다. 자렛은 기타, 베이스, 드럼을 직접 연주하며 남부 록에 대한 탄탄한 감각을 드러낸다. 그는 펜더 베이스를 마치 몇 해 동안 거리의 싸움을 겪어온 노련한 록 베테랑처럼 연주한다. 전체 사운드가 종종 균형을 잃고 과도하게 밀집되며, 울림이 큰 베이스가 다른 소리를 압도하는 경향이 있다는 사실은 사실 그다지 중요하지 않다. 풀 틸트 부기 밴드나 지미 헨드릭스 익스피리언스의 음반에서 들을 수 있는 특징들을 연상시키는 이러한

키스 자렛

리듬들은, 한때 계획되었으나 실현되지 못한 재니스 조플린과 지미 헨드릭스의 만남이 실제로 이루어졌다면 어떤 일이 벌어졌을지를 상상하게 만든다. 비록 《No End》가 2013년 발매 당시 놀라움을 자아내긴 했지만, 이 음반은 1960년대에 키스 자렛이 1인 포크록 밴드처럼 오버더빙과 다중 악기 연주로 발표했던 녹음들의 일관된 연장선에 놓여 있다. 종종 혹평받아 왔지만, 예컨대 밥 딜런의 음반들과 비교해 보더라도 음악적으로 결코 수준이 낮지 않은 《Restoration Ruin》이 자연스럽게 떠오른다.

《No End》는 이 음반이 녹음되던 당시 키스 자렛이 도달해 있던 음악적 발전 단계에 빛을 비춘다. 무엇보다도 주목할 만한 사실은, 그가 불과 2년이라는 짧은 기간 동안 성격이 극명하게 대비되는 석 장의 앨범을 연이어 발표했다는 점이다. 록 음반 《No End》 이후, 자렛은 또 한 번 놀라운 방향 전환을 감행한다. 이번에는 르네상스 음악의 섬세한 세계, 그리고 클라비코드라는 극도로 민감한 악기로 향했다. 《Book Of Ways》는 오직 키스 자렛만이 만들 수 있었던 음반이다. 음악사에서, 한 연주자가 먼저 노련한 록 음악가들조차 경외심을 품게 할 만큼 강렬한 일렉트릭 기타 리프를 연주한 뒤, 곧바로 클라비코드처럼 연약한 악기를 사용해 바로크와 르네상스 시대의 일상적 연주 관행 속에 속했던 장식음을 손끝에서 떨궈내듯 연주하는 장면을 목격하는 일은 결코 흔치 않다.

자렛이 이 악기를 선택한 이유는 그 고유한 음색 때문이었지만, 모르덴트나 턴과 같은 초기 음악 연주 기법에 대한 그의 숙련도, 존 다울랜드와 같은 작곡가의 화성 세계에 대한 이해, 그리고 다성 구조 안에서의 장식음 처리에 대한 감각은 실로 경이롭다. 우리는 바로크 모음곡의 미묘한 뉘앙스를 듣는 동시에, 현대적인 화성과 연주를 충분히 감당할 수 있으면서도 신시사이저로는 결코 성공적으로 모방할 수 없는 공명체로서의 악기를 경험하게 된다. 일부 곡에서는 클라비코드(두 대가 사용되었고, 때로는 동시에 연주되었다)가 미리 준비된 상태로 연주되었는데, 그 소리는 매우 이질적이어서 마우리시오 카겔이나 존 케이지 같은 아방가르드 작곡가들조차 이 왜곡된 음색과 피치 변형의 근원을 식별하기 어려웠을 것이다. 앨린 쉽턴은 자신의 저서 『Handful of Keys』에서 이와 관련해 키스 자렛이 했던 말을 전한다. "이 악기의 매력은, 현에 가하는 압력에 따라 음정이 끊임없이 변한다는 데 있어요." 이 앨범의 일부 음악은 가발과 땋은 머리를 들어 올려 공기를 쐬는 르네상스 무용을 연상시킨다. 이는 16~17세기 음악에 대한 깊은 지식 없이는 불가능한 까다로운 유희이자, 동시에 자신의 계보를 자각한 아방가르드 문화의 잠재력을 기꺼이 활용하는 태도이기도 하다. 그러나 무엇보다도 가장 매혹적인 점은, 이 모든 음악이 하나의 정신에서 솟아났다는 사실이다. 그 정신은 마치 위대한 배우처럼 어떤 역할로든 자연스럽게 스며들 수 있으며, 그때마다 전혀 새로운 음악적 성격의 면모를 드러낸다.

《Book Of Ways》는 키스 자렛의 마지막으로, 결정적으로 실험적인 솔로 녹음이었다. 1986년 이후에 발표된 모든 솔로 앨범들은, 자택 스튜디오에서 요양하던 기간에 제작한 《The Melody At Night, With You》를 제외하면 모두 공연 실황으로 만들어졌다. 그러나 25년이 넘는 기간에 걸쳐 이루어진 이 후기 녹음들을 단 하나의 기준으로 묶어 평가하는 것은 불가능하다. 1987년 도쿄 산토리 홀에서 열린 솔로 리사이틀을 녹음한 《Dark Intervals》는 개별적으로 완결된 작품이라는 점에서는 《Spirits》와 더 많은 공통점을 지니며, 사운드 탐구라는 측면에서는 파리·런던·리우의 후기 피아노 즉흥연주들보다 오히려 《Hymns/Spheres》에 더 가깝다. 특히 〈Opening〉에서 자렛은 페달에 잠긴 물결 속에서 서로 헤엄치고 포옹하도록 내버려둔, 낭만주의적 색채를 띤 피아노 음형의 몽상 속에 빠져 있는 듯 보인다. 그러나 이 확산된 음향의 그림 속에서도 그는 선명하게 울렸다가 가장자리에서 스르르 사라지는, 수채화 같은 강렬한 개별 악센트를 배치한다. 자렛의 귀가 이 혼합된 음향 풍경에 점점 더 매혹되어 가는 과정을 우리는 쉽게 감지할 수 있다. 단일 음을 클러스터로 확장하고, 여기에 부서진 화음과 선형적인 패시지를 덧붙이며 음악을 발전시킨다. 페달이 계속 밟힌 상태에서 이 선율들은 서로 겹쳐 부풀어 오르다가 흐릿해지고, 마침내 무지갯빛 색채를 불투명한 검정으로 바꿔 놓는다. 이 과정은 청자를 향해 굴러오는 거대한 괴물 파도로 비유할 수도 있을 것이다.

참고로 이 연주는, 명확한 음악적 선입견 없이 연주되었던 초기의 완전히 자유로운 녹음들에 비하면 덜 자유롭게 느껴진다. 여기에는 집중도가 더 높고, 즉흥적 영감은 줄어들며, 음악은 예기치 않은 아이디어의 출현과 그 확장만으로 전적으로 정의되지는 않는다. 이 음반의 모든 곡은 각각 특정한 사운드 개념이나 형식적 구상에 헌정되어 있다. 피아노의 극단적인 저음과 고음을 활용한 〈Hymn〉에서는 교회 종소리를 연상시키는 울림이 들리고, 〈Americana〉는 견고하고 훼손되지 않은 포크 선율의 기억을 불러일으킨다. 〈Parallels〉에서는 자렛이 프로코피예프에게서 신고전주의적 요소를 모두 벗겨내고, 악기 하나로 거대한 제철소를 묘사해낼 수 있는 그의 재능을 강조하려는 듯한 인상을 준다. 〈Ritual Prayer〉는 두 번씩 타격하는 화음으로 설교와 같은 성격을 띠는데, 마치 하나의 화음마다 다음 화음이 '아멘'으로 응답하는 듯한, "그대로 이루어지다"라는 효과를 낳는다. 복잡한 왼손 리듬을 지닌 〈Fire Dance〉에서야 비로소 특유의 강렬한 가스펠 제스처를 지닌 전형적인 키스 자렛이 잠시 불꽃처럼 모습을 드러내며 말하는 듯하다. "나는 여기 서 있다. 나는 달리 할 수 없다."

1973-78년과 마찬가지로 부지런했던 1980년부터 1984년까지의 시기는 자렛이 솔로 연주자로서의 강도 높은 활동을 펼쳤는데, 이는 1980년대 말까지 재정적 어려움을 극복하는 데 큰 도움을 주었다. 여기에 더해진 것이 두 번째 트리오와의 작업이었는데, 이 트리오는 1985년 이후 그가 가장 많이 함께 연주한 밴드가 된다. 개리 피콕과 잭 디조넷과의 협업은 모든 면에서 자렛의 솔로 콘서트와 클래식 해석 작업에 대한 건강한 균형추를 형성했다. 여기서는 진정한, 전통적인 재즈가 중심이었고, 그것을 상상하기 어려운 방식으로 다시 생명력 있게 되살리는 일이 핵심이었다. 이 트리오는 또한 자렛이 재즈의 창조적 정신과 뜻을 같이하는 음악가들과의 교류를 그리워했기 때문에 탄생했을 것이다. 이 밴드는 상설로 운영되지 않았고, 콘서트나 투어가 예정될 때만 모였기 때문에, 자렛으로서는 밴드에 갇힐 것을 걱정할 이유도 없었다. 세 음악가는 각자 자신의 음악적 길을 걸었고, 이것이 바로 이 트리오가 오랜 생명력을 유지할 수 있었던 이유 중 하나였을 것이다. 이 밴드는

2014년까지 유지되었다.

그럼에도 자렛의 이름은 무엇보다도 여전히 그의 솔로 콘서트와 가장 강하게 결부되어 있었다. 그의 명성은 바로 이 무대들 위에서 형성되었고, 그 주위에는 모험적이고 비범한 아우라가 감돌았다. 물론 솔로 연주의 횟수가 줄어들었다고 해서 이들 콘서트에 대한 관심이 완전히 사라진 것은 아니었다. 자렛이 솔로 콘서트를 거의 하지 않았던 1985년부터 1988년 사이에도, 그는 언제나 만원 관객을 기대할 수 있었다. 이후로는 그의 솔로 무대가 너무나 드물어져서, 일부 팬들은 그것을 마치 예수의 재림을 기다리듯 갈망하게 되었다. 독일에서는 1992년에 한 차례 콘서트를 연 뒤 한동안 그곳에서 연주하지 않았는데, 15년이 지난 2007년 3월, 프랑크푸르트 알테 오퍼가 같은 해 10월 21일로 예정된 키스 자렛 리사이틀 광고를 내자, 이 대형 공연장의 2,400석 티켓은 단 사흘 만에 매진되었다. 공연장 안의 관객을 둘러보면, 평소 재즈 콘서트에는 전혀 모습을 드러내지 않던 독일의 저명한 문학평론가 마르셀 라이히-라니츠키 같은 인물도 보였다. 그는 키스 자렛 현상에 너무도 자극을 받아, 87세의 나이에도 불구하고 그것이 과연 무엇인지 직접 확인해보고자 결심했던 것이다.

1988년 이후, 실험적이거나 적어도 이례적이라 할 수 있는 일련의 녹음을 마친 뒤, 키스 자렛은 《Paris Concert》의 발표와 함께 더 정통적인 피아노 음악의 궤도로 되돌아왔다. 이후 2020년까지 그는 열두 장이 넘는 솔로 콘서트 음반을 추가로 내놓았다. 다만 그중 1996년의 《A Multitude Of Angels》과 2006년의 《La Fenice》 두 음반은, 자렛에게서 흔히 볼 수 있듯이 실제 연주 시점에서 상당한 시간이 지난 뒤에야 발매되었다.

데이비드 에이크는 2002년 저서 『Jazz Cultures』에 실은 「The Pianist as Mystic」이라는 지적인 에세이에서, 자렛의 스타일적 스펙트럼이 준(準)낭만주의적 랩소디, 디아토닉하고 포크적 색채를 띤 악구, 자유로운 대위법, 날카로운 무조성, 특수 주법(피아노 내부 현을 뜯거나 프레임을 두드리는 행위 등), 그리고 장시간 지속되는 오스티나토의 혼합으로 이루어져 있다고 말한다. 그러나 그는 이어서, 자렛 음악의 진정한 가치는 이러한 요소들의 나열 그 자체가 아니라 바로 이 혼합을 통해 실제로 새롭게 들리는 음악을 만들어낸다는 점에 있다고 강조한다. 《Paris Concert》에서 2020년 솔로 음반인 《Budapest Concert》에 이르기까지의 녹음을 들어보면 이 평가에 충분히 공감할 수 있다. 그렇지만 이 설명만으로는 자렛 음악과 그것이 발산하는 매혹을 완전히 포착하기에는 부족하다. 여기에 세 가지 요소를 더 덧붙일 수 있다. 첫째는 자렛 연주의 강도이고, 둘째는 그가 창작 과정에 뛰어들 때 보여주는 감각적으로 느껴질 만큼의 대담성, 그리고 마지막으로는 그 과정에 동시에 관찰자이자 참여자로서 함께하는 청중의 흥분이다. 자렛의 콘서트는 마치 공방이나 분만실을 방문하는 경험과도 같고, 혹은 공개된 자리에서 이루어지는 음악적 개심수술과도 같다. 관객에게 인상 깊은 것은, 음악적 도구들이 서툴게 사용될 때 어떤 일이 벌어지는지, 심지어는 도중에 전혀 다른 도구가 필요해지는 순간까지도 직접 목격할 수 있다는 점이다. 그러나 무엇보다도 듣고 보고 참여하는 이들을 사로잡는 것은, 그런 과정을 거쳐서도 걸작들이 끊임없이 흘러나온다는 사실이다.

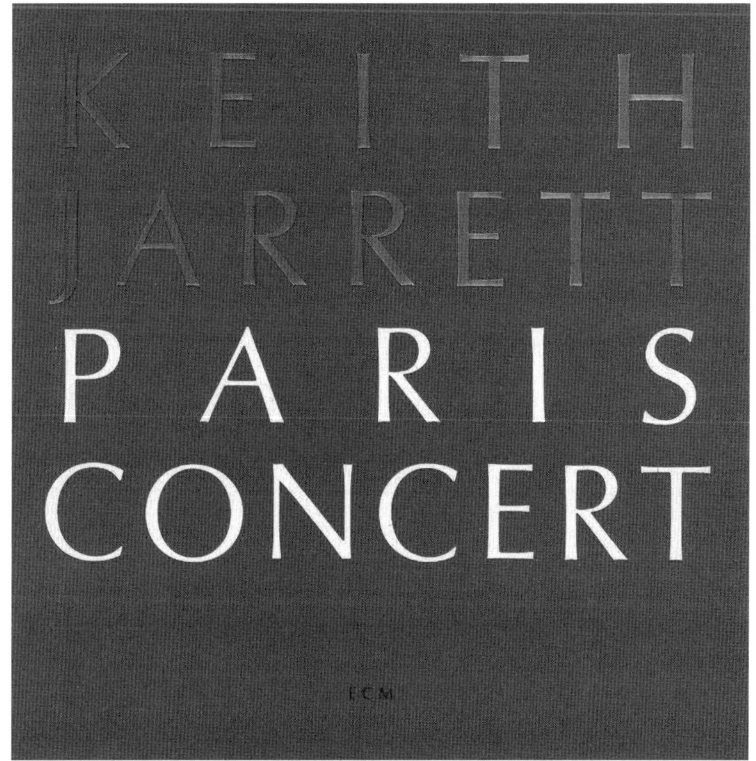

Keith Jarrett – Paris Concert, ECM 1401

제목으로는 연주 날짜인 '1988년 10월 17일'만이 제시된《Paris Concert》는 약 40분에 달하는 메인 세션을 통해 이러한 특성을 훌륭하게 보여준다. 연주는 몇 개의 모호한 프레이즈로 조심스럽게 시작한 뒤, 대위법적 얽힘과 바로크적 장식이 어우러진 바흐풍의 인벤션으로 발전하고, 다시 보다 랩소디풍의 형상으로 풀려나간다. 베이스에서 한 음이 마치 주저하듯 모습을 드러내기 시작하고, 이후 한 번, 두 번, 세 번 반복되며 재등장하다가 곧 리듬 패턴이자 오스티나토로 변모해 곡 전체를 붙들어 매는 역할을 하게 된다. 이것이 바로 자렛의 닻이자 기반이며, 좀 더 극적으로 말하자면 그의 '운명 동기'다. 다다다다— 하고 이어지는 이 음형은 베토벤 〈교향곡 5번〉을 연상시키지만, 단3도 도약은 없고 대신 음계의 첫 음에 집요하게 머문다. 맥락을 떼어 놓고 보면 이는 그저 단순한 동기일 뿐이며, 그 위에서 자렛은 떠오르는 모든 것을 자유롭게 펼쳐 놓을 수 있다. 그것이 화려한 재즈 프레이즈이든 자유로운 발라드이든, 포크풍의 호모포니이든 괴물 같은 트릴의 과잉이든, 진부한 선율이든 묵직한 화성 변형이든 상관없다.

그러나 반복되는 주음은 단순히 동일한 두 음 사이의 거리로만 이루어진 것이 아니다. 초기 전례적 관습에서 그것은 성가 시편 낭송이나 응답, 암송, 혹은 1460년경의《북스하임 오르간책》에 실린 〈redeuntes〉 구절들처럼, 화합과 복종을 표현하는 핵심적인 요소였다. 바로크의 정서 이론에서도 주음은 죽음의 상징이거나 경건한 침묵을 가리키는 지시로서 특별한 의미를 지녔다. 물론 자렛의 자유 즉흥에서 나타나는 주음 반복을 이러한 역사적 '복종의 제스처'로까지 해석해 나가는 데에는 분명 위험이 따른다. 하지만 자렛은 이러한 맥락을 인지하지 못할 만큼 무지하지도, 둔감하지도 않으며, 전례 음악에 충분히 정통해 있다. 설령 즉흥연주의 순간에 반의식적이거나 무의식적으로일지라도, 그는 이런 맥락을 알고 거기서 음악적 결론을 끌어낼 수 있는 인물이다.

3년 뒤인 1991년 7월 자렛은 빈 국립 오페라 극장에서 연주회를 열었고, 이는《Vienna Concert》로 발매되었다. 약 40분에 달하는 Part 1은 포크풍의 소박한 종지로 시작되며, 그 주변을 정서들이 떠돌며 변화한다. 그러다 왼손이 파리 콘서트를 연상시키는 깊고 반복적인 음을 연주하기 시작한다. 우연일 수도 있지만, 자렛은 이를 마치 자기 반복의 함정에서 벗어나려는 듯 다룬다. 그는 기본 템포를 갑자기 바꾸고, 두 손으로 건반 위를 휩쓸 듯 몰아치며, 이전 녹음에 대한 모든 암시를 새로운 소음의 포효 속에 쓸어버리려는 것처럼 보인다. 그리고 콘서트의 맨 마지막, 한층 발라드풍인 구간에서 이 반복 음들은 다시 돌아온다. 그러나 이번에는 침수된 의식의 폐허 속에서 후대에 보내는 마지막 향수 어린 메시지처럼, 모스 부호 신호처럼 조형되어 울려 퍼진다.

키스 자렛의 피아노 솔로 즉흥연주는 하나의 연속체를 이룬다. 데이비드 에이크가 지적했듯, 그 안에서는 스타일적 특징들이 반복적으로 나타나고, 창작 아이디어와 피아노 기법이 서로 결합한다. 물론 자렛은 자신의 경력 전반에 걸쳐 음악적으로, 그리고 피아니스트로서 분명한 변화를 겪어왔다. 예컨대 초기의 맹렬하고 결연한 성격의 작업들과 비교해 보면, 1980~90년대의 후기 녹음들은 훨씬 또렷한 구조감을 청자에게 인상적으로 전달한다. 이는 음의 사용이 극도로 밀집되고, 고도의 기교를 요하는 손놀림으로 거대한 음향 덩어리가 쌓아 올려지는 순간들—가령 1995년 《La Scala》의 Part II에서 들을 수 있는 리듬적 복잡성, 공격적인 음향의 타격, 양손을 오가는 굴러가는 듯한 패시지들—에서도 마찬가지다. 이 지점에서 우리는 자렛이 즉흥연주를 하면서 동시에 즉석에서 하나의 '작곡 작품'을 만들어내고 있는 듯한 인상을 받는다. 초기의 녹음들에서는 음악이 때때로 통제력을 잃고, 갑작스럽게 끊기거나, 서로 다른 음향의 층위들이 끝내 유기적으로 결합하지 못한 채 충돌하는 장면들을 관찰할 수 있다. 반면 후기 작품들에서는(비록 움직임의 속도가 여전히 매우 빠르다 하더라도) 서로 속해야 할 것들을 끝까지 하나로 묶어두려는 자렛의 강한 의지가 느껴진다. 전체를 관통하는 구조 감각이 훨씬 분명해진 것이다.

1996년 봄, 자렛은 트리오와 함께 일본에서 열 차례의 콘서트를 가졌고, 이후 몬트리올 재즈 페스티벌과 유럽의 여러 여름 페스티벌, 특히 트리오가 정기적으로 초청되던 프랑스 앙티브에서 연주했다. 그해 10월에는 모데나, 페라라, 토리노, 제노바 등 이탈리아에서 네 차례의 공연이 이어졌다. 이 공연들은 당시에도 매우 중요한 의미를 지녔지만, 그 진정한 가치는 2017년에 라이브 솔로 음반 《A Multitude Of Angels》가 발매되면서 비로소 온전히 드러났다. 이 연주들은 자렛이 한 콘서트를 두 개의 중단 없는 연속 세트로 나누어 연주한 마지막 사례이기도 하다. 2002년 《Radiance》부터 2020년에 발매된 《Budapest Concert》에 이르기까지 이후의 모든 솔로 음반들은 모두 더 작은 단위의 여러 파트로 분절된 구조를 취하고 있다. 4장의 CD로 구성된 박스 세트 《A Multitude Of Angels》에서—

이전의 라이브 녹음들과 마찬가지로—청자는 말 그대로 믿기 어려울 정도의 음악적 복합성과 마주하게 된다. 제노바 콘서트의 도입부에서는 버르토크의 나무에서 잘 익은 열매가 떨어지듯 성숙한 음군들이 쏟아져 내리고, 압축된 리듬·동기적 비밥 프레이즈들은 점차 괴물 같은 음향으로 증폭된다. 이는 호쿠사이의 유명한 목판화 《가나가와 앞바다의 큰 파도》처럼, 언제라도 방심한 청자 위로 덮쳐 무너질 것만 같은 위협적인 형상을 띤다. 페라라 콘서트의 첫 번째 파트에서는 어떤 화성도 즉각적인 해결로 이어지지 않는다. 대신 화성들은 괄호 속에 잠시 스쳐 지나가듯 다루어지거나, 장식적으로 변주되며, 아라베스크 같은 꾸밈을 덧입는다. 이 음악은 마치 까치발을 딛고 걷는 듯하다. 연주자의 두 손은 고도의 기교를 요하는 파드되를 추듯 움직이고, 끊임없는 발 구르기와 날카로운 발성(비명에 가까운 소리)과 함께, 가장 정교한 바로크 다성 작곡가조차 상상하지 못했을 법한 기묘한 4성부 대위법이 형성된다. 마침내 제노바 연주의 두 번째 파트 서두를 연상시키는 초현실적이고 애가적인 굴절들이 나타나는데, 이는 마치 로베르트 슈만이 켄터키의 푸른 풀밭을 산책했을 때나 떠올릴 수 있었을 법한 음악처럼 들린다.

그러나 이처럼 매혹적인 음향의 향연과 함께, 청자는 경계 없는 자유 즉흥의 형식이 얼마나 큰 부담이 되었는지도 분명히 감지하게 된다. 특히 토리노 콘서트의 약 40분에 달하는 Part 1에서 그러하다. 음정, 화성 진행, 동기, 리듬을 하나하나 펼쳐 보이며 그것들이 더 큰 음악적 구조로서 유효한지를 시험해 보는 자렛 특유의 장대한 탐색 방식은 여기서는 마치 지도 없이 미학적 막다른 골목들을 배회하는 인상을 준다. 그 속에서는 연주자뿐 아니라 청자 역시 엄격한 집중과 인내 없이는 길을 찾기 어렵다. 이 네 번의 거대한 콘서트로 세워진 음악적 마천루 전체에서 보자면, 이 부분은 아마도 유일한 문제적 공사 현장일 것이다. 그러나 동시에 이는 이러한 중단 없는 피아노 '세앙스'가 요구하는 신체적·정신적 도전을 적나라하게 드러낸다. 그 도전은 키스 자렛이라 할지라도 언제나 감당할 수 있는 것은 아니었을 것이다. 2017년 《A Multitude Of Angels》가 공개되며 밝혀진 사실, 그리고 그 이후에 이어질 일들은 1996년 당시 그 누구도 예측할 수 없었던 것이었다. 이후 거의 3년에 가까운 시간 동안, 대중은 키스 자렛의 새로운 소식을 더 이상 접할 수 없게 된다.

키스 자렛은 침묵에 들어갔고, 그것이 단순한 창작의 소진이나 일시적인 재정적 곤란 때문이 아니라는 사실이 밝혀지기까지는 1999년까지 기다려야 했다. 그 사이 그는 먼저 미국에서, 그리고 마지못해 유럽에서 몇 차례 트리오 공연을 하긴 했지만, 결국 자렛은 만성피로 증후군의 일종인 근육통성 뇌척수염이라는 진단을 받았음이 드러났다. 이 질환은 그가 모든 연주 활동을 포기하게 만들었을 뿐 아니라, 완전한 무기력 상태까지 몰아넣었다. 다만 그의 두 번째 아내 로즈 앤이 회고하듯, 자렛은 이전부터 이미 잦은 피로에 시달리고 있기는 했다. 1983년, 참담한 재정 상태를 만회하기 위해 8개월 반 동안 강행군에 가까운 투어를 하며 수없이 많은 연주를 소화하던 시기, 그는 신경쇠약 직전까지 몰려 있었다. 끊임없는 허리 통증에 시달렸고, 완전히 과로한 상태였으며, 자신을 돌볼 시간조차 없이 스스로를 소진시켜 버렸다. 그리고 2년 뒤, 마침내 신경쇠약이 찾아왔을 때, 자렛은 날마다 집 앞에 앉아 허공만을 멍하니 바라보고 있었다. 말하자면 그를 구해낸 것은 음악을 통한 자기 치유의 과정이었다. 그는 한 달 동안 스튜디오에 은둔하다시피 숨어 지내며, 최소한의 음식과 수면만으로 생활하면서 자신의 놀라운 앨범《Spirits》를 완성했다.

1996년 말 무렵, 키스 자렛이 뉴저지주 옥스퍼드에 있는 자택으로 물러나 만성피로 증후군을 앓고 있다는 사실을 알고 있던 사람은 극히 일부의 내부 관계자들뿐이었다. 여전히 그 원인이 분명치 않은 이 질환은 개인의 에너지를 고갈시키며, 가장 단순한 일상 행위조차—피아노 연주는 말할 것도 없고—거의 불가능하게 만든다. 이 병은 '벌새 병'이라는 이름으로도 불리는데, 치명적이지는 않지만 환자를 흔들의자에 앉아 새를 바라보는 것 말고는 아무것도 할 수 없는 상태로 만들어버리는 데서 유래한 표현이다. 그러나 자렛은 이러한 제약마저도 미학적으로 활용하려고 시도했다. 그는 냉정한 자기 거리두기를 유지하며, 마치 자신의 정신분석가라도 된 듯한 태도로 상식에 기반한 치료법을 스스로에게 처방했고, 자기 인식을 회복의 경로로 삼았다. 그리고 곧 '만성피로 증후군'이란 결국 과도한 활동에 대한 신체적·정신적 반작용이라는 점을 분명히 인식하게 되었다.

몸과 영혼을 다해 연주하고, 때로는 목숨까지 걸듯 위험을 감수하며, 강도(强盜)가 경찰을 피하듯 클리셰를 회피해 나간다면, 결국 어느 순간 유기체는 과도하게 부과된 임무를 더 이상 수행하기를 거부하게 된다. 해석의 역사는 로베르트 슈만에서 레온 플라이셔에 이르기까지, 자연의 힘으로 움직임을 멈출 수밖에 없었던 예술가로 가득 차 있다. 키스 자렛은 자신의 병을 계기로 예술적 표현 스펙트럼의 반대편을 탐색하기 시작했다. 그곳에서는 모든 기교, 인위적인 대위법, 음향의 집적, 동기 발전이 더 이상 중심이 되지 않으며, 오히려 그것들이 발생하는 근원으로 되돌아간다. 그는 순전히 필연성에 의해 선율과 소리 그 자체의 영감으로 향했다. 병이 발병한 지 3년 뒤인 1999년에 발표된, 끝없는 노력과 인내를 요구했던 앨범 《The Melody At Night, With You》는 그의 '하일리겐슈타트 유서'라 할 만하다. 『Great American Songs Book』에서 가져온 소박한 발라드들, 수사적 과장 없이 소리에 대한 순수한 연습으로 이루어진 이 음악은, 그의 연주 기교가 여전히 감당할 수 있었던 영역이었다. 이 앨범은 우리를 뉴저지의 자택에서 열린 사적인 살롱의 한가운데로 데려다 놓는다. 자렛 자신은 이 음악을 이렇게 설명하며, 절제되고 창백해 보이는 음들의 외피 뒤에 숨어 있는, 여전히 자신감 넘치는 '음악적 전마(戰馬)'가 언젠가 다시 모습을 드러내어, 최근의 경험을 바탕으로 이 아름다운 소리와 익숙한 기교를 결합한 새로운 음악적 코스모스를 청중에게 제시할 것이라는 희망을 내비쳤다. "에너지가 많은 사람은 많은 일을 할 수 있다. 나는 단 하나의 일을 할 수 있을 만큼의 힘만 있었고, 그것은 일종의 선(禪) 공안 같은 성격을 띠게 되었다. 마르고, 우아하며, 절제된. 이 녹음들은 세련됨에 기대지 않고 선율을 연주하는 법을 보여준다. 말하자면 머리에서 나온 재즈 화성들로부터 나 자신을 해독한 셈이다. 그것들은 심장이 아니라 두뇌에서 나온 것이었으니까."

이러한 기대는 곧 현실이 되었다. 키스 자렛은 다시 무대로 돌아왔다. 처음에는 과도한 솔로 피아노 즉흥연주라는 '자살 임무' 같은 시도는 더 이상 없었고, 오직 오래된 동료인 게리 피콕과 잭 디조넷과의 협업만이 이어졌다. 그러나 1999년 가을 이후, 그는 간헐적으로 솔로 피아니스트로서의 연주도 다시 시작했다. 2001년 6월, 카네기홀에서 열린 트리오 콘서트는 일종의 공식적인 복귀 선언과도 같았다. 이렇게 긴 침묵 이후에 이루어진 첫 음악적 '보행 연습'들이 어떻게 받아들여졌는지는, 1998년 말에 녹음된 뉴어크에서의 트리오 공연을 통해 가늠할 수 있다. 《A Multitude Of Angels》와 마찬가지로, 이 공연 역시 20년이 지난 2018년에 《After The Fall》이라는 프로그램적 제목의 2CD 세트로 발표되었다. 곡에서 곡으로, 솔로에서 솔로로 넘어가며, 우리는 자렛이 처음에는 조심스럽게, 그러나 곧 놀이 같은 환희와 함께 자신의 피아니즘적 주권을 되찾아가는 과정을 들을 수 있다. 이 예술가를 과거에 특징지었던 거의 모든 요소가 이미 첫 번째 CD의 세 번째 곡, 조제프 코스마의 시적인 히트곡 〈Autumn Leaves〉에서부터 되살아난다. 놀라운 피아노 기교, 억누를 수 없는 음악적 창의성, 경계 없는 화성·선율적 상상력, 그리고 청중을 사로잡는 리듬적 추진력이 그것이다.

이와 더불어 청자는, 자기망각적일 만큼 몰입되어 있고, 자기 의심이 전혀 느껴지지 않으며, 극도로 즉각적인 음악 행위와 마주하게 된다. 그것은 마치 키스 자렛이 어떤 헤아릴 수 없는, 어쩌면 초자연적인 힘의 매개체에 불과한 것처럼 느껴질 정도다. 담담하고 직선적인 녹음 사운드 역시 여기에서 긍정적인 역할을 한다. 키스 자렛은 〈Autumn Leaves〉를 여러 차례 녹음해 왔지만, 이처럼 강렬한 열정과 명료함, 그리고 이토록 연약할 정도의 섬세함으로 해석한 적은 없었다. 그의 호흡이 완벽하게 맞는 파트너들, 잭 디조넷과 게리 피콕 역시 이 재즈사의 보석을 연마하는 데 결정적인 기여를 했다. 즉흥음악의 모든 연대기를 통틀어 보더라도, 이 일란성 삼둥이 같은 세 연주자가 보여주는 이토록 감각적으로 균형 잡힌 상호작용의 사례를 찾기란 쉽지 않을 것이다. 이들은 음악적 점묘, 맥동하는 리듬의 파편들, 거의 비현실적인 색조들로 이 곡을 절제되게 채색한다. 이러한 특징들은 찰리 파커의 〈Scrapple From The Apple〉에서 존 콜트레인의 〈Moment's Notice〉에 이르기까지, 이 앨범에 수록된 다른 많은 곡의 연주에서도 동일하게 발견된다. 《After The Fall》은 놀라울 만큼 선명한 순간 포착이면서, 동시에 그 차원을 넘어서는 기록이다. 자렛이 다시 세계의 콘서트 무대에서 연주하는 모습을 들을 수 있게 되었다는 사실 자체가 거의 기적에 가깝다. "나는 기본적으로 피아노 연주를 처음부터 다시 시작해야 했다. 예전의 피아니스트로서의 '나'는, 말하자면 완전히 사라져 버린 상태였다. 나는 정말로 연습을 해야 했는데, 이전에는 어떤 것을 다듬는 경우를 제외하면 연습이라는 걸 거의 하지 않았다. 즉흥음악 콘서트를 앞두고는, 클리셰에서 완전히 벗어나기 위해 아예 2주 동안 피아노를 쳐다보지도 않곤 했다. 다시 연주할 수 있게 되었을 때, 나는 사실 그다지 많은 것을 할 필요가 없다는 걸 깨달았다. 그냥 앞에 있는 것에 집중했을 뿐이다. 손가락들 역시 기억을 되살려야 했다. 예전에 했던 녹음들을 들으면 종종 마음에 들지 않았다―예컨대 왼손에서 벌어지는 일들이 그랬다. 예전에는 왼손에게 '그건 하지 마, 나는 그게 싫어'라고 말해야 했지만, 이제는 내가 원하는 것을 연주한다. 나는 3년 동안 전혀 연주하지 않았다. 그것은 새로운 발견과도 같았고, 아마도 이전의 패턴들이 사라졌기 때문에 지금은 더 자유롭게 연주하는 것인지도 모른다.”

키스 자렛의 회복 이후 또 하나 달라진 점이 있었다. 녹음실로 돌아가는 경우가 거의 없었다는 것이다. 찰리 헤이든과의 듀오 세션, 그리고 바흐의 바이올린과 피아노를 위한 소나타 앨범을 제외하면, 이 시기 이후 그의 모든 녹음은 라이브 콘서트에서 이루어졌다. 이 점에서 키스 자렛은, 1964년 서른두 살의 나이에 공개 연주를 완전히 포기하고 1982년 사망할 때까지 오직 스튜디오 작업만 했던 글렌 굴드와 정확히 반대 방향으로 나아간 셈이다. 복귀 이후 자렛은 여덟 장의 솔로 앨범을 더 발표했다. 《Radiance》, 《The Carnegie Hall Concert》, 《La Fenice》, 《Paris/London》, 《Rio》, 《Creation》, 《Munich 2016》, 《Budapest Concert》가 그것이다. 여기에는 더 이상 45분짜리의 영적 수행 같은 연주는 없다. 대신 대다수 곡은 5분에서 10분 정도의 길이를 가지며, 그보다 짧기도 하고 길어도 그 이상을 넘는 일은 드물다. 그럼에도 불구하고 이 음악들은 여전히 자유 즉흥연주이며, 자렛이 스스로는 다르게 말했을지라도 동일한 연주 기법들이 여전히(다만 한층 온화해진 형태로) 스며들어 있다. 한층 제한된 구간 안에서 특정 구조들에 집중하는 경향 역시 더욱 분명해졌다.

《Radiance》는 이 여덟 장의 앨범 가운데 첫 작품으로, 3년 간격으로 발표된 이 시리즈의 출발점에서 우리는 다소 성가실 만큼 추상적인 음악 언어와 마주하게 된다. 극적인 클라이맥스를 동반한 자유로운 화성 전개가 이어지지만, 뚜렷한 동기적 초점은 거의 없다. 이 유리구슬 놀이 같은 전개는 몇 분 뒤 끝나고, 키스 자렛 특유의 여러 '소리의 공간'들이 서서히 열리기 시작한다. 전체 녹음은 밀도 높고 단단한 인상을 주며, 실행에 있어 엄격하고 치밀하다. 그리고 현대 피아노 기법의 총람이라 할 만한 이 음반은, 이전의 어떤 작업보다도 더 큰 다채로움과 확장성을 보여준다. 드뷔시나 스크랴빈이 끝내 쓰지 못한 작품들을 듣고 싶다면, 세실 테일러의 스타카토 폭포 속에서 하나의 선율적 핵을 갈망해 본 적이 있다면, 빌 에반스가 이미 침묵에 들어갔고 레니 트리스타노가 단 하나의 맘보와 찰리 파커를 위한 레퀴엠만을 남겼다는 사실이 아쉽다면, 삼화음을 모든 조성으로 변주하는 방식이 궁금하다면, 프로코피예프의 강력한 피아노 언어를 더 극단적으로 밀어붙일 수 있다고 생각한다면, 피아노라는 악기가 과연 어디까지 표현할 수 있는지 알고 싶다면, 재즈의 서정성과 추진력, 스윙을 동시에 사랑한다면, 왼손의 반복적 리프 위로 결코 마르지 않는 미니멀한 음향 변주의 홍수가 흐르는 의식적 반복 속에 최면에 걸리기를 원한다면, 이 모든 것, 그리고 어쩌면 그 이상을 찾고 있다면, 자렛의 우주에 대한 백과사전이라 할 《Radiance》에서 그것을 발견할 수 있을 것이다.

이러한 우주가 이처럼 높은 완성도, 그리고 무엇보다도 방대한 수용력을 지닌 녹음들을 탄생시킬 수 있었던 것은, 키스 자렛이 엄격한 의식들을 철저히 지켜 왔기 때문이었을 것이다. 거의 모든 예술가는 일상의 방해에서 벗어나 지속적으로 높은 창작 수준을 유지하기 위해, 어떤 형태로든 독특한 규칙이나 계획을 따른다. 외부인의 눈에는 이러한 의식들이, 그것을 알고 있다 하더라도, 종종 괴짜 예술가가 자신의 특권적 지위를 과시하며 기분 나쁨을 키우는 기행처럼 보이기 쉽다. 그러나 대개 그것들은, 극도의 집중이 요구하는 거의 말로 표현하기 어려운 신체적·심리적 부담을 견뎌내기 위해 발전된 필수적인 방법들이다. 어떤 경우에는 키스 자렛이 공연 주최 측에 리허설 당일 세 대의 그랜드 피아노를 준비해 달라고 요구한 적도 있었고, 그는 그중에서 연주할 악기를 직접 선택했다. 그의 관행에는 오후 6시쯤 사운드 체크를 마친 뒤 백스테이지로 들어가, 녹음 엔지니어, 프로듀서, 동행자들, 그리고 아내와 함께 저녁 식사를 하고 와인 한두 잔을 나눈 뒤에야 솔로 혹은 트리오 콘서트를 시작하는 과정도 포함된다. 자렛은 수년간 자신의 침대를 직접 가지고 다녔고, 물리치료사와 동행하며 공연 전, 휴식 시간, 그리고 공연 후에 마사지와 스트레칭 치료를 받았다. 그는 유럽 투어 기간에 대개 프랑스 니스에 머물렀으며, 공연과 녹음 일정 역시 공연이 끝난 뒤 전세 비행기를 타고 니스로 날아가 늘 자던 호텔 침대에서 잠들 수 있도록 짜여 있었다. 2013년 여름, 뮌헨에서 열린 키스 자렛 트리오 콘서트에서 자렛이 마이크를 잡고 단 두 마디 "고마워요, 만프레트"라고 말했다. 이 공연은 만프레트 아이허의 생일을 기념하는 자리이기도 했다. 이어진 파티에서 자렛이 모습을 보이지 않아 의아해했던 사람이 있다면, 그의 수면 습관을 알 필요가 있다. 그는 이미 니스로 향하는 비행기에 올라타 있었던 것이다.

위대한 예술가들에게 "가장 좋아하는 작품이 무엇이냐"고 물으면, 그들은 종종 지금 악보대 위에 놓여 있는 바로 그 곡이라고 대답한다. 키스 자렛도 마찬가지다. 그의 새로운 음반은 언제나 가장 뛰어난 작품처럼 느껴진다. 《Radiance》인가, 아니면 《The Carnegie Hall Concert》인가? 대답은 늘 같다. 지금 재생되고 있는 그 음악이다. 제프 다이어는 훌륭한 재즈 서적 《But Beautiful》에서, 최근 수십 년간 가장 인상적인 재즈는 종종 재즈의 형식적 경계선 위에서, 거의 재즈라고 분류되기 어려운 지점에서 발견된다고 말한다. 이 평가는 《The Carnegie Hall Concert》에도 정확히 들어맞는다. 자렛의 연주는 청자에게 재즈의 초상화 갤러리를 한꺼번에 펼쳐 보이는데, 이는 특히 이 더블 CD의 두 번째 무제 트랙에서 두드러진다. 왼손에서 강하게 요동치는 베이스 리듬은 곧바로 우리의 팔다리를 사로잡으며, 조지 워싱턴 케이블이 생생하게 묘사한 뉴올리언스 콩고 스퀘어에서 노예들이 연주하던 밤불라 드럼을 연상시킨다. 그 위로는 체인 갱 노동자들의 망치질 같은 리듬이 들리고, 원형적인 블루 노트로 이루어진 강렬한 선율이 복음성 자유의 찬가처럼 그 위에 겹쳐진다. 아르보 패르트가 만약 피아노를 위한 녹턴을 썼다면, 후기 낭만주의적 정서와 저음·고음 극단을 강조하는 이 음반의 세 번째 무제 트랙이랑 비슷했을지도 모른다. 여기서 특히 매혹적인 것은, 자렛이 저음 현을 울리는 방식이다. 그 음들은 피아노의 강철 현에서 나오는 소리라기보다, 더블베이스의 울림판에서 풀려나오는 듯 들린다. 또한 자렛의 파편화된 리듬 속에서 중세의 호케투스 기법을 떠올리거나, 델로니어스 몽크의 비정형적으로 벌어진 손가락을 연상하는 이들이 있다면, 그 역시 엉뚱한 해석은 아니다.

우리가 여기서 듣는 것은 야생적인 리듬과 랩소디풍의 트레몰로, 왈츠의 즐거움과 『Paris/London — Testament』의 트릴 세

레나데, 빌라 데스테의 반짝이는 폭포 소리, 그리고 『Rio』의 비밥 프레이징과 황홀한 아르페지오다. 그리고 그 이상의 무엇, 즉 모든 소리를 변모시켜 마침내 '키스 자렛'이라는 이름이 영원히 각인된 단 하나의 음을 만들어내는 피아노의 천재성을 듣게 된다.

2011년 리우데자네이루 시립 극장에서의 실황 녹음 『Rio』는 키스 자렛의 마지막 솔로 녹음이었다. 하지만 한 시대의 종언이자 삶의 또 다른 단절은 이미 3년 전에 일어났고, 파리와 런던 실황의 부제인 'Testament(유언)'은 이를 암시한다. 그 직전, 로즈 앤은 30년의 결혼 생활 끝에 자렛과 헤어졌다. 이 3장짜리 CD의 해설지를 읽어본 이라면 당시 그 이별이 자렛에게 어떤 의미였을지 짐작할 수 있을 것이다. 그것은 상복을 입은 듯한 녹음이며, 자렛은 자신의 슬픈 감정을 숨기지 않는다. 비밥 맘보부터 휘몰아치는 랩소디까지, 마지막 재즈 왈츠부터 팝송에 이르기까지 모든 음은 로즈 앤 콜라비토에게 바치는 애틋한 오마주처럼 들린다. 동시에 우리 시대 가장 위대한 피아노 즉흥연주자의 영광스러웠던 시절에 대한 회상이기도 하다.

8장 컬트 음반의 역사

우리가 알다시피, 대부분의 경이로움은 저절로 일어나지 않는다. 그것들은 만들어진다. 때로는 마지못해, 더 나은 판단에 역행한 채로 만들어지기도 한다. 1977년 프랑스 루아양에서 열린 국제 현대 음악제에서, 폴란드 작곡가 헨리크 구레츠키가 바덴바덴 남서독일 방송 심포니의 위촉으로 작곡한 〈교향곡 3번〉의 초연에 참석했을 때, 그러한 '기적의 창조자들'은 어디에도 보이지 않았다. 올리비에 메시앙의 제자이자 전직 음렬주의자였던 작곡가가 완전 5도를 풍부하게 사용해 쓴 이 작품은, 피에르 불레즈를 중심으로 한 아방가르드 진영의 '성배'를 문자 그대로 전혀 움직이지 못했다. 더 넓은 대중은 이 사건을 아예 알아차리지도 못했다. 상황은 프랑스 감독 모리스 피알라가 제라르 드파르디외 주연의 영화 〈폴리스〉(1985)의 사운드트랙으로 이 교향곡의 일부를 사용했을 때, 그리고 1990

년대 초 영국의 한 라디오 방송국이 구레츠키의 이 작품을 포함해 더욱 큰 작품들에서 발췌한 음악을 프로그램의 '음악적 로고'로 사용하는 아이디어를 떠올렸을 때 바뀌었다. 이 음악적 표지 가운데 첫 번째가 구레츠키 〈교향곡 3번〉 2악장에서 가져온 것이라는 점은 결코 우연이 아니다. 이 선택은 기적과는 거리가 멀었다. 방송국 관계자들은 단지 뛰어난 감각을 보여주었을 뿐이며, 이 작품은 '효율적 마케팅 전략'이라 불리는 MAYA(Most Advanced Yet Acceptable, 가장 진보적이면서도 수용 가능한 것) 모델에 완벽하게 부합하는 방식으로 작곡되어 있었기 때문이다. 다시 말해, 상품(혹은 예술작품)은 새롭고 동시에 익숙할 때 시장에서 예측 가능한 성공을 거둘 수 있다. 1977년 루아양에서 결여되었던 대중적 광장, 즉 시장은 이 교향곡이 라디오에서 거의 끊임없이 방송되던 1992년에는 존재하고 있었다. 1년 만에 CD 30만 장이 판매되었고, 이 글을 쓰는 시점에는 그 수치가 이미 100만 장을 넘어섰다.

구레츠키 작품의 초연이 있었던 1975년 1월 24일보다 정확히 2년 앞서 키스 자렛은 마찬가지로 마지못해, 그리고 자신의 더 나은 판단에 반하여, 밤 11시가 훌쩍 지난 시각 쾰른 오페라하우스에서 도저히 받아들일 수 없는 상태의 피아노 앞에 앉아 연주하고 있었다. 그는 악기의 형편없는 상태와 여러 악조건 때문에 이 공연을 거의 취소할 뻔했다. 그러나 의무감, 만석이 된 오페라 극장, 그리고 이미 가동 중이던 제작진이 그의 마음을 돌려놓았다. 이 공연은 녹음되었고, 이후 만프레트 아이허와 마르틴 빌란트에 의해 마치 오래된 백회벽 그림을 복원하듯 모든 불순물과 결함이 제거된 뒤, 《The Köln Concert》라는 극도로 간결한 제목으로 발매되었

키스 자렛

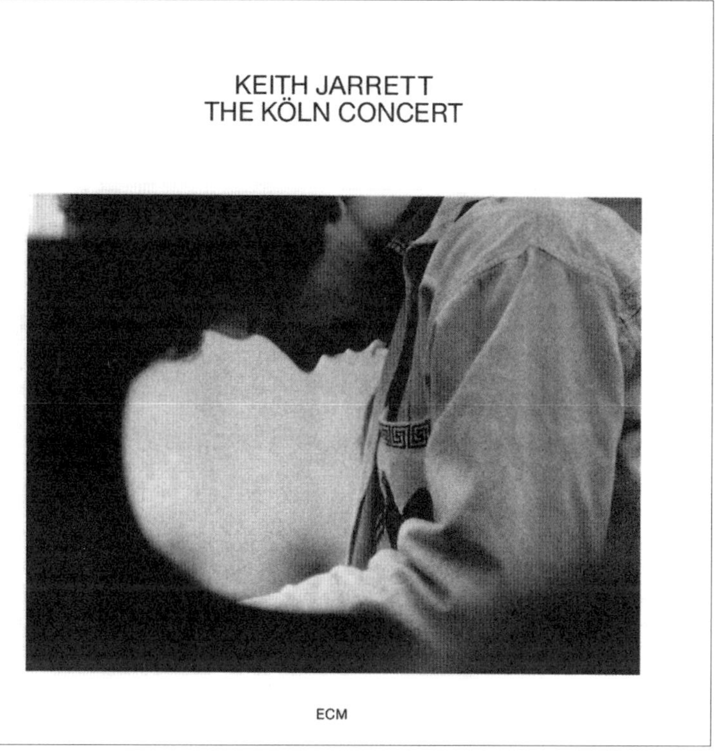

Keith Jarrett – The Köln Concert, ECM 1064/65 ST

다. 더블 LP로 먼저 출시된 뒤 CD로도 발매된 이 음반은 약 400만 장이 판매되었다. 재즈 역사상 어떤 솔로 음반도 이 수치에 도달한 적은 없다. 그러나 구레츠키의 음악과는 달리,《The Köln Concert》는 어떤 제도적 기관의 광고적 활용이나 계산된 마케팅 시스템의 지침에 힘입어 대중적 성공을 거둔 것이 아니었다. 우리는 이 음반의 믿기 어려운 성공이, 어느 정도까지는 오늘날까지도 키스 자렛 자신에게조차 하나의 수수께끼로 남아 있다고 말할 수 있다.

이 콘서트를 둘러싼 여러 조건(자주 논의되어 온 주제다)은, 이후 이 음반을 둘러싸고 형성된 전설에 상당한 비중을 더했다. 이 녹음은 곧 현대 재즈 역사에서 가장 많이 회자되는 작품 중 하나가 되었다. 쾰른 오페라하우스에서의 이 공연은, 1975년 1월 17일 독일 오버프랑켄 지역의 소도시 크로나흐에서 시작되어 총 11회의 공연을 거쳐 파리 샹젤리제 극장에서 마무리될 예정이었던 유럽 투어 중 다섯 번째 공연이었다. 당시 만프레트 아이허는 자신의 르노 R4를 몰고 키스 자렛을 공연장마다 직접 데려다주고 있었는데, 로잔에서 출발해 쾰른으로 올라오는 길에 두 사람은 늦은 시간에 완전히 지친 상태로 도착했다. 현장에 도착하자 자렛은 착오가 있었다는 말을 들었다. 지정되어 있던 콘서트 그랜드 피아노였던 뵈젠도르퍼 290 임페리얼 대신, 같은 회사에서 제작된 베이비 그랜드 피아노가 무대 위로 올라가 있었던 것이다. 이 악기는 합창 리허설용으로 사용되던 것이었고 상태가 심각하게 나빴다. 조율은 엉망이었고, 고음부는 빈약했으며, 오른쪽 페달과 일부 건반에는 결함까지 있었다. 이것이 무대 스태프의 단순한 실수였는지, 아니면 오페라하우스 관계자들 사이에서 "재즈 음악가에게는 베이비 그랜드 정도면 충분하다"는 인식이 있었기 때문인지는 아마 영원히 밝혀지지 않을 것이다. 후자의 가능성은, 많은 재즈 음악가들이 공연 기획자나 콘서트홀과의 관계에서 겪어온 굴욕적인 경험들과도 결코 모순되지 않는다. 어쨌든 자렛은 이 처참한 악기로는 연주할 수 없다고 판단했다. 긴 논의 끝에, 모든 상황을 신중히 고려한 뒤에야 그는 마침내 연주를 결심했다. 설상가상으로 극도의 피로와 악명 높은 허리 통증에 더해, 그는 만프레트 아이허와 함께 이탈리아 식당에서 급히 허기를 때워야 했다. 이 모든 것은 전반적인 분위기와 완벽하게 맞아떨어졌고, 공연에 대한 기대 역시 전혀 높지 않았다.

그러나 결과는 전혀 달랐다. 자렛은 필요를 미덕으로 바꾸었고, 피아노의 특정 음역에만 집중하며 극도의 집중력을 유지했다. 그는 마치 객석에 앉아 있던 뮤즈가 그의 몸에 깃든 것처럼 엄청난 강도로, 더 정확히 말하자면 열정으로 즉흥연주를 펼쳤다. 그 뮤즈는 그에게 선율적 아름다움의 절정과 진부한 감상성의 나락 사이에 놓인 가느다란 경계를 넘지 않는 법을 가르쳐주고 있는 듯했다. 이 녹음을 장엄하게 만드는 요소이자, 아마도 그 대중적 성공의 상당 부분을 설명해주는 핵심은, 놀라울 정도로 풍요로운 선율적·장식적 발상을 동반한 화성적 절제에 있다. 이는 마치 이전에는 한 번도 들어본 적 없는 음악처럼 다가온다. 삼화음 중심의 화성 시대가 진정으로 끝났다는 사실을 아직 이해하지 못한 이들을 비웃듯, 아르놀트 쇤베르크는 언젠가 "앞으로도 다장조로 쓰인 음악은 여전히 많을 것"이라고 자조 섞인 말을 한 적이 있다. 만약 그 말에 대한 증거가 필요하다면, 《The Köln Concert》는 과거 시대의 화성 원리가 어떻게 변형되어, 오늘날의 한층 진보된 개념들과 나란히 공존할 수 있는지 보여주는 훌륭한 사례가 될 것이다.

자렛이 리듬 오스티나토와 삼화음에 대한 집요한 집착을 통해 드러낸 미학적 자기의식은, 분명 동시대 많은 이들에게 공명했을 것이다. 즉 1960년대에 정치적·사회적·개인적으로 해방을 경험했지만, 그 새롭게 얻은 자유 속에서 전통이나 관습의 모든 흔적을 배척하는 대결적 이데올로기까지는 기꺼이 받아들이지 않았던 세대 말이다. 독일의 사회음악학자 테오도어 아도르노는 음악 속 '아름다운 구절들'의 페티시화를 비판하는 논쟁적 가르침에서, 전체적이고 복합적인 구조 속에서 멜로디를 '체리피킹'하듯 떼어내어 "과정 속에서의 충동을 따라가는 대신, 유치하게 그 완강한 반복을 고집하는" 태도를 강하게 비난했다. 이는 반박하기 어려운 주장이다. 그럼에도 불구하고 우리는 《The Köln Concert》와 같은 작품이 지닌 매혹을 이해하기 위해 다른 증언들을 불러오고 싶어진다. 이 녹음에는 슈베르트의 〈겨울 나그네〉에 비견될 만큼 사람을 홀리는 순간들이 있고, 쇼팽의 녹턴, 전주곡, 폴로네즈에 등장하는 박자에서 자유로운 피오리투라처럼 우아한 아라베스크도 존재한다. 동시에 너무도 신선하고 독창적이며, 때로는 순진하거나 심지어 키치하게 들리는 소리들 또한 있어, 당시의 젊은 세대가 왜 이 음악에 자신을 동일시했는지 쉽게 이해할 수 있다. 이를테면 《The Köln Concert》 1부가 시작된 지 약 7분쯤 되는 지점에 등장하는 하나의 '아름다운 구절'에서는, 프랜시스 레이가 알리 맥그로와 라이언 오닐이 출연한 〈러브 스토리〉(1970)를 위해 쓴 영화음악의 희미한 기억이 떠오르는 선율적 모티프가 불쑥 나타난다. 세대 전체를 눈물짓게 했던, 그 매혹적인 하행 6도의 선율 말이다. 아도르노에게 무례하게 굴 의도는 없지만, 이 지점에서는 그의 지적 엄밀성보다 작가 프란츠 베르펠의 지혜를 택하고 싶어진다. 베르펠은 언젠가 《The Köln Concert》에도 정확히 들어맞는 말을 남겼다. "〈교향곡 9번〉이란, 거리에서 오르간 그라인더가 연주하는 노래 한 곡과 잃어버린 기억 하나에 비해 무엇이란 말인가?"

그러나 《The Köln Concert》는 단지 몇 개의 '아름다운 구절'에 그치지 않는다. 이 작품은 형식적 완결성과 일관성 면에서 놀라움 그 자체인 하나의 즉흥적 유기체다. 주제적 단위들, 유도동기, 전개, 재현, 변주, 론도 형식이 지극한 주권을 가진 채 다루어지고 비례감 넘치게 결합되어, 마치 자렛이 공연 전에 이미 하나의 음악적 설계도를 만들어두었던 것처럼 들릴 정도다. 비밥식 변화음을 사용하지 않는 디아토닉 화성의 틀, 그리고 조성 중심을 둘러싼 전통적 종지의 부재는, 자렛이 끊임없이 으뜸음으로 돌아가야 할 필요 없이 선율선을 자유롭게 이동할 수 있게 해준다. 그의 즉흥연주는 연가형이 아니라, 지진의 리히터 규모처럼 위로 한계 없이 확장된다. 그럼에도 불구하고 악기의 결함은 '제약이 무한한 자유보다 더 효과적으로 상상력을 해방할 수 있다'는 오래된 지혜를 다시 한번 확인시켜 준다.

〈Part I〉의 시작은, 8분음표 하나 뒤에 16분음표 두 개나 나오는 무해해 보이는 하나의 리듬 핵이 어떻게 변주를 거쳐 공연 전체의 여러 구간을 떠받치는 토대가 될 수 있는지를 보여주는 일종의 학습 예제로 볼 수 있다. 실제로 이 공연의 처음 세 부분은 모두 이 모티프를 사용하며, 이 리듬은 곧 두 개의 16분음표가 8분음표를 감싸는 당김음 구절로 발전한다. 이는 케이크워크나 래그타임 같은 아프리카계 미국 음악 전통에서 전형적으로 나타나는 리듬 도형이다. 네 번째 부분인 〈Part II c〉는 다소 특수한 경우인데, 이는 실제로는 이 콘서트의 앙코르였음에도 음반에는 그렇게 명시되지 않았다. 여기서 자렛은 자유 연주 방식으로 아무 전제 없이 즉흥을 펼치기보다는, 자신이 이전에 작곡해 둔 곡들을 바탕으로 즉흥연주를 전개한다.

이 공연에서 특히 두드러지는 것은, 1부에 등장하는 보다 명상적인 순간들에서 보여지는 탁월한 장인정신이다. 왼손으로는 가단조와 사장조 사이를 오가며 흔들리고, 오른손에서는 새의 노래처럼 자유로운 인상적인 아라베스크를 만들어낸다. 어떠한 기술도 이 연주를 완전하게 녹음하여 악보로 옮기는 것은 불가능하다. 실제로《The Köln Concert》전체를 채보했던 일본 음악가 기시나미 유키코와 야마시타 구니히코는 거의 감당할 수 없을 정도의 난관에 부딪혔다. 키스 자렛이 지닌 가장 큰 미덕 가운데 하나는 악보로는 도저히 포착할 수 없는 요소에 있다. 그것은 미묘한 터치, 섬세한 다이내믹, 수사학적인 프레이징, 절제된 루바토, 그리고 이 피아노조차 구현해낼 수 있었던 크레센도와 디미누엔도를 통해 표현되는 드라마 감각이다. 이 모든 요소는 하나의 소리 조각을 형성한다. 그의 예술에서 진정으로 경이로운 점은, 선율의 자유를 거의 자연현상처럼 유지하면서도 동시에 구조화된 예술적 형식을 찾아내는 능력이다. 이는《The Köln Concert》에 등장하는 광범위한 루바토 구간들에서 분명히 들을 수 있다. 게르노트 블루메가《The Köln Concert》와《Sun Bear Concert》에서의 자렛의 음악적 실천을 다룬 박사논문에서 지적했듯, 자렛의 즉흥연주와 라비 샹카르 같은 연주자들의 북인도 라가 연주 사이에는 흥미로운 평행선이 존재한다. 물론 차이점도 분명하다. 그럼에도 그의 긴 즉흥적 탐색 구간들에서는 인도 음악의 선법적 구조와의 친연성이 드러난다. 특히 화성적 전개가 결여되거나 지속음이 설정된 단선율적, 동기적 구간에서 그러하다. 서로 다른 음악 체계를 사용하는 예술가들이라 할지라도, 즉흥이라는 '지금-여기'의 상황에 직면했을 때, 음악적 질서를 만들어내기 위해서는 결국 유사한 문제들을 돌파해야 하는 것처럼 보인다.

피터 엘스던은 《The Köln Concert》에 대한 자신의 정밀한 분석에서 앙코르인 〈Part II c〉를 몇몇 부틀렉 녹음과, 〈Memories of Tomorrow〉라는 제목으로 『The Real Book』에 수록된 한 곡과 연결한다. 『The Real Book』은 무단으로 제작한, 좀 더 정확히 말하면 불법적인 재즈 곡집으로, 보스턴의 대학생들이 학생들 내부 사용과 연습을 목적으로 처음 편집·출판한 것이다. 이 부틀렉 음원들과 『The Real Book』 초판은 모두 《The Köln Concert》가 발표되기 이전에 이미 존재했다. 콘서트의 마지막에서 '프리 플레잉'의 원칙을 잠시 내려놓고, 자신의 기존 작곡이나 다른 작곡가의 재즈 스탠더드를 바탕으로 한 앙코르를 연주하는 것은, 자렛에게 예외가 아니라 오히려 하나의 관례였다.

《The Köln Concert》가 1975년에 발표되었을 때, 이 음반은 이전의 두 솔로 음반인 《Facing You》와 《Solo Concerts Bremen/Lausanne》보다 훨씬 더 열광적인 찬사를 받았다. 그중에서도 가장 극찬에 가까운 평가는 『롤링 스톤』에 실린 로버트 팔머의 리뷰였다. 그는 이 음반을 두고, 테리 라일리와 라 몬테 영이 이미 탐색해온 트랜스 유도의 영역을 한층 더 깊이 파고든 음악이 처음으로 기록되었다고 썼다. "거의 누구라도 즉각적으로 이 음악에 끌릴 수밖에 없을 것이다. 그리고 바로 그 점이 키스 자렛의 진정으로 놀라운 면이다. 그가 무엇을 쓰든, 무엇을 연주하든, 그는 언제나 명료함, 질서, 그리고 전통에 대한 존중을 투사한다. 그는 가장 익숙한 선율과 화성 어휘로부터도 새롭고 예상치 못한 조합을 끌어낸다. 그의 음악은 결코 아방가르드적이거나 이질적으로 들리지 않지만, 언제나 신선하다. 그리고 그는 장르적 범주를 완전히 초월하여, 가장 넓은 의미에서의 진정한 '대중적 연주자'로 나아가고 있는 듯 보인다." 『다운 비트』의 평론가들 역시 이 녹음의 힘이 붙잡기 힘든 단순함과 투명성, 그리고 집요한 응집력에 있다고 평가했다. "그의 솔로 예술은 음악사에서 여전히 유일무이한 존재이며, 《The Köln Concert》는 그 예술이 가장 감동적으로, 가장 설득력 있게 드러난 사례다."

다양한 평론들은 이 녹음을 예술적 표현의 범주를 넘어서는 하나의 현상으로 파악하려는 경향을 드러내는데, 《The Köln Concert》를 시대를 규정하는 아이콘의 반열로 끌어올린다. 실제로 이 음반이 나오기 십여 년 전까지만 해도 공동주택이나 코뮌의 벽을 장식하던 것이 체 게바라나 앤절라 데이비스의 포스터였다면, 이제는 전 세계 대학 기숙사의 음반장에 《The Köln Concert》의 하얀 표지가 꽂혀 있었다. 자렛의 음악은 동시대의 즉각적인 표현으로 받아들여졌고, 동시에 그 시대를 다시 비추는 거울처럼 여겨졌다. 프리 재즈의 금욕적 시기는 '예술'이라는 개념 자체를 재정의하려는 더 큰 흐름 속에 놓여 있었으며, 이는 긍정적 문화의 순응주의에 전쟁을 선포하는 움직임이었다. 음악가들은 화성, 리듬의 연속성, 형식과 위계 등 거의 모든 것에 맞서 반기를 들었다. 그러나 이 시점에서 키스 자렛은 그러한 집단적 거부의 의례로부터 한 발 물러나, 보수성은 물론이고 더 나아가 거리낌 없는 쾌락주의를 드러낼 자유를 주장했다.

리처드 윌리엄스는 저서 『The Blue Moments』에서 마일스 데이비스의 가장 유명한 음반 《Kind of Blue》를 깊이 있게 분석하며, 그 음반에 매혹되었던 배우 크리스틴 스콧 토머스의 말을 인용한다. 그녀가 묘사한 장면과 유사한 풍경은 《The Köln Concert》에도 충분히 연관시킬 수 있다. 두 음반은 출발점은 전혀 다르지만 프란츠 베르펠이 말한 바로 그 '암시적 회상'의 범주에 속하는 듯 보이기 때문이다. "막 지금의 남편을 만났을 때였어요. 그는 프랑스 사람이었고, 우리는 지붕이 새는 푸조 404를 타고 노르망디에 있는 그의 할머니 시골집으로 가고 있었죠. 카세트 데크에서는 이 음악이 흘러나오고 있었고요. 그래서 이 음악을 들으면, 낡은 가죽 냄새와, 엄청나게 사랑에 빠져 있었던 감정, 그리고 바다로 향하던 그 순간이 떠올라요." 《The Köln Concert》는 이후 제인 엘모어의 「Pictures of You」(2009), 버티스 베리의 「Redemption Song」(2001) 등 여러 소설과 이야기 속에서 1970년대의 필수적 표지로 해석되었다. 이는 한 시대의 정체성을 상징하는 음악적 기호로 받아들여졌는데, 그 위상은 재즈 태동기 초반의 스콧 조플린 래그타임 싱코페이션이나, 제2차 세계대전 시기 글렌 밀러 오케스트라의 네 대의 색소폰과 선도적 클라리넷으로 구성된 관악 사운드와 견줄 만한 것이었다.

키스 자렛의 《The Köln Concert》는 오늘날까지 기억과 연상을 불러일으키는 일종의 특별한 향수에 그치지 않는다. 이미 1970년대에 여러 장르의 예술가들은 이 음반을 하나의 독특한 문화적 자기 확증의 형식으로 이해했다. 그것은 예술 시장의 냉소주의와 장식 예술의 '아무래도 상관없음(whatever-ism)'에 맞서는 자유 정신의 상징이었고, 현대주의가 지닌 비소통적 성향에 대한 균형추였으며, 과거 예술적 발언들의 축적에 새로이 보태진 하나의 성취였다. "음악은 현대적이기 위해 반드시 끔찍할 필요는 없다"는 한스 베르너 헨체의 아이러니하면서도 당당한 좌우명은, 키스 자렛에게도 충분히 하나의 지침이 되었을 법하다. 정신분석학에는 자유 즉흥연주를 설명하는 하나의 개념이 있다. 현재 울리는 음표가 제공하는 모든 것을 흡수하는 몽유병적 능력, 즉 '부유하는 주의'이다. 이는 마르그리트 뒤라스 같은 작가들이 적극적으로 활용해온 정신 상태이기도 하다. 그녀는 이렇게 말했다. "글을 쓸 때 나는 극도의 집중 결핍 상태에 있는 느낌을 받는다. 나는 단지 체에 불과하고, 더 이상 나 자신을 소유하지 않는다. 내 머리는 구멍투성이다." 마르그리트 뒤라스는 키스 자렛의 자유 연주—일종의 자기실현적 즉흥, 혹은 '자동 즉흥연주'—와 자신의 자동기술 방식, 즉 반복과 흐림, 파동으로 가득한 유동적 글쓰기 사이의 연관성을 명확히 인식하고 있었다. 그녀는 저서 『L'Été 80』에서 카부르에서의 일기 형식 연대기 속에 자렛의 피아노를 오브제 트루베로 끌어들임으로써 이 영혼의 동반자에게 경의를 표한다. "말로 봉인된 저녁들, 이제는 끝도 이유도 없이 이어진다. 해질녘은 이제 잔혹하다. 여전히 죽은 카지노들, 여전히 무도회의 장엄한 공허. 도박장은 인파로 가득 차 있고, 두꺼운 커튼 뒤에는 키스 자렛의 그랜드 피아노가 있다. 그 화려함과 그 관능을 지닌 채로.”

다른 이들은 자렛의 연상적 창조성—그의 '기억 없는 음악적 기억'—을 훨씬 더 적극적으로 활용했다. 자렛의 이 기적 같은 작업이 나온 지 4년 후, 로버트 윌슨은 베를린 샤우뷔네 극장에서 〈죽음, 파괴 그리고 디트로이트〉라는 암호 같은 제목의 16장면짜리 음악적 사랑 이야기를 무대에 올렸다. 여섯 시간에 걸쳐 19명의 무용수, 이미지 퍼즐, 몽유병적 안무가 펼쳐지는 이 작품의 9번째 장면을 위한 부수 음악으로, 키스 자렛의《The Köln Concert》는 더없이 적합해 보였다. 윌슨의 연극 작품들은 이야기를 들려주지 않고, 이론에 기반하지도 않으며, 연대기적 질서에 지배되지도 않는다. 자렛이 집요하게 회전시키는 소리들은 무대 위의 추상적 사건들을 음악적으로 전이한 것과 같다. 주제 없는 드라마를 위한, 말 없는 노래들인 셈이다.

연주자들의 관점에서 볼 때 재즈 음악은 단지 개인적 표현으로만 이루어지는 것이 아니다. 그것은 친밀성으로 이루어진 음악이기도 하다. 키스 자렛은 언제나 그런 방식으로 연주해왔다. 심장과 영혼, 그리고 정신을 모두 사용해서 말이다. 미국의 시인이자 가사 작가이며 라이너 마리아 릴케의 시를 번역하기도 했던 인물인 로버트 블라이가 자렛의 급진적인 미학에서 영감을 받았던 것도 결코 우연이 아니다. 한편 자렛 역시 블라이의 시 몇 편을, 마치 한 권의 책처럼 정성스럽게 편집한 자신의 음반 커버에 실었다. 블라이는 「When Things Are Heard」에서 자렛의 연주에 대해 이렇게

게 쓴다.

> 어떤 에너지는 스스로를 태울 때에만 나타난다.
> 믿음을 갈망한다면, 불 속에 앉아라!

이처럼 내밀한 고백은 원래 개인의 일기장에나 어울리는 것들이다. 그러나 영화감독이자 자기 노출의 대가인 난니 모레티는 1993년 영화 〈카로 디아리오〉에서 자신의 내면세계를 공적으로 드러냈다. 그는 세 개의 에피소드로 구성된 서사를 위해 소재를 선택했고, 그 결과는 이탈리아를 횡단하는 여행을 배경으로 한, 연상적이고 혼돈적인 장면들로 이루어진 기묘한 일기장이 되었다. 주인공은 관객이 흥미를 느끼든 말든 상관없이 끝없이 중얼거리며 떠돈다. 영화의 첫 장면에서 모레티는 피에르 파올로 파솔리니에 관한 기사를 읽고, 곧바로 자신의 베스파를 타고 그가 살해된 장소로 향한다. 황량한 해변, 길가의 철망 울타리, 무너져가는 집들, 이 모든 풍경 위에 《The Köln Concert》가 음악적 배경으로 흐른다. 마치 미켈란젤로 안토니오니의 영화들 속 북이탈리아의 텅 빈 산업 풍경에 얹힌 핑크 플로이드의 사운드트랙을 연상시키는 장면이다.

키스 자렛이 《The Köln Concert》에 대해 품고 있는 감정은 극도로 양가적이다. 그는 대중이 어떤 작품을 예술적 성공으로 받아들이되 그 판단이 일정한 미학적 기준에 근거하지 않는다고 여겨질 때, 본능적으로 거부감을 느끼는 성향을 오래전부터 지녀왔다. 앞서 언급했듯, '상업적'이라는 말과 연루된 모든 것에 대해 재즈 음악가들이 전통적으로 품어온 불신이 여기에서도 은근히 비쳐

나온다. 물론 재즈 음악가들 역시 자신의 작업이 인정받기를 바라
고, 때로는 갈망하기도 한다. 그러나 그 인정을 대규모로 얻게 되
는 순간, 마치 자본주의적 바이러스에 감염될 위험을 느끼는 것처
럼 그 성공을 본능적으로 밀어내곤 한다. 자렛은 최근 인터뷰 가운
데 하나에서, 자신이 여전히《The Köln Concert》를 듣는지에 대
해 솔직하게 말했다. "아니요. 거기에는 없어도 될 음들이 너무 많
아요…. 지금 상태 그대로는 마음에 들지 않아요. 만약 내가 그 음
악을 다시 녹음한다면, 얼마나 많은 음을 지워버릴지 사람들은 믿
지 못할 겁니다." 더욱 의미심장한 발언은 2009년 10월, 스튜어트
니콜슨과의 인터뷰에서 나왔다. 음악을 공부하는 학생들에게 자신
의 어떤 음반을 추천하겠느냐는 질문에 그는 이렇게 답했다.

"나는《The Köln Concert》와 꽤 복잡한 관계에 있어요. 우선,
그 당시에는 지금만큼 피아노를 잘 치지 못했다는 걸 알고 있죠.
그래서 피아니스트로서 들으면, 지금 내가 느끼는 터치가 들리지
않아요. 다이내믹도, 손에서 바로 나오는 느낌도 들리지 않죠. 하
지만 서로 이어 붙여진 듯한 여러 부분이 스스로 형성되어 가는
순간들이 있고, 그런 음반은 내 디스코그래피 안에 다른 어떤 것
도 없어요. 그건 특정한 시간의 산물이었고, 피아노는 형편없었지
만, 아이디어들은 머릿속에 떠다니고 있었고 나는 젊었죠. 그 안에
는 당시엔 아무도 연주하지 않던 색채와 보이싱이 있어요. 결국 음
반이 언제 발표되었는지가, 그것이 어떻게 받아들여지고 얼마나
오래 살아남는지를 크게 좌우합니다. 그리고 시간이 흐르면서, 그
음반은 '반드시 가져야 할 것'이 되어버리죠. 그래서 아마도 나는
《Paris/London》과《The Köln Concert》, 그리고 좀 더 추상적

인 《Radiance》를 함께 추천할 것 같아요. 그 조합이 꽤 괜찮을 겁니다."

당시 자렛의 청중과 같은 연령대의 사람들인 오늘날의 젊은 청중에게 《The Köln Concert》가 어떻게 받아들여지고 있는지를 보여주는 대표적인 설문조사는 존재하지 않는다. 그러나 그 공연을 직접 경험했고, 지금도 이 음반을 듣는 많은 이들에게 이 음악의 열기, 재즈, 가스펠, 미국 대중가요 전통의 찬가들, 낭만주의적 과잉, 그리고 집요한 리듬 패턴, 이 모든 것이 빽빽하고 다채롭게 응축된 전체는 오래전부터 알고 지내온, 좋은 옛이야기처럼 느껴진다. 우리는 그 이야기를, 다시 또다시 듣는 것을 기꺼이 사랑한다. 이 소리들 속에는 오래된 이야기들이 여전히 살아 숨 쉬고 있다.

Keith Jarrett

9장 아메리카 송북

1983년 1월의 어느 매서운 월요일 저녁, 키스 자렛, 게리 피콕, 잭 디조넷 그리고 만프레트 아이허는 뉴욕의 한 인도 음식점 테이블에 함께 앉아 있었다. 그들은 허드슨 강 인근, 웨스트 53번가 9번가와 10번가 사이의 파워 스테이션 스튜디오에서 곧 있을 녹음 세션에서 무엇을 녹음할지를 놓고 이야기를 나누고 있었다. 물론 그들이 채소 커리와 탄두리 치킨을 먹으며 맥주 받침대 위에 즉흥적으로 음반의 내용을 적어 내려가기 위해 모인 것은 아니었다. 이 프로젝트는 자렛과 아이허가 주도해 시작한 것이었고, 참석자들 모두 이미 그 구상을 잘 알고 있었으며, 프로답게 사전 준비도 어느 정도 해온 상태였다. 이 만남은 각자가 이 음악적 기획에 대해 품고 있던 생각을 한층 깊이 말로 풀어내는 자리였다.

자렛과 디조넷은 찰스 로이드, 마일스 데이비스와 함께 작업하던 시절부터 워낙 서로를 잘 알고 있었기 때문에, 무대나 스튜디오에서 서로에게 던지는 모든 소리와 리듬은 마치 공통 언어의 신호처럼 자연스럽게 오갔다. 반면 게리 피콕과 자렛의 관계는 좀 더 느슨한 성격의 것이었다. 여섯 해 전 이들은 함께 《Tales Of Another》를 녹음했지만, 그 음반은 베이시스트의 주도로 만들어진 것이었고 자렛은 그 작업에 큰 의미를 두지 않았다. 이후 이들의 길은 갈라졌다. 그러나 이것이 진짜 문제는 아니었다. 진정한 난점은 이번에 다루게 될 새로운 레퍼토리 그 자체에 있었다. 네 사람 모두 그 음악과 이미 마주한 적은 있었지만, 각자가 그것을 바라보는 시선은 서로 달랐다.

이 프로젝트에서 『Great American Songs Book』의 스탠더드 곡들만을 다루자고 한 발상은 키스 자렛의 것이었다. 이 송북이란 1920~40년대에 주로 만들어진 코러스 라인 히트곡, 할리우드 영화음악, 브로드웨이 뮤지컬 넘버들을 두루 포함하는, 다소 모호하게 정의된 거대한 레퍼토리의 집합을 가리킨다. 이런 노래들은 오랫동안 재즈 연주자들의 기본 레퍼토리를 이루어왔다. 그러나 1960년대 아방가르드 음악가들은 '백지 상태'를 향한 혁명적 취향 속에서, 이런 곡들이 차라리 달로 보내지거나, 최소한 '금서 목록'에 올라야 한다고 생각했을 것이다. 한층 온건한 음악가들 사이에서도, 이 노래들은 종종 감상적인 성격 때문에 밤늦은 시간 근처 바에서 특정 손님층을 위해 연주되는 음악쯤으로 여겨지곤 했다. 사실 20세기 미국인이라면 누구나 이런 노래들과 함께 성장했지만, 키스 자렛은 대학을 중퇴한 트리오와 함께 보스턴의 칵테일바에서 가수들을 반주하던 '노예선 같은 시절'에 이 곡들을 집중적으로 체화했다. 그는 솔로 콘서트에서 종종 이 노래들 가운데 일부를 대개 앙코르로 즉흥연주하곤 했는데, 그 해석은 늘 품위와 섬세함이 두드러졌다.

그러나 자렛보다 열 살 연상인 게리 피콕은 자렛 자신의 표현을 빌리자면 완벽한 아방가르드 경력을 자랑할 수 있는 인물이었다. 1964년 빌 에반스 트리오와 함께 잠시 스탠더드 레퍼토리를 연주한 시기를 제외하면, 그는 알버트 아일러, 돈 체리, 로즈웰 러드, 그리고 폴 블레이와 마일스 데이비스에 이르기까지, 철저한 아방가르드 음악가들과 함께 활동해왔다. 이후 그는 음악계를 완전히 떠나 일본으로 건너가 언어를 익히며 의학과 동양 철학을 공부했고, 미국으로 돌아온 뒤에는 미생물학을 다시 공부하기도 했다. 그는 음악 활동으로의 복귀 자체를 매우 주저했으며, 스탠더드를 녹음하는 일은 그가 가장 하고 싶지 않은 일에 가까웠다. 결국 그를 설득한 것은, 키스 자렛과 잭 디조넷의 음악적 진정성, 그리고 만프레트 아이허의 프로페셔널리즘이었을 것이다. 그것이 그가 스스로 완전히 닳아버렸다고 느끼던 이 재료들과 다시 마주하게끔 만들었다.

당초 계획은 단 한 장의 음반만 제작하는 것이었다. 투어나 이 스탠더드들을 장기적으로 집중 탐구하는 프로젝트를 염두에 둔 사람은 아무도 없었다. 기획자들의 의도는 이 노래들을 재즈 클럽이나 음악이 자연스럽게 어울릴 법한 공간에서 연주하는 데 있었다. 그러나 첫 번째 녹음 세션부터 이 프로젝트가 더 큰 파장을 일으킬 수 있으리라는 징후가 분명해졌다. 예정했던 한 장 대신, 그들은 총 석 장의 음반을 만들어냈다. 그중 두 장은 자렛의 곡 〈So

Tender〉가 은근히 끼어들어간 것을 제외하면 전적으로 스탠더드로 구성되었고, 그 사이에 일종의 쿨다운용 연습 기록으로 이루어진 한 장이 끼어들어갔다. 같은 해 9월, 빌리지 뱅가드에서 시작된 콘서트는 1984년 말부터 더욱 연속적으로 이어졌고, 그 성공은 소규모 클럽 공연이라는 초기 구상을 빠르게 밀어냈다. 곧 대형 공연장과 페스티벌이 예약되었다. 1983년 1월 그 저녁 식탁에서 누가 상상이나 했겠는가. 결국 이 프로젝트는 30년이 넘는 시간으로 확장되었고, 비공식적으로 '스탠더즈 트리오'라 불린 이 앙상블은 재즈사의 연대기 속에 확고한 자리를 차지하게 되었다.

이 밴드의 길고 성공적인 존속은 여러 면에서 주목할 만하다. 피아노-베이스-드럼으로 이루어진 트리오 편성 자체가 재즈에서 가장 대중적이면서도 거의 보수적이라고 할 수도 있을 만큼 동시에 가장 정교한 형식 가운데 하나이기 때문이다. 트리오를 구성하는 순간, 연주자들은 곧바로 최고의 선배들과의 비교를 감수해야 한다. 재즈의 거의 모든 시대마다 위대한 트리오들이 존재해왔기 때문이다. 트리오에서는 숨을 곳이 없다. 이 최고의 트리오 안에서는 모든 소리, 모든 음악적 반응, 모든 실수가 낱낱이 드러난다. 마치 도리깨가 곡식에서 쭉정이를 가려내듯, 이 형식은 협잡꾼과 천재를 명확히 구분해낸다. 그리고 재즈의 변모하는 얼굴을 형성하고 양식적으로 전진시켜온 주체는, 역사적으로 보아도 대개 피아니스트들이 이끈 트리오였다.

1920년대의 몇몇 녹음들, 예컨대 빅스 바이더벡의 트리오처럼 그가 코넷이 아니라 피아노를 연주하고 색소폰과 기타가 함께하는 비범한 편성이나, 젤리 롤 모턴의 밴드처럼 조니 도즈와 베이비 도

키스 자렛

즈 형제가 각각 클라리넷과 드럼을 맡았던 경우를 제외하면, 우리가 오늘날 의미에서 최초의 피아노 트리오로 인식할 수 있는 사례들은 1930년대 클라런스 프로핏과 냇 킹 콜이 이끌었던 앙상블들이다. 이 밴드들은 피아노, 기타, 베이스로 구성되었으며, 아트 테이텀 역시 이 편성을 사용했지만 1944년에는 이미 베이스와 드럼을 포함한 트리오로 작업하기도 했다. 빅밴드 리더 베니 굿맨 역시 드럼의 진 크루파, 피아노의 테디 윌슨과 함께 스윙 트리오로 연주했는데, 이때 윌슨의 왼손은 베이스를 대체하는 역할을 수행했다. 캐나다 피아니스트 오스카 피터슨의 웅변적이고 비르투오소적인 명성 또한 트리오 작업을 통해 크게 확립되었는데, 초기에는 드럼 대신 기타를 사용하다가 1959년 드러머 에드 시그펜이 기타리스트를 대체했다. 1950년대에는 듀크 엘링턴이 자신의 리듬 섹션과 함께한 여러 트리오 연주가 있었고, 엘링턴이 베이시스트 찰스 밍거스, 드러머 맥스 로치와 함께한 매우 주목할 만한 녹음들도 남아있다. 그 밖의 위대한 트리오 연주자들로는 에롤 가너, 행크 존스, 얼 하인스, 피니어스 뉴본 주니어, 버드 파월, 맥코이 타이너, 햄프턴 호스, 아마드 자말, 폴 블레이, 그리고 무엇보다도 1950년대 이후 거의 모든 재즈 피아니스트에게 영향을 끼친 빌 에반스를 들 수 있다.

세 성부가 동등하게 배치된 빌 에반스 트리오는 찰리 헤이든과 폴 모션이 함께한 자렛의 첫 번째 트리오에 하나의 전범이 되었을 뿐 아니라, 게리 피콕과 잭 디조넷이 참여한 두 번째 트리오에는 더욱 결정적인 모델이 되었다. 시작부터 2009년의 라이브 음반 《Somewhere》에 이르기까지, 모든 음반 커버에는 세 이름이 동

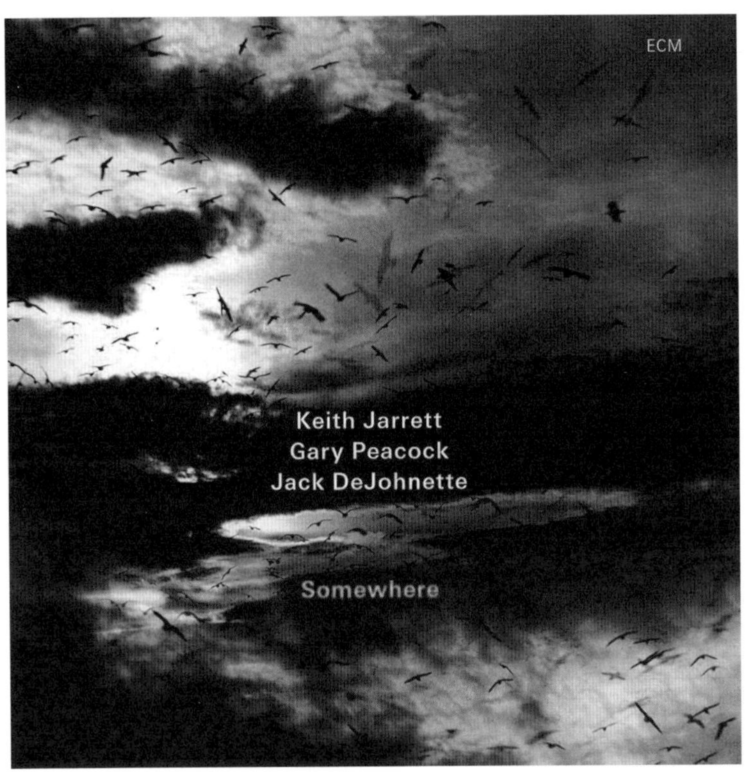

K. Jarrett & G. Peacock & J. DeJohnette – Somewhere, ECM 2200

일한 크기와 비중으로 병기되어 있다. 키스 자렛, 게리 피콕, 잭 디조넷. 이는 요염한 몸짓도, 기만도 아니다. 그것은 위계에 대한 분명한 거부의 표현이며, 이 거부는 빌 에반스는 물론 모차르트에서 브람스, 차이콥스키에 이르기까지 중요한 트리오 작곡가들이 공유했던 태도이기도 하다. 이들 역시 '피아노 트리오'라는 용어 자체가 드러내는, 현악기에 비해 피아노가 우위에 놓인 구조를 음악적으로 늘 못마땅해했다. 그들이 추구한 것은 서로 다른 성격과 음색을 지닌 이 악기들이 대체로 동등한 위치에서 맞부딪히는, 세 사람의 대화였다.

이처럼 좁은 음악적 맥락 안에서 활동이 이 하나의 프로젝트로만 축소되었다면, 키스 자렛, 게리 피콕, 잭 디조넷이 과연 수십 년에 걸쳐 함께 남아 있을 수 있었을지는 아무도 모른다. 그러나 실제로는 그렇지 않았고, 특히 자렛은 이 트리오 프로젝트를 수많은 작업 가운데 하나로만 다루었다. 이 음악가들은 공연이나 투어를 위해서만 함께 모였고, 그 외의 시간에는 각자 개인적인 음악적 파르나소스를 향해 복잡한 길을 걸어갔다. 더욱 놀라운 점은 자렛, 피콕, 디조넷이 재즈 스탠더드라는 영역에서 이토록 지속적인 체력을 발휘할 수 있었다는 다소 아이러니한 사실이다. 트리오가 지속적으로 콘서트 활동을 벌이던 기간 동안, 무려 열여섯 장의 라이브 음반이 LP 혹은 CD로 발매되었다. 여기에 더해 1991년 마일스 데이비스가 사망한 뒤 그에게 헌정하는 스튜디오 음반이 한 장 더 제작되었는데, 장소는 바로 이 트리오 협업이 처음 뿌리를 내렸던 맨해튼의 파워 스테이션 스튜디오였다. 또한 대체로 키스 자렛의 작품으로 구성된 음반 넉 장도 추가로 발표되었다.

스탠더드는 영원히 사랑받는 히트곡이자 동시에 표준화된 노래라는 이중적 성격을 지닌다. 대개 32마디짜리 AB 혹은 AABA 형식을 취하며, 토닉-서브도미넌트 패럴렐-도미넌트-토닉으로 이루어진 화성 진행이 뒤따른다. 이 형식의 기원은 19세기 민요와 대중음악에서 찾을 수 있지만, 스탠더드는 대체로 20세기 전반 미국 엔터테인먼트 산업의 산물이다. 그 스펙트럼은 매우 넓고 질적 편차 또한 커서, 섬세한 정서와 선율적 전개가 지닌 기지 어린 단순함을 찬미하는 긍정적 평가도 가능하고, 감상적 클리셰와 진부한 주제, 판에 박힌 음향을 공격하는 신랄한 비판 역시 충분히 설득력을 갖는다. 그러나 이처럼 미끄러운 음악적 오락의 무도장에서 태어난 다양한 산물들에 대해 우리가 어떤 판단을 내리든, 『Great American Songs Book』의 판테온에 들어가기 위한 가장 중요한 조건은 언제나 간결한 선율 형식과 대중적인 노래 가능성이었다. 하지만 이 자질을 객관적으로 규정하는 일은 결코 쉽지 않았던 듯하다. 재즈 스탠더드 작곡가 가운데 가장 중요한 인물 중 한 명인 제롬 컨 역시 이를 잘 알고 있었다. 1933년 뮤지컬 로베르타가 초연되어 〈Smoke Gets In Your Eyes〉, 〈Yesterdays〉 같은 노래들이 소개된 뒤, 한 음악평론가는 재즈 스탠더드 업계에 몸담은 이라면 누구에게나 치명적일 법한 평을 내렸다. 극장을 나서며 휘파람으로 불 수 있는 노래가 단 한 곡도 없다는 것이었다.

이러한 측면들을 고려하면, 1940년대에 비밥 혁명가들이 왜 그렇게 큰 충격을 일으켰는지를 이해하기가 훨씬 쉬워진다. 비밥에서도 여전히 스탠더드는 즉흥연주의 토대로 사용되었지만, 그 가장 중요한 특징이었던 선율은 거의 완전히 무시되었고, 대신 화성 진행, 변주만이 계속해서 역할을 했다. 이런 방식으로 마일스 데이비스의 〈Donna Lee〉는 〈Indiana〉를 변형한 곡이 되었고, 〈Cherokee〉는 찰리 파커의 〈Ko-Ko〉로 바뀌었으며, 〈I Got Rhythm〉은 디지 길레스피의 〈Anthropology〉나 레스터 영의 〈Lester Leaps In〉으로 전환되었다. 현대적인 비밥의 주제적·동기적 프레이징 속에서는 원곡들이 지녔던 경쾌한 성격을 더 이상 알아볼 수 없게 되었던 것이다.

선율의 대가인 키스 자렛은 언제나 스탠더드에 담긴 주제적 재료를 깊이 존중해 왔다. 그는 제롬 컨, 리처드 로저스, 해럴드 알렌, 콜 포터, 조지 거슈윈, 버논 듀크, 빅터 허버트, 빈센트 유먼스, 호기 카마이클, 해리 워런, 어빙 벌린, 쿠르트 바일 같은 작곡가들에게서 넘쳐흘렀던 선율 창조의 재능이 사라질 위험에 처해 있다는 우려를 여러 차례 표명했다. "스탠더드가 과소평가되는 이유는 사람들이 선율을 쓰는 일이 얼마나 어려운지 잘 이해하지 못하기 때문이라고 생각합니다." 위대한 작곡가들은 언제나 이 사실을 알고 있었고, 정당하게든 아니든 오락 음악의 영역에 속한다고 간주되던 동료들일지라도 뛰어난 선율적 재능을 지닌 작곡가들에게는 깊은 존경을 표해 왔다. 아르놀트 쇤베르크는 조지 거슈윈을 20세기 전반 미국에서 가장 중요한 작곡가 중 한 명으로 보았고, 요하네스 브람스 역시 요한 슈트라우스 2세의 〈아름답고 푸른 도나우〉 왈츠 서두에 "유감스럽게도 내가 쓴 작품이 아님"이라는 유명한 말을 남겼다.

이러한 선율들의 독창성은 키스 자렛이 반복해서 스탠더드로 되돌아가게 만든 중요한 요인임이 분명하다. 더 나아가 즉흥연주를 위한 유용한 모델에 관한 그의 이론은 많은 재즈 음악가들의 생각과도 일치한다. 즉 재료 그 자체는 그리 중요하지 않으며, 훨씬 더 중요한 것은 그것을 어떻게 다루느냐라는 점이다. 키스 자렛의 재즈 스탠더드 해석은 발상의 참신함, 놀라운 편곡, 그리고 곡이 지닌 정서적 밀도라는 측면에서 통상적인 기대를 훨씬 넘어선다. 그 이유 가운데 하나는, 자렛이 다른 많은 재즈 음악가들과 달리 가사에 항상 관심을 기울였고 즉흥연주 속에서 가사의 내용을 재구성해 왔다는 점일 것이다. 실제로 그는 때때로 너무도 집요하게 이를 밀어붙여, 마치 우리가 하나의 장대한 과잉 해석과 마주하고 있는 듯한 인상을 주기도 한다. 키스 자렛은 그렇지 않았다면 차라리 자비롭게 망각 속에 맡겨졌을 수많은 값싼 눈물짜개 곡들을 실제로 고귀한 예술의 영역으로 끌어올렸다.

이러한 정련의 능력은 재즈 스탠더드를 해석하는 연주자에게 주어질 수 있는 최고의 찬사일 것이다. 쳇 베이커가 〈My Funny Valentine〉을 마이크 앞에서 심연 같은 우울 속삭임으로 노래할 때나, 재즈 1세대가 늘 레퍼토리로 지니고 다녔던 스탠더드 〈After You've Gone〉을 베시 스미스가 그 누구도 따라올 수 없는 정서적 깊이로 불러낼 때도 마찬가지다. 늘 그렇듯 키스 자렛은 스탠더드에 대한 자신의 애착을 설명하는 데서도 특유의 말을 남겼다. 물론 그것이 그로 하여금 자신의 스탠더드를 작곡하거나, 자유 즉흥연주를 하거나, 오래된 곡들을 바탕으로 한 또 다른 음악적 실험들을 시도하는 일을 멈추게 하지는 않았지만 말이다. "요즘은 다들 자기 음악을 씁니다. 그리고 그게 바로 왜 이렇게 형편없는 음악이 많은지에 대한 이유 중 하나이기도 하죠."

다른 이론을 통해서도, 재즈 음악가들이 왜 그토록 자주『Great American Songs Book』이라는 재즈 스탠더드의 원천으로 되돌아가는지를 설명할 수 있을지도 모른다. 어쩌면 많은 재즈 음악가들은 오락성과 대중적 소재에 대해 은밀한 애정을 품고 있는 것인지도 모른다. 즉, 예술적으로 더 고급화된 음악을 연주할 때에는 거의 도달할 수 없는, 그와 같은 광범위한 성공에 대한 숨은 동경이 존재하는 것일 수도 있다. 혹은 그것은 단지, 재즈 음악가들이 끊임없는 창조성과 미학적 엄격함이라는 시련에서 잠시 회복하기 위해—혹은 흔히 그렇듯, 스스로에게 부과한 그 혹독함에서 벗어나기 위해—가끔 들르는 다소 촌스러운 피난처일 수도 있다.

이 모든 것을 넘어,『Great American Songs Book』은 스스로를 재즈 음악가라 부를 자격이 있는 사람이라면 반드시 공부해야 할 하나의 정전이다. 그것은 재즈 인용구로 가득 찬 보물상자와도 같다. 〈All of Me〉나 〈I'll Remember April〉의 코드 진행을 자유롭게 다룰 수 없다면, 잼 세션에 참여할 수 있는 가능성은 거의 제로에 가깝다. 드러머 우베 슈미트는 이 송북에 담긴 스탠더드들을 유전 정보, 다시 말해 재즈의 DNA 조각이라고 정확히 표현한 바 있다. 어쩌면 재즈 스탠더드는 미국 집단 무의식의 일부일지도 모른다. 동시에 이『Great American Songs Book』은 결코 닫힌 책이 아니다. 그것은 계속해서 쓰이고 있는 작업 중인 텍스트이며, 새로운 곡들뿐만 아니라 재즈 스탠더드라는 개념 자체에 새로운 빛을 던질 수 있는 음악이라면 언제든 추가될 수 있다. 키스 자렛 역시 모든 재즈 음악가들과 마찬가지로 이러한 스탠더드들을 반복해서 해석해 왔으며, 그와 동시에 자신의 작곡을 통해 레퍼토리 자체를 확장해 왔다.

1996년, 허비 행콕은 《New Standards》라는 제목의 앨범을 발표했는데, 이 음반에는 젊은 팝 세대의 노래들을 재즈적 옷차림으로 재해석한 곡들이 포함되어 있었다. 이는 역사적 맥락에 매우 민감한 키스 자렛에게 강한 반발심을 불러일으켰다. 그는 이렇게 말했다. "허비 행콕은 이 문제에 관해서는 완전히 틀렸다. '스탠더드'라는 용어는 위대한 가수들과 작곡가들이 활동하던 특정한 시대를 가리킨다. 그 시대는 영원히 능가될 수 없다." 자렛이 염두에 둔 것은 오직 20세기 전반부의 시대였다. 이 시기에는 음반사와 출판사들이 대부분 뉴욕 28번가 이른바 '틴 팬 앨리'에 모여 있었고 이후에는 브로드웨이와 49번가에 위치한 브릴 빌딩으로 옮겨 갔는데, 작곡가들을 고용해 쇼, 뮤지컬, 영화용 대중가요를 생산하게 했다. 이 작곡가들 가운데에는 조지 거슈윈과 어빙 벌린 같은 이름들이 포함되어 있다. 악보와 가정용 판본을 중심으로 했던 틴 팬 앨리의 전성기는 점차 쇠퇴했고, 1950년대 로큰롤의 등장과 함께 음악 출판 산업은 젊은 청중을 상대로 공연하는 젊은 아티스트가 중심이 되는 시장 구조로 바뀌었다. 이 젊은 세대는 더 이상 버라이어티 쇼에 가거나 악보를 수집하지 않았고, 대신 라이브 콘서트에서 자신의 우상들을 보고 음반을 구매했다.

자렛과 달리, 허비 행콕은 '스탠더드'라는 용어를 시대와 무관하게 모든 히트곡이나 에버그린의 동의어로 사용했다. 그리고 실제로 이러한 노래들 가운데 다수는 틴 팬 앨리 공장에서 생산된 어떤 곡 못지않게 뛰어난 시간적 내구성을 보여 왔다. 비틀즈, 밥 딜런, 조니 미첼 세대의 노래들이, 『Great American Songs Book』으로 대표되는 1920~30년대 작곡가들의 일종의 조립식 생산물보다 질적으로 더 낮은지 아닌지는 오직 시간이 말해 줄 수 있을 뿐이다. 음악적 히트작의 수명이 보장된 적은 결코 없었다.

이론적으로는 정의의 엄격한 경계를 완고하게 지키는 키스 자렛이지만, 실제로 음악이 만들어지는 순간에는 그런 엄밀한 구분을 적용하는 법이 거의 없다. 그는 트리오 작업의 출발점부터 단 하나가 아니라 세 가지 포괄적인 원천을 사용해 왔다. 즉 『Great American Songs Book』의 재즈 스탠더드, 어느 시점에 스탠더드 레퍼토리로 편입된 다른 중요한 재즈 작곡가들의 작품들, 그리고 자주 재해석되는 자신의 곡들이다. 그가 애호한 자작곡들은 아마도 '재즈 스탠더드'라는 명칭에 걸맞다고 믿었기 때문일 것이며, 그 음악적 성격이 미국의 위대한 노래집에 포함되기에 충분하다고 느꼈기 때문일 것이다.

자렛, 피콕, 디조넷으로 이루어진 '스탠더드 트리오'의 유연성은 1983년에 녹음된 첫 음반들에서 이미 분명히 들린다. 피콕과 디조넷이 단순히 화성을 받치고 리듬을 강조하는 역할에 머무르지 않는 것은, 부분적으로 그들 자신이 뛰어난 피아니스트이기 때문이다. 어떤 순간에는 이 음악이 세 명의 피아니스트로 구성된 트리오처럼 들리기도 한다. "우리가 연주할 때마다 나는 피아노 레슨을 받는다." 1980년대 말 잭 디조넷이 했던 이 말을 충분히 이해할 만하다. 그가 무엇을 배웠는지는, 심벌과 스네어를 검은 건반과 흰 건반을 구분하듯 두드리거나 반음계적으로 드러밍하려는 순간들에서 분명히 들린다. 동시에 자렛은 마치 색소폰 마우스피스를 사용하는 것처럼 연주하며, 숨으로 불어낸 듯한 레가토, 특유의 더티 블루 노트, 혹은 마 레이니에서 디 디 브리지워터에 이르는 위대한 재즈 샹테즈들을 연상시키는 칸틸레나를 자유자재로 불러낸다.

세 연주자가 첫 번째 재즈 스탠더드 음반을 바비 트룹의 〈Meaning of the Blues〉로 시작한 것은 전혀 놀라운 일이 아니다. 이 곡은 마일스 데이비스가 《Miles Ahead》에서 연주한 이후 스탠더드로 자리 잡았는데, 이 작은 '초대장' 같은 곡 하나만으로도 재즈 트리오의 끝없는 역사 속에 새로운 장이 열릴 뿐 아니라, 이후 수년 동안 백과사전적 규모로 확장될 하나의 새로운 '책'이 시작될 것임을 예고한다.

〈Meaning of the Blues〉의 자유로운 도입부는 낭만주의 시대의 슈만풍 피아노 작법과 전통적인 재즈 인트로의 음악적 기대―동기적 예시와 예고―를 결합하고, 곧 피아노와 베이스 사이의 대위적 대화로 이어진다. 그러나 《Standards, Vol. 1》의 두 번째 곡부터 음악은 익숙한 길을 벗어난다. 증감적 전조와 먼 조성들을 가로지르는 복잡성 때문에 혹은 그럼에도 가장 사랑받아 온 노래 중 하나인 제롬 컨의 〈All the Things You Are〉에서 자렛 특유의 선율선은 첫 마디부터 분명히 들린다. 오른손의 동기들은 왼손 대위에서의 이례적인 감속 효과에 의해 지속적으로 끊기는데, 이는 청자가 곡을 쉽게 알아보지 못하게 하거나, 더 복잡한 화성 변화에 맞서 단순한 선율의 매력을 오히려 증폭시키려는 듯하다. 그 결과는 큐비즘적 음악이라 부를 만하다. 옆모습으로 그려졌지만 두 눈이 모두 보이는 피카소의 후기 구상 회화를 연상시키는 청각적 등가물이다.

이러한 어긋남이야말로 자렛의 연주를 특징짓는 요소로, 그는 재즈 전통으로부터 즉흥 스타일의 많은 부분을 끌어오면서도 청자에게 매혹적으로 새로운 것을 만들어낸다. 이는 잭 디조넷과 게리 피콕에게도 본질적으로 동일하게 적용된다. 세 연주자는 기본 박의 존재를 서로가 느끼고 있다는 확신 속에서, 비트 액센트 없이 연주하는 데에도 편안함을 느낀다. 〈The Masquerade Is Over〉에서처럼 피아노, 베이스, 드럼이 각자의 리듬적 독립성과 개별적 색채를 드러낼 때조차, 이들의 집합적 사운드는 서로 연결된 용기 속의 유체처럼 놀라울 만큼 균질하게 유지된다. 음악적 신호들에 끊임없이 맥락을 부여하고, 다양성 속의 통일성을 만들어내는 일종의 중력감이 존재하는 것이다. 특정 해석자들과 너무도 강하게 결부되어 많은 가수와 연주자들에 의해 성역화된 스탠더드들조차, 자렛, 피콕, 디조넷은 주권성과 존중을 겸비한 태도로 접근한다. 오래된 풍경에 새로운 그림을 그리듯 말이다. 그 대표적 예가 빌리 홀리데이의 〈God Bless the Child〉에 대한 이 트리오의 해석이다. 이 노래를 이처럼 찬송가적이며, 가수의 가스펠적 굴절에 이토록 가까운 기악 연주로 들려준 경우는 드물다. 마치 키스 자렛이 자유 솔로 연주에서 사용해 온 오스티나토 기법을 이 고대적인 노래에 다시 맡기고, 블루스 종지의 순환을 하나의 집요하게 반복되는 단일 화음으로 축소함으로써—메이저렛처럼 북을 굴리는 디조넷의 홈스타일 드럼 롤에 힘입어—피아노라는 악기에는 본질적으로 결여된 보컬의 열정을 음악적으로 대체하려 한 것처럼 들린다.

같은 세션에서 녹음된 《Standards, Vol. 2》는 전반적으로 거의 동일한 방식으로 이어지지만, 앨범의 시작을 키스 자렛 자신의 작품인 〈So Tender〉로 연다는 점이 다르다. 이 곡의 출처를 모른 채 들으면, 이 음악이 무엇을 연상시키는지 정확히 짚어내기가 쉽지 않다. 자렛은 여기서 놀라울 만큼 '익숙하게 들리는' 재즈 스탠더드의 전형을 직접 작곡해냈는데, 이는 그가 이런 노래들을 거의 노력 없이 떠올릴 수 있는 작곡가임을 입증한다. 이 곡과 더불어 자렛 특유의 '자유 연주)' 스타일로 광범위한 즉흥을 담은 음반 《Changes》까지 모두 이 한 번의 스튜디오 작업에서 나왔다는 사실은, 세 연주자가 서로에게 얼마나 유연하게 적응하고 있었는지를 잘 보여준다. 《Changes》는 또한, 종종 도식적으로 구성될 수밖에 없는 스탠더드 연주들 사이에 대비 요소를 삽입하는 일이 창작의 충동을 다시 강화하고 새롭게 하는 데 얼마나 중요한지를 보여주는 훌륭한 사례이기도 하다.

이탈리아의 사르데냐 섬에서 열린 한 공연 중, 관객들은 거의 알아차리지 못했을지 모르지만 연주자들에게는 '고정된 틀'에 빠질 위험을 경고하는 사건이 하나 일어났다. 세 사람은 쿠르트 바일의 〈My Ship〉을 연주하고 있었는데, 어느 순간 갑자기 아무런 계획도 없이 자동 조종 장치라도 켜진 듯한 즉흥연주 국면으로 빠져들었다. 자렛은 이때의 감각을 전기 작가 이언 카에게 이렇게 설명했다. "맹세컨대 그건 내 인생에서 약 3분 정도가 아예 존재하지 않았던 것 같아요. 정신을 차리고 고개를 들었을 때, 잭과 게리도 똑같이 멍한 표정으로 나를 보고 있었죠. 몇 분 뒤에 휴식을 갖고 무대 뒤로 갔는데, 내가 이렇게 말했어요. '야, 우리가 만약 또 이런 상태에 빠지고도 3분 동안 그걸 모른다면, 그건 연주를 끝내야 할 순간이야!' 그건 완전한 블랙아웃이었어요. 전원이 꺼졌는데도 여전히 의자에 앉아 있는 느낌이랄까." 이와 같은 일이 다시 일어났다면, 세 연주자가 30년이 넘는 시간 동안 함께 무대에 설 수 있었을 리는 없다. 우리는 이것이 유일한 예외적인 순간이었다고 보아야 할 것이다.

1985년과 1986년에 유럽에서 열린 콘서트 실황을 담은 두 음반, 《Standards Live》와 《Still Live》역시 주목할 만하다. 특히 후자인 《Still Live》는 스콧 라파로와 폴 모션이 함께했던 전설적인 빌 에반스 트리오와, 그들의 가장 중요한 음반으로 꼽히는 《Portrait in Jazz》(1959)에 바치는 일종의 비밀스러운 헌사처럼 들린다. 《Still Live》에는 빌 에반스의 그 음반에도 수록되어 있는 네 곡의 유명한 스탠더드가 포함되어 있다. 〈Autumn Leaves〉, 〈Come Rain Or Come Shine〉, 〈When I Fall In Love〉, 〈Someday My Prince Will Come〉가 그것이다. 그러나 두 음반의 유사성은 여기까지다. 음악의 성격이나 즉흥의 틀, 개별 악기의 접근 방식 어디에서도 공통점을 찾기는 어렵다. 다만 세 연주자가 동등한 위치에서 상호작용한다는 점, 그리고 이 곡들의 미묘한 뉘앙스를 끌어내고 발전시키는 데서 보여주는 높은 음악성이라는 측면에서만 두 트리오를 비교할 수 있다. 이 음반이 만들어질 당시에도 게리 피콕이 재즈 스탠더드에 대해 여전히 회의적인 태도를 지니고 있었다면, 이 음반에서 그가 보여준 영감 넘치는 연주는 그런 의구심을 단번에 지워버리고도 남았을 것이다. 그뿐 아니라, 이 음반은 세 연주자가 탁월한 발라드 연주자임을 분명히 입증한다.

1987년에 녹음된 《Changeless》에서 키스 자렛은 마침내 자신의 자유 연주 기법을 트리오 스타일과 결합하는 데 성공했다. 〈Dancing〉에서 들을 수 있듯, 게리 피콕이 울림 있는 저음의 베

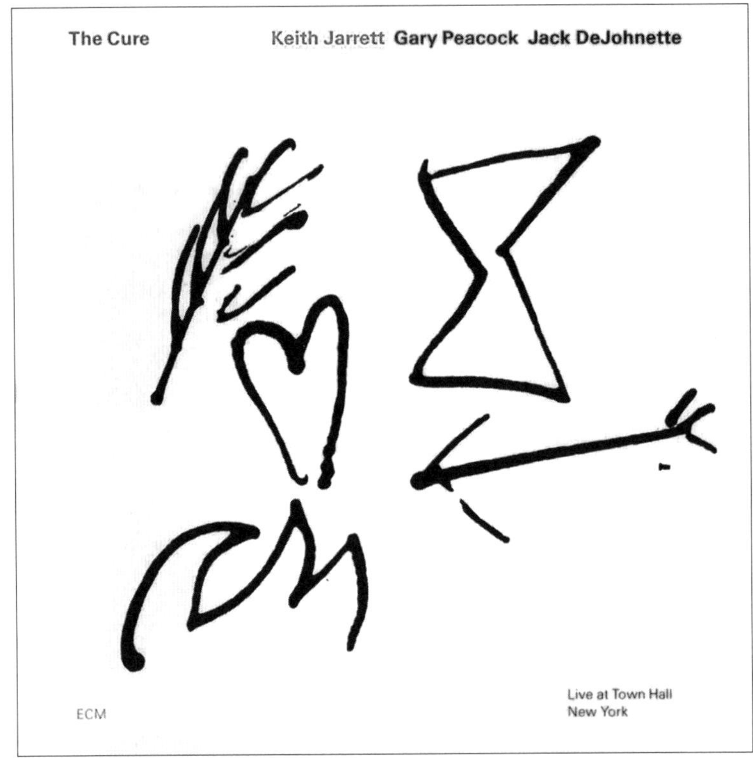

K. Jarrett & G. Peacock & J. DeJohnette – The Cure, ECM 1440

이스 리프로 자렛 특유의 오스티나토를 강화하거나, 피아노와 유니즌으로 선율 동기를 지탱하는 순간들은 음악이 본질적으로 덧없음이 아니라 지속성을 위해 존재한다는 알프레트 아인슈타인의 명제를 확인시켜주는 듯하다. 〈Lifeline〉에서도 마찬가지로, 잭 디조넷은 발을 구르듯 찍어 누르는 리듬으로 집단적인 '워크 송(work song)'의 장을 형성한다. 아인슈타인은 언젠가 이렇게 말한 바 있다. 종지는 이탈리아 라벤나 인근의 산타폴리나레 인 클라세 성당처럼 안정되고 완결된 건축물이며, 어떤 지진도 그것을 흔들 수 없다고. 자렛 특유의 오스티나토 위에 하나의 으뜸화음이 놓이고 그 위를 베이스와 드럼이 받쳐줄 때, 이 말을 더욱더 사실로 느껴진다.

트리오의 다채로움을 보여주는 또 하나의 훌륭한 사례는 1990년 뉴욕 타운 홀에서 녹음한 《The Cure》이다. 이 음반에서 자렛은 탁월한 스윙 감각으로 청자를 사로잡으며, 비밥 특유의 세련된 기교를 모든 형태에서 완벽하게 구사해 보인다. 이는 그가 이미 클래식 피아니스트로서의 명성을 쌓아가며, 더 이상 항상 재즈 음악가로만 인식되지는 않던 시점에 이룬 성취였다. 때로는 그가 신비로운 드루이드 델로니어스의 성배에서 한 모금 들이킨 듯 들리기도 한다. 마치 피아노 건반을 활짝 열어젖히고 숨겨진 4분음 체계를 풀어놓을 수 있는 힘을 부여받은 것처럼 말이다. 또 다른 순간, 〈Old Folks〉에서는 자렛이 천진무구한 아이로 변신해, 민속 음악의 별처럼 반짝이는 이야기들이 저절로 그의 품에 떨어지는 듯한 인상을 준다.

바로 이러한 놀라운 가변성 때문에, 그의 모든 콘서트와 녹음은 하나하나가 독자적인 사건으로 남는다. 예컨대 《Standards Live》

에 수록된 〈Stella By Starlight〉에서 그는 할리우드적 인상주의의 잔향을 통해 이 음악의 원초적 영역으로 파고든다. 〈The Song Is You〉에서는 미니멀리즘적 구절을 풀어내며, 마치 그 회전하는 동기가 곡 자체와 이혼해 영원한 궤도를 홀로 도는 듯한 느낌을 만든다. 《Standards in Norway》에 실린 〈Love Is A Many-Splendored Thing〉에서는, 게리 피콕의 건조한 베이스 음색에 힘입어(이 곡이 포 에이시스에 의해 편곡되기까지 했다는 사실이 무색할 정도로) 팝 발라드의 군더더기를 모두 걷어내고 업템포의 재즈로 탈바꿈시킨다. 그리고 마지막으로 《Tribute》에 수록된 〈Sun Prayer〉에서는, 찰스 로이드와 함께했던 필모어 시절의 찬란한 기억을 그대로 불러낸 듯한 펑크-재즈적 분위기를 창조해낸다.

1991년, 예순네 살의 마일스 데이비스가 세상을 떠났다는 소식이 전 세계에 퍼졌을 때, 그와 함께 무대에 섰던 모든 재즈 음악가들에게 그것은 커다란 충격이었을 것이다. 키스 자렛과 잭 디조넷은 1960년대 말에서 1970년대 초, 마일스의 가장 흥미진진했던 시기에 그와 함께 연주했고, 게리 피콕은 그보다 몇 해 앞서 론 카터의 대타로 마일스와 작업한 적도 있었다. 트리오는 음반 《Bye Bye Blackbird》를 통해, 여러 세대의 재즈 음악가들에게 영감을 준 이 인물에게 어쿠스틱한 헌사를 바쳤다. 세 사람은 음반 재킷의 라이너 노트에 묘비명처럼 짧은 문장들로 자신의 감정을 적었다. "마일스 데이비스는 하나의 매개체였고, 변환기였으며, 시금석이자 자기장이었다." 그리고 그는 극소수의 음표 안에서 끝없는 의미를 드러낼 줄 아는 진정한 미니멀리스트였다.

이 음반을 관통하는 원칙은 이 위대한 예술가에 대한 존경이다.

　　　　　　　　　　　　　　　　　　　　　　　키스 자렛

타이틀곡 〈Bye Bye Blackbird〉에는 마일스 데이비스 퀸텟 시절 존 콜트레인의 장대한 즉흥연주를 연상시키는 메아리가 담겨 있다. 섬세하게 편곡된 〈You Won't Forget Me〉는 1990년 가수 셜리 혼을 반주하며 이루어진 데이비스의 마지막 공개 공연을 떠올리게 한다. 4/4박자 속에 불안한 3/4박자의 감각을 지닌 몽크의 절제된 블루스 〈Straight, No Chaser〉 옆에서 가장 인상적인 곡은 트리오가 공동으로 구상한 〈For Miles〉이다. 이 곡은 소리의 복합적인 무기고처럼, 타악적 소음, 자유로운 칸틸레나, 사색적인 구간들로 이루어져 있다. 이 한 곡 안에는 마일스 데이비스를 떠올릴 때 연상되는 거의 모든 요소가 담겨 있다. 자렛의 일부 아르페지오 프레이징은 플라멩코의 라스게아도 기타 주법을 피아노로 옮긴 듯 들리며, 《Miles Ahead》,《Kind of Blue》,《Quiet Nights》, 그리고 특히 길 에반스 오케스트라와 함께한 《Sketches of Spain》 같은 데이비스의 음반들에서 느껴지는 스페인풍 색채를 더한다. 여기서 자렛은 마일스 데이비스의 음악을 단순히 해석하는 데 그치지 않고, 마치 그 자신이 마일스인 것처럼 연주하고자 했다는 자신의 공언에 거의 도달한다.

　이처럼 중요한 헌사와 비교해 볼 때, 라이브 공연을 모은 6CD 박스 세트 《At The Blue Note》는 트리오가 함께한 10년간의 작업을 중간에서 정리한 일종의 중간 결산으로 자리 잡는다. 이 음반은 재즈의 판테온에 바쳐진 하나의 유산이라 할 만하며, 여섯 번의 콘서트 가운데 단 세 곡만이 반복될 뿐이다. 익숙하고 타성적인 길을 밟기를 거부한 이들은 거의 모든 가능성에 열려 있는 태도를 보여주었고, 뉴욕의 전통적인 재즈 클럽 블루 노트에서 열린 이 사흘

밤의 공연이 얼마나 큰 영감을 주었을지는 충분히 짐작할 수 있다. 비밥 레퍼토리부터 감각적인 발라드까지 폭넓은 곡들이 연주되는데, 그중에는 마일스 데이비스가 자신의 첫 트럼펫 솔로를 녹음했던 곡인 〈Now's The Time〉도 포함되어 있다. 이 곡에서 자렛의 즉흥연주는 두터운 블록 코드로 가득 차 있는데, 이는 선율 중심의 서정가로 알려진 키스 자렛의 사고방식과는 다소 거리가 있고, 오히려 데이브 브루벡의 영역에 더 가까워 보인다. 소니 롤린스의 가장 유명한 곡 〈Oleo〉에서는 숨 가쁠 정도로 빠른 템포 속에서 자렛과 디조넷이 8마디씩 번갈아 가며 솔로 즉흥연주를 주고받으며 아이디어를 퍼붓는다. 이 음악은 발라드적인 아다지오와 더블 타임으로 치닫는 고조 사이를 오가는 템포 변화로도, 드럼의 묵직하게 지속되는 4분음 위에 피아노가 8분음이나 16분음으로 흩뿌리는 식의 다층적인 리듬 구성으로도 풍부하다. 하지만 이 음반은 어디까지나 중간 보고서에 해당하며, 이후에도 방대한 음악적 성과를 담은 수많은 음반이 계속해서 발표되어 재즈 트리오라는 거대한 백과사전에 추가될 것이다.

다양한 출처에서 비롯된 음악과 집요하게 씨름하는 태도는 언제나 자렛의 음악적 얼굴을 규정하는 특징이었다. 《Tokyo '96》에서 그는 냇 킹 콜의 대중적인 눈물샘 자극 곡 〈Mona Lisa〉를 거리낌없이 다시 수출하듯 연주하는데, 수많은 평범한 가수들에 의해 이미 닳고 닳은 이 곡에서 진부함을 말끔히 벗겨내고 성숙한 발라드 어법을 통해 새로운 화성적 코르셋을 입혀 제시한다. 이후의 녹음들 역시 선택된 곡들을 생각하면 쉽게 예상하기 어려운 독창적인 해석을 보여준다. 예컨대 《Tokyo '96》에 수록된 버드 파월의

⟨John's Abbey⟩는 너무나도 격렬하게 빠른 템포로 연주되어 기네스북에 올라야 할 정도다. 여기서 디조넷과 자렛이 주고받는 8마디 단위의 교대는 프란츠 리스트의 ⟨초절기교 연습곡집⟩ 중 8번 '사냥'을 연상시킬 만큼 청자를 강타한다. 1999년에 발표된 파리 공연 실황 음반 《Whisper Not》에서는 『Great American Songs Book』의 곡들과 한층 넓은 재즈 스탠더드 레퍼토리가 혼합되어 등장한다. 1920년대 말과 1930년대 초 대공황의 희생자들에게 감정적 지팡이 역할을 했던 래그타임 곡 ⟨Wrap Your Troubles In Dreams⟩ 역시 키스 자렛에 의해 다시 호출되는데, 여기에는 정치적 의미까지 겹쳐진 이중의 전환이 담겨 있다.

트리오는 《Inside Out》이라는 일급의 괴물 같은 작품으로 새 밀레니엄을 열었는데, 이 음반에는 거의 전부가 키스 자렛이 쓴 곡들로 이루어진 한 세트의 작품이 담겨 있다. 하지만 과연 여기서 '작곡(composition)'이라는 말이 적절할까? 이 곡들은 오히려 자유롭게 설계된 합의물에 가깝다. 블루스, 스피리추얼, 코랄, 그리고 뉴올리언스에서 시카고로, 할렘에서 맨해튼 다운타운으로 이어지는 재즈의 거의 모든 정의에 대해 탁월한 직관을 드러내는 형식적 구성을 보여준다. 예를 들어 ⟨From The Body⟩에서는 약 20분 동안 주제의 선율 파편들이 퍼즐 조각처럼 이리저리 섞이다가, 자렛 특유의 반복이 등장해, 애초에 완전히 풀리지도 않은 이 어긋난 조각들의 수수께끼를 종결시킨다.

음반의 타이틀 곡 ⟨Inside Out⟩은 자율적으로 보이는 동기들이 오가며 움직이는 구조가 특징이다. 블루스의 단편, 찬가풍의 종지, 삼중 대위법, 그리고 서로 다른 세 가지 템포가 등장하는데, 이 안

KEITH JARRETT
GARY PEACOCK
JACK DEJOHNETTE
INSIDE OUT

K. Jarrett & G. Peacock & J. DeJohnette – Inside Out, ECM 1780

에서 연주자들은 각자 독립적으로 즉흥연주를 펼치다가, 결국 녹음 엔지니어가 동시 페이드아웃으로 이 독립 선언들을 종결시키면서 곡이 끝난다. 〈341 Free Fade〉에서는 조심스럽게 모습을 드러내는 역사적 재즈의 기초 요소들이 전위적 사운드의 압도적인 음량 속에 묻혀 버린다. 이 소리들은 앞으로 밀고 나아가며 겹치고 넘쳐흐르다가, 소리의 흔적만을 남긴 채 재빨리 사라지며 압도적인 공허감만을 남긴다. 그러나 이 감각은 〈Riot〉에서 기만적인 것으로 드러난다. 여기서 트리오로 위장한 록 밴드는 공격적인 리듬과 전투태세를 갖춘 화음들을 통해, 정신적인 것보다 순수한 물질성의 우위를 과시하려 한다. 이어서 빅터 영의 〈If I Fall in Love〉를 배치한 선택은 프로듀서와 세 연주자가 지닌 뛰어난 극적 감각을 증명한다. 직전에 이어졌던 난폭한 음향적 소동으로 숨이 막힌 뒤, 전통적인 재즈 스탠더드 형식의 사랑 노래를 통해 숨을 고를 수 있게 해주는 것은 매우 이례적인 즐거움이다.

"가끔 우리는 사물의 본질이 무엇인지 보기 위해 그것의 안팎을 뒤집어야 한다." 키스 자렛이 《Inside Out》의 라이너 노트에 적은 이 문장은, 이 선구적인 음반 이후에 나온 모든 녹음의 모토로 이해될 수 있다. 특히 다음 음반인 《Always Let Me Go》는 도쿄 콘서트 실황 녹음으로, 파편화된 제스처와 음악적 변형을 통해 표현을 극대화하려는 욕망으로 특징지어진다. 그러나 《Yesterdays》와 《My Foolish Heart》처럼 자렛 자신의 곡들을 노래와 재즈 스탠더드 사이에 배치한 음반들 역시, 이 모토가 암시하는 음악적 내성의 개념에 의해 이끌리고 있다. 예를 들어 팻츠 월러의 〈Ain't Misbehavin'〉과 〈Honeysuckle Rose〉, 그리고 리처드 로저스의

⟨You Took Advantage Of Me⟩에서는, 래그타임 싱코페이션과
스트라이드 피아노식 베이스 음–화음 반주를 사용하는 왼손을 통
해, 이 음악이 현대 재즈 맥락 속에서도 여전히 유효한지를 시험하
는 듯한 연주가 들린다. 또한 길레스피의 ⟨Shaw'nuff⟩에서는 자
렛이 다시 한번 피아노에서 속도 기록을 깨려는 듯 보인다.《The
Out-of-Towners》의 타이틀 곡에서는 주제 변형이 재즈 즉흥연주
의 기본 원리에 근거해 전개되는데, 약 20분 동안 동일한 작은 동
기를 다루며, 제약 속에서 상상의 날개가 더욱 빠르게 자란다는 사
실을 압도적으로 증명해 보인다.

《The Out-of-Towners》 이후, 그리고 각각 2001년 뮌헨 오페라
하우스와 2002년 프랑스 주앙레팽의 야외 페스티벌 재즈 아주앙
에서 녹음된《Up for It》까지, 석 장의 솔로 음반이 추가로 제작되
는 동안, 트리오 음반은 무려 7년간 발표되지 않았다. 그러나 자렛
은 2007년, 뉴저지에 위치한 자신의 케이브라이트 스튜디오서 오
랜 동료 찰리 헤이든과 함께 녹음을 진행했다. 이는 그의 디스코그
래피에서 보기 드문 경우다. 이 녹음들은 이후 2010년《Jasmine》
과 2014년《Last Dance》로 발매되었으며, 친밀한 발라드들로 구
성된 작품들이다. 이 음반들에서는 서로 뜻이 통하는 두 영혼 사
이의 평온한 대화가 들려오는데, 때로는 단순한 서정성으로 특징
지어지지만, 그 음향과 표현력은 완전히 청자를 사로잡는다. 이 녹
음들은 키스 자렛의 첫 번째 트리오 초기 음반들을 연상시키며,
2014년에는 무려 40년의 숙성 기간을 거쳐, 1972년 함부르크 북
독일방송(NDR 워크숍)에서 이루어진 트리오 공연 녹음이《Hamburg
'72》라는 제목으로 세상에 나왔다. 키스 자렛과 찰리 헤이든의 관

계는, 오랜 기간 함께 연주하지 않거나 서로를 보지 못한 때에도, 언제나 변함없는 존중과 우정의 관계로 남아 있었다. 그렇다면 2014년 7월 11일, 로마 파르코 델라 무지카 공연장에서 열린 솔로 콘서트의 앙코르로 자렛이 《Jasmine》에 수록된 곡을 연주한 것이 과연 우연이었을까? 찰리 헤이든은 바로 그날 밤 로스앤젤레스에서 세상을 떠났다.

두 번째 트리오와 함께 발표된 자렛의 마지막 녹음 작품은 《Somewhere》였다. 이 음반은 2009년에 녹음되었으나 2013년에 발매되었으며, 스탠더드, 재즈 스탠더드, 그리고 자렛 자신의 곡들에 대한 해석에서 이 탁월한 트리오의 모든 특질을 결합하고 있다. 음반의 첫 곡 〈Deep Space〉의 일부 구간에서는, 마일스 데이비스의 곡 〈Solar〉와 결합된 이 작품에서, 키스 자렛이 피아노로 드럼 롤을 연주하는 듯 들리고, 잭 디조넷은 하이햇에서 드럼 스틱 트릴을 연주하는 것처럼 들린다. 종종 게리 피콕은 더블 베이스를 피아노 내부의 현을 뜯는 듯한 공명으로 울리게 만든다. 자렛은 이 곡을 차갑고 명료하게 시작한다. 4도 위에 쌓은 알렉산드르 스크랴빈의 6성부 화음은, 이 도입부에 등장하는 무조적 음향 층위, 기이한 동기 파편들, 불협화음의 구름에 비하면 마치 후기낭만주의의 잔재처럼 들린다. 그러나 베이스와 드럼이 가세하는 순간, 이 오래된 '새 음악'의 얼어붙은 차가움은 믿기 힘든 재즈 세션으로 변모한다.

얼마나 강렬한 앙상블 연주인가! 드럼의 필인은 피아니스트가 만들어낸 쉼(카에주라)의 선율적 연장이며, 베이스 라인은 드럼이 짜올린 음향 직물 속에서 리듬적인 패턴처럼 작동한다. 이 세 명의 음악가는 여기서 일종의 황홀경 속으로 스스로를 밀어 넣고 있으며, 서로 다른 악기를 연주하는 세 명의 피아니스트가 끊임없이 윤회하는 이 영구적인 메템프시코시스(영혼이 동물, 식물, 인간 등 다양한 형태로 환생하며 연속적으로 삶을 이어간다는 고대 그리스의 사상) 속에서 누가 누구를 이끄는지 가려내는 일은 거의 불가능하다. 서두의 추상 회화는 점차 〈Stars Fell On Alabama〉나 〈Between The Devil And The Deep Blue Sea〉 같은 표상적인 스탠더드로 해체되며, 이 곡들은 점점 더 복잡해지는 화성적 확장이나 장식이라는 방식이 아니라 전혀 다른 수단을 통해 다시 태어난다. 여기서 우리는 키스 자렛이 선율 변주와 재조정이라는 전통적인 법칙을 따르고 있음을 듣게 된다. 이 오래된 노래들을 전혀 다르게 들리게 만드는 것은 연주의 압도적인 추진력과 세 음악가 사이에서 완벽하게 맞물린 음악적 상상력의 일치다. 이 모든 것 위에, 거의 모든 공연이나 녹음에서 발견되는 두 가지 놀라운 특성이 더해진다. 하나는 뉘앙스의 풍부함이고, 다른 하나는 음색의 다양한 성격을 즉각적으로 포착하는 능력이다. 이 두 가지는 앙상블 재즈에서 오직 최상급 연주자들만이 지니는 자질이다.

그리고 여기에서도, 키스 자렛은 키스 자렛답게, 번스타인의 〈Somewhere〉를 자신의 곡 〈Everywhere〉와 결합해, 《The Köln Concert》와 다른 솔로 연주들에서 들을 수 있었던 격렬한 고조를 메아리치게 하는 오스티나토의 향연 속으로 흘려보내지 않을 수 없었다. 하나의 모티프를 붙들고 늘어지는, 거의 예술적 편집증에 가까운 이러한 집요함은 재즈 역사상 그 어떤 피아니스트에게서도 찾아볼 수 없다. 아마도 무한히 반복 가능한 오스티나토에 대한 이 집착 어린 강조야말로, 아프리카 대륙의 발 구르는 춤 의례와 마법적인 돌림 노래에 닿아 있는 이 음악의 원초적(atavistisch) 요소를 생생하게 유지해 주는 힘일 것이다.

10장 클래식 음악가로서의 재즈맨

키스 자렛이 연주하고 녹음한 요한 제바스티안 바흐의 〈평균율 클라비어곡집 제1권〉은 하나의 센세이션이었다. 그러나 그 이유가 선곡에 있었던 것은 아니다. 바로크에서 현대에 이르기까지 유럽의 '진지한' 전통을 공부한 재즈 음악가들은 재즈 역사 곳곳에서 발견할 수 있기 때문이다. 1940년 뉴욕에서 베니 굿맨은 바이올리니스트 요제프 시게티, 그리고 작곡가 자신이 피아노를 맡은 가운데 버르토크 벨러의 삼중주 〈콘트라스트〉를 초연했고, 1956년에는 샤를 뮌슈가 지휘하는 보스턴 심포니 오케스트라와 함께 모차르트의 〈클라리넷 협주곡〉 녹음에서 솔리스트로 참여했다. 1983년에는 윈턴 마살리스가 요제프 하이든, 요한 네포무크 훔멜, 레오폴트 모차르트의 트럼펫 협주곡을 연주한 경이로운 녹음으로 대중의 이목을 집중시켰다. 클래식 음악에 대한 지향을 지닌 재즈 음악가들의 사례는 래그타임의 태동기부터 현재에 이르기까지 끊임없이 발견되며, 비록 (비평가들뿐만 아니라) 당사자들 스스로도 이러한 작업을 미학적 긴장 완화 연습이나 외부 영역에 대한 농담 섞인 침입 정도로 인식하는 경우가 많았다고 하더라도 그러하다.

1988년, 해방된 음악적 덕목의 실천자였던 키스 자렛은 한스 폰 뷜로가 '유럽 예술 음악의 구약성서'로 추켜올린 바흐의 기념비적 작품을 연주해 발표했다. 즉흥연주의 황홀경을 자신의 기치로 삼아온 이 엄격한 피아니스트 자렛이, 감정성과 자기표현의 시대 이전에 쓰인 음악에 헌신한 것이다. 시간이 흐를수록 음악 교육의 잔재들이 오히려 자신의 상상력을 좁혀왔다는 확신을 갖게 된 한 예술가가, 연주자가 아니라 작곡가가 최종 권위를 갖는 엄격한 대위법의 규칙서 앞에 겸허히 자신을 내맡긴 셈이다. 음악계는 귀를 곤두세웠고 당혹스러워했으나, 사실 더 잘 알았어야 했다. 일반적으로 센세이션으로 받아들여진 이 사건은 우연도, 돌발적인 음악적 변덕도, 일시적인 기분 전환도, 음악적 전향에 가까운 것도 아니었다. 그것은 오랜 시간에 걸쳐 단호하게, 그리고 결코 비밀스럽지 않게 이어져 온 이 음악 세계에 대한 연구의 결과였다.

자렛은 바흐에서 프로코피예프에 이르는 클래식 레퍼토리를 연주하는 신동으로 커리어를 시작했으며, 국제적인 재즈 피아니스트로 명성을 쌓아가는 동안에도 이 세계를 한순간도 시야에서 놓지 않았다. 실제로 그는 1973년에 이미 이 영역에서 자신의 작곡 일부를 청중에게 소개한 바 있다. 불과 1년 뒤인 1974년, 그는 뉴욕에서 데니스 러셀 데이비스의 지휘로 카를라 블레이의 피아노와 관현악을 위한 작품 〈¾〉(재즈의 경계를 분명히 넘어서는 곡)을 연주하도록 초청받았고, 같은 해 여러 도시에서 이 곡을 재차 연주했다. 1979년에는 데니스 러셀 데이비스가 지휘하는 세인트 폴 체임버 오케스트라와 함께, 당시까지 미국의 연주 프로그램에 거의 포함되지 않던 '이단아' 작곡가 콜린 맥피와 루 해리슨의 작품을 해석했다. 1982년에는 캘리포니아 앱토스의 카브릴로 칼리지(루 해리슨의 거주지)에서 열린 현대음악 페스티벌에서 스트라빈스키의 〈피아노 협주곡〉과 존 케이지의 〈댄스/4 오케스트라〉를 연주했고, 그로부터 4년 뒤에는 해리슨의 〈피아노 협주곡〉을 다시 연주했다. 이러한 행보는 미국의 음악 비평가들에 의해 면밀히 주목되었다.

유럽에서도 자렛은 이른바 '순수 음악' 연주로 모습을 드러냈다. 예컨대 파리 시립극장에서 피에르 불레즈가 이끄는 저명한 앙상블 앙테르콩탕포랭과 함께한 공연이 그것이다. 독일에서 자렛의 클래식한 면모가 처음으로 본격적으로 소개된 것은 1982년 봄이었다. 슈투트가르트의 뷔르템베르크 주립극장에서 열린 미국과의 만남 페스티벌에서 그는 페기 글랜빌-힉스의 대작 〈에트루리아 협주곡〉을 연주했고, 2년 뒤에는 자르브뤼켄에서 열린 20세기 음악 페스티벌에서 새뮤얼 바버의 〈피아노 협주곡, Op.38〉을 연주했다. 이 프로그램들에는 자렛이 이미 미국과 파리에서 여러 차례 선보였던 콜린 맥피와 루 해리슨의 작품들도 포함되어 있었다. 1984년 7월 1일과 3일 자르브뤼켄에서 열린 이 현대음악 연주회 중 일부는 재즈 피아니스트 키스 자렛의 출연 덕분에 관객이 너무 많이 몰려, 할베르크 방송국의 공개홀에 좌석이 부족할 정도였다. 그 결과 많은 청중이 복도 문 너머에서 공연을 들어야 했다.

1984년과 1985년, 음악계는 클래식과 현대음악 전반에 걸쳐 폭넓게 관여하는 키스 자렛의 모습을 목격했다. 북미, 유럽, 일본의 일부 관찰자들에게는, 마치 명성 높은 재즈 피아니스트 자렛이 어느 날 갑자기 자신 안에 오래도록 억눌려 있던 클래식 음악의 물줄기를 한꺼번에 터뜨린 것처럼 보였을 것이다. 자렛은 스카를라티, 카를 필리프 에마누엘 바흐, 헨델의 소나타들을 연주했고, 요한 제바스티안 바흐의 〈프랑스 모음곡〉, 모차르트의 〈피아노 협주곡〉, 베토벤의 〈비창 소나타〉, 쇼스타코비치의 〈전주곡과 푸가〉, 버르토크의 〈피아노 협주곡 2번〉과 〈3번〉을 연주했다. 또한 〈바이올린과 피아노를 위한 소나타〉, 〈오보에와 현악 오케스트라를 위한 아다지오〉, 〈바이올린과 오케스트라를 위한 애가〉와 같은 자신의 '클래식' 작곡 작품들도 직접 해석했다. 1986년 1월 도쿄에서 열린 한 연주회에서는 루 해리슨의 〈피아노 협주곡〉이 프로그램에 올랐는데, 이 자리에서 키스 자렛다운 매우 전형적인 사건이 벌어졌다. 해리슨 협주곡에 대한 열광적인 박수갈채가 끝난 뒤, 자렛은 앙코르를 위해 다시 무대에 올랐다. 그는 늘 그렇듯『Great American Songs Book』에 속한 스탠더드 곡을 연주하기 시작했지만, 첫 번째로 울린 낯선 화음에 손을 얹는 순간, 이 피아노가 해리슨의 협주곡을 위해 특별히 조율되어 있었다는 사실을 떠올렸다. 정통적인 평균율 조율은 폐기되고, 흰 건반에는 순정율을 적용하며, 검은 건반들 사이의 일부 음정에는 정확한 수학적 진동비가 부분적으로만 사용된 조율이었던 것이다.

서구의 조성 체계에 익숙한 청중에게는, 이로 인해 악기가 약간 음이 나간 것처럼 들리는 자극적인 효과가 나타났다. 자렛은 즉각적으로 이 소리에 자신의 연주를 적응시켰고, 아무런 어려움 없이 앙코르를 마무리했다. 그가 실제로 어떻게 이런 일을 해냈는지는 여전히 그의 비밀로 남아 있지만, 현장에서 이를 들은 증인들에 따르면 그는 피아노가 정상적으로 조율된 것처럼 들리는 음들을 중심으로 즉석에서 스탠더드 곡을 재구성했다고 한다. 이러한 연주 활동과는 별도로, 자렛은 1983년 10월 스위스 바젤에서 현대 작곡가의 작품을 처음으로 녹음했다. 그 곡은 〈프라트레스〉였으며, 이 작품은 소련에서 망명한 이후 에스토니아 작곡가 아르보 패르트가 발표한 첫 음반이자 기념비적인 작품인 《타불라 라사》에 1년 뒤 수록되어 발매되었다. 자렛은 여러 버전으로 준비된 이 음악을 바이올리니스트 기돈 크레머와의 듀오 편성으로 연주했다. 스튜디오 녹음이 끝난 뒤, 크레머는 공개 연주에서도 자렛과 함께 〈프라트레스〉를 연주하자고 설득하려 했지만, 자렛은 이를 거절했다. 자렛이 이 프로젝트에 참여한 것은 크레머와의 협업을 제안한 만프레트 아이허에 대한 의리 때문이었고, 또한 빈 A-E 완전5도를 지속음으로 삼는 이 소박한 곡에 대한 개인적인 호기심 때문이었을지도 모른다. 그러나 그 이상으로 자렛이 아르보 패르트의 작품 세계에 큰 관심을 보인 적은 없었다. 패르트의 음악은 어쩌면 부당하게도 종종 미니멀리즘 음악으로 분류되곤 했기 때문이다.

이처럼 바로크에서 아방가르드에 이르는 폭넓은 레퍼토리를 아우른 그의 수많은 연주 활동의 맥락 속에서 보더라도, 키스 자렛이 녹음한 바흐의 〈평균율 클라비어곡집〉 해석은 여전히 일급의 사건으로 남는다. 이는 자렛의 두 번째 음악적 본성이 더이상 비밀이 아니었던 이들에게도 마찬가지다. 즉흥 재즈를 주된 영역으로 삼아 활동하는 아무리 뛰어난 피아니스트라 하더라도, 이처럼 방대한 대

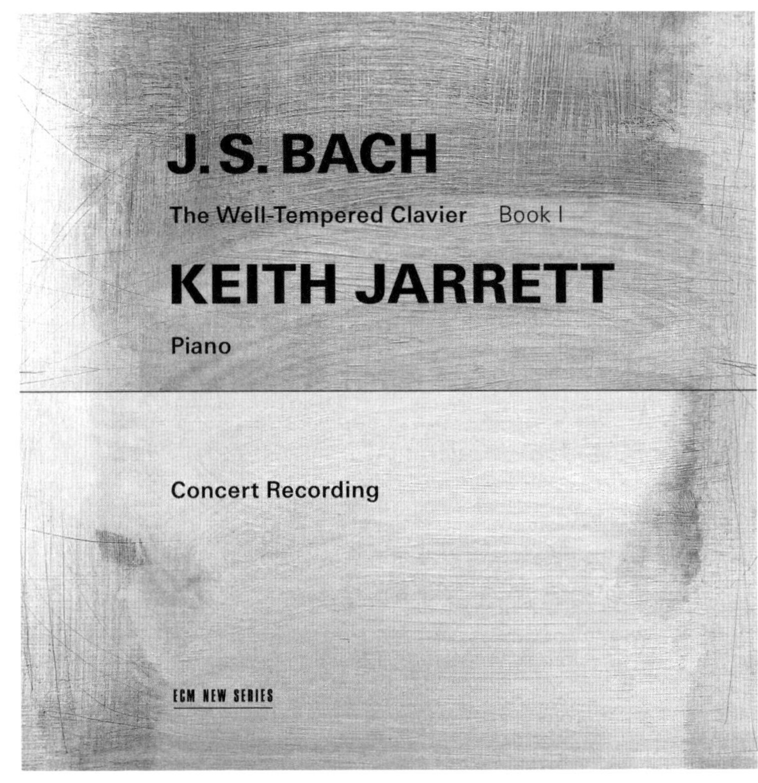

Bach, Keith Jarrett – The Well-Tempered Clavier Book I, ECM 2627/28

위법의 총서를 소화하기 위해서는 수년간의 준비가 필요하다.

자렛은 자신이 즉흥연주를 연습한 적은 없으며, 대신 고전음악 레퍼토리에 대한 지속적인 실기·이론적 연구에 몰두해 왔다고 여러 차례 밝혀왔다. 그리고 이러한 연구의 흔적은 그의 장대한 랩소디들 속을 유영하며 분명하게 들린다. 그는 『가디언』과의 인터뷰에서 자신의 작업 방식을 설득력 있게 설명했다. "나는 즉흥연주를 연습할 수 있다고 생각하지 않고, 습관을 만드는 것도 좋지 않다고 생각합니다. 그래서 작업 중이 아닐 때 그로부터 오래 떨어져 있을수록, 마침내 즉흥연주를 하게 되었을 때 음악은 더 좋아집니다." 바흐 연구에 관해서도, 만족스러운 음악적 결과에 도달하기 위해 무엇을 해야 하고 무엇을 자제해야 하는지는 자렛에게 분명했다. 그는 이렇게 말했다. "우리는 영원히 살 수 없잖아요. 그래서 나는 내가 중요하다고 생각하는 것들을 하나하나 걸러 보기로 결심했고, 아직 완전히 제시되지 않았다고 생각되는 무언가를 내가 제안할 수 있는지 보고 싶었습니다. 물론 바흐를 연주하면서 글렌 굴드를 흉내 낼 생각은 전혀 없었죠. 하지만 클래식 연주자들 가운데 실제로 자신이 연주하는 작품으로부터 무언가를 만들어내는 사람은 극히 일부에 불과하다는 점이 나를 생각하게 만들었습니다. 분명 여지는 있다고 느꼈지만, 그것은 100퍼센트의 헌신으로만 가능하다고 판단했습니다. '재즈 연주자치고는 괜찮다'는 수준이 아니라, 제대로 해내기 위해서 말이죠."

그는 재즈를 연주할 때와 고전음악을 연주할 때 팔과 손, 그리고 몸 전체의 근육 장치를 사용하는 방식이 전혀 다르다는 사실을 분명히 인식하고 있었다. 이는 특히 그의 개인적인 습관과 즉흥연주

스타일을 고려할 때 매우 중요한 문제였다. 자렛은 자신의 바흐 해석이 대중에게 어떻게 받아들여질지에 대해 아무런 환상도 갖고 있지 않았다. 그는 왜 자신이 다른 연주자들보다 훨씬 더 철저하게 고전음악 연주를 준비해야 하는지를 알고 있었다. 그에게는 잃을 것이 더 많았기 때문이다. 그가 『다운 비트』의 아트 랭과의 인터뷰에서 "내가 하는 모든 일은 관찰의 대상이 된다"고 무심하게 말한 대목은, 겸손하게 들리지는 않을지 몰라도 현실을 정확히 짚은 판단이었다. 카네기홀에서 데뷔 무대를 갖는 젊은 클래식 연주자는 설령 연주가 완벽하지 않더라도 어느 정도 관용을 기대할 수 있다. 그러나 자렛에게는 그런 여지가 없었다. 만약 그가 그런 자리에서 기대 이하의 연주를 했다면, 그 사실은 곧 전 세계에 알려졌을 것이다. 실제로 그의 바흐와 모차르트 해석을 둘러싼 세계 각지의 비평 반응은 이러한 그의 인식이 옳았음을 입증했다.

본질적으로 〈평균율 클라비어곡집〉은 전문가들을 논쟁의 장으로 불러들이는 작품이다. 자렛의 해석을 두고 가장 자주 제기된 질문은 두 가지였다. 하나는 재즈 음악가인 그가 이 연작이 내포한 함정들을 과연 극복할 수 있는가 하는 문제였고, 다른 하나는 재즈 특유의 기벽이나 습성이 연주에 드러나지는 않을 것인가 하는 점이었다. 여기에 열성적인 자렛 팬들까지 더해졌는데, 이들 역시 두 부류로 나뉘었다. 한쪽은 오직 재즈라는 틀로만 자렛을 생각해 온 탓에 그를 바흐 연주자로 받아들이는 데 어려움을 느꼈고, 다른 한쪽은 〈평균율 클라비어곡집〉 해석이 자신들이 숭배하는 '피아노의 신'의 위대함을 명백히 증명해 줄 것이라 기대했다.

후자의 집단은 자렛의 해석적 구상이 지닌 '평범함'에 깊은 실망을 느꼈을 것이다. 〈평균율 클라비어곡집〉 제1권에서 그는 현대 피아노를 사용했으며, 다수의 리뷰에 깔린 전반적인 저조음은 자렛이 지나치게 자신을 제한했고, 그로 인해 바흐 음악에 대한 그의 개인적인 해석을 식별하기가 어렵다는 투덜거림이었다. 물론 다른 의견들도 존재했다. 예컨대『타임』은 〈제2권〉(415헤르츠로 적절히 조율된 2단 건반의 하프시코드로 녹음됨)을 다루며, 글렌 굴드의 전설적인 녹음 이후 이 음악이 이토록 흥미진진하게 해석된 적은 없었다는 결론을 내렸다.

이처럼 극단적으로 상반된 판단들은 자렛이 미리 예견했던 바로 그 오해들에 근거한 것처럼 보인다. 그는 1987년 말, 뉴저지주 옥스퍼드에 있는 자택에서 저자와 나눈 긴 대화에서 이렇게 설명했다. "나는 바흐를 정말 적절한 시점에 녹음했다는 느낌이 듭니다." 그는 이어서 말했다. "물론 〈평균율 클라비어곡집〉 녹음이 일종의 놀라움으로 받아들여질 것이라는 점은 알고 있어요. 하지만 솔직히 말해, 사람들이 흥분하면 할수록 나는 음악적으로 그 흥분을 거부하고 싶어집니다. 필요한 것 이상을 하지 않고, 오직 음악에 봉사하려는 것 말이죠. 실제로 나는 무언가를 더하기보다, 훨씬 더 많이 거부하고 있었던 셈입니다."

키스 자렛을 자신의 예리한 분석조차도 끝내 신뢰하지 못했던 '피아노적 추적자' 글렌 굴드와 비교하는 것은 불가능하다. 굴드는 악보 너머를 탐색하는 쪽을 택했고, 결속을 느슨하게 풀어헤치고 부차적 재료를 부각하며 극단적인 템포를 선택하는 방식으로 바흐를 일종의 지구력 시험대에 올려놓았다. 그 결과 바흐의 전주곡과 푸가는 놀라울 만큼 견고하다는 사실이 드러났다. 키스 자렛이 합리적인 범위를 지킨 것은, 황홀경에 사로잡힌 무제약의 재즈 연주자라는 자신의 이미지 때문에 기이한 무언가를 내놓아야 한다는 요구에 위축되었기 때문만은 아니었다. 오히려 그의 음악적 경력은 바흐에 대해 '정상적으로' 반응해도 되는 지점에 그를 이르게 했다. 굴드의 재구성 가운데 특정한 대목들을 높이 평가하면서도, 조건화에 반대하는 음악적 행동주의자 자렛은 굴드의 태도를 예술적 좌절의 산물로 보았다. "굴드는 순수한 해석자였어요. 해석자의 표현 스펙트럼은 다루는 재료에 의해 제한됩니다. 하지만 나는 즉흥의 영역에서 왔죠. 다른 표현 수단이 있기 때문에 좌절하지 않습니다. 구절화나 연주자가 덧붙인 어떤 것들로 살아가는 해석은 좌절에서 태어납니다. 그러나 이 작품들에는 아무것도 더할 필요가 없어요―이 음악은 어떤 도움도 필요로 하지 않습니다."

이 말을 음악적 뉘앙스의 흔적조차 없는 기계적 바흐를 옹호하는 고백으로 오해해서는 안 된다. 자렛의 주된 목표는(그는 연주로 이를 입증한다) 이 작품들에 내재한 규칙에 복종하는 것이며, 힘으로 음악을 부각해 그 강도를 의심하게 만들지 않는 데 있다. 이는 모든 해석자가 걸어야 하는 미학적 줄타기다. 연주 전통을 의식하는 자렛은 다이내믹 구조, 아고긱한 템포 변동, 다양한 터치나 서스테인 페달을 통한 과도한 채색을 절제한다. 역사적 정보에 기반한 해석자로서 그는 하프시코드를 선호하기도 했는데 〈평균율 클라비어 곡집 제2권〉, 극도로 섬세한 킴 카슈카시안과 함께한 〈비올라 다 감바와 쳄발로를 위한 소나타〉, 〈프랑스 모음곡〉, 〈골트베르크 변주곡〉의 녹음에서 이를 확인할 수 있다. 특정 방법이나 연주 모델에 자신을 고정한 적이 없는 자렛에게 악보에 대한 연구와 해석사에 대한 지식은 그의 음악적 개념을 이끄는 지침이다. 그 결과는 가장 객관적인 형태의 '재현'이라고 부를 수도 있다. 그의 연주는 흔들림 없고 평온하며 고요한 무엇을 드러낸다. 이러한 성질은 그의 모든 바흐와 헨델 녹음에서 발견된다. 미셸 마카르스키의 거의 비브라토 없는 연주와 함께한 〈바이올린과 건반을 위한 6개의 소나타, BWV 1014-1019〉에서의 명료한 대위법적 윤곽, 〈골트베르크 변주곡〉에서 굴드의 기행과 대조되는 효과를 거부한 절제된 장식, 〈평균율 클라비어곡집 제2권〉의 엄격하고 아름다운 하프시코드 아티큘레이션, 느리게 걸으며 언제나 논리적으로 구문화된 〈프랑스 모음곡〉, 헨델 모음곡에서 현대 피아노로 구현된 놀라울 만큼 섬세한 점묘적 프레이징, 그리고 바흐의 〈비올라 다 감바와 쳄발로를 위한 소나타, BWV 1027-1029〉에서 거트현을 쓰는 킴 카슈카시안의 자연스럽고 관능적인 연주를 강조하고 고양시키기 위해 우아한 절제를 유지하는 자렛의 모습까지. 이러한 적절한 절제는 리코더 연주자 미칼라 페트리의 미적으로 아름다운 인토네이션을 동반하는 헨델 소나타 녹음들에서도 동일하게 드러난다.

바흐와 동시대를 살았던 요한 아돌프 샤이베가 성 토마스 교회의 칸토르였던 바흐의 음악에서 결점으로 보았던 것, 즉 "모든 것을 실제 음표 자체로 표현하고" 몇몇 "아름다운 장식"을 위한 여지를 거의 남기지 않는다는 점은 키스 자렛의 해석적 접근에서는 오히려 미덕으로 재발견되었다. 자렛은 색을 입히지 않고, 덧붙이지 않으며, 낭만화하지도, 아름다움을 과장하지도, 대위법의 불가피한 거칢을 약화하지도 않는다. 그는 "실제 음표"에 충실하다. 이런 점에서 그는 바흐 사후에 시작된 개인주의적 미학의 시대를 반영하는 매혹적인 연주들보다, 오히려 바흐 음악의 규범에 더 가까이 다가간다.

음악계의 전문가들에게는, 〈평균율 클라비어곡집〉을 녹음한 뒤 키스 자렛이 바흐의 작품 세계와 깊이 연결된 쇼스타코비치의 〈24개의 전주곡과 푸가, Op.87〉에 몰두하게 된 일이 그다지 놀라운 일이 아니었을 것이다. 자렛이 먼저 원전인 〈평균율 클라비어곡집〉에 천착한 다음, 그보다 더 친연적인 변용으로 나아갔다는 사실은―비록 때로는 그것을 부담으로 느끼기도 했을지라도―음악에서의 역사적 매개를 자각한 예술가에게 어울리고 일관된 선택으로 보인다. 바흐의 〈평균율 클라비어곡집〉을 참조해 쓰인 작품들, 예컨대 힌데미트의 〈루두스 토날리스〉나 라 몬테 영의 〈더 웰튠드 피아노〉를 자렛이 연주 대상으로 고려한다 해도 놀랄 일은 아닐 것이다. 쇼스타코비치의 〈전주곡과 푸가〉 또한 복잡한 음향적·형식적 구조의 총람으로, 장애물 코스처럼 현대적 다성 문맥 속에서 인위적으로 밀집된 성부들을 모두 풀어내려는 연주자의 야심을 시험한다. 쇼스타코비치의 음악은 그가 위대한 푸가 작가로서 바흐와 나란히 설 수 있음을 증명하며, 키스 자렛은 원작과 그에 못지않게 독창적인 재창작 모두를 연주하는 데 요구되는 조건들을 충족시켰다.

무엇보다도 재즈 음악가는 리듬의 연주자들이다. 이 점은 재즈 음악가들이 왜 바흐, 버르토크, 프로코피예프, 쇼스타코비치 같은 작곡가들에게 강한 친화력을 느껴왔는지를 어느 정도 설명해 준다. 아마도 이런 사실이 1980년대 중반, 슈투트가르트에서 키스 자렛의 버르토크 연주회를 들은 뒤 만프레트 아이허와 대화하던 영화감독 페터 차데크의 발언 배경이었을 것이다. 그는 "모든 재즈 음악가들이 버르토크를 좋아하는 건 알겠지만, 나는 키스 자렛이 모차르트를 연주하는 걸 듣고 싶다"라고 말했다.

모차르트는 시금석이자 시험대일까? 많은 클래식 연주자들은 특히 피아노 소나타에 관해서는 이 생각에 전적으로 동의할 것이다. 알프레트 브렌델의 말처럼 이 작품들 앞에서 언주사는 외롭게 놓인 음표 하나하나와 마주하게 되며, 그 음표들에 어떻게 생동하는 다이내믹의 숨결을 불어넣을 수 있을지 절박하게 자문하게 된다. 오케스트라나 영감 있는 지휘자의 도움을 받는 피아노 협주곡의 경우, 이러한 절망감은 다소 완화될 수 있다. 키스 자렛 역시 데니스 러셀 데이비스의 지휘 아래 슈투트가르트 체임버 오케스트라와 함께 몇몇 피아노 협주곡을 녹음하는 데 동의하기까지 꽤 오랜 시간 망설였다. 바흐 작품이나 현대음악 연주에 비해, 그는 무대에서 모차르트 협주곡을 연주하는 모습이 그리 자주 보이지도 않았다. 사실 이런 망설임은 많은 모차르트 연주자들에게 본질적인 태도이기도 하다. 위대한 모차르트 해석자 루돌프 제르킨에게 잘츠부르크의 천재와의 관계는 평생 끝없는 접근의 과정이었다. 그는 이렇게 말했다.

"내가 열 살 더 나이가 들면, 모차르트의 음악은 지금보다 더 이해하기 어려워질 겁니다. 형식과 사상을 지금보다 훨씬 잘 이해하게 되더라도 말이죠. 모차르트는 하나의 비전과 같습니다. 결국, 기울인 모든 노력은 아무 소용이 없게 되지요."

그 발언은 체념처럼 들릴 수도 있지만, 그런 뜻은 아니었다. 그 생각의 이면에는 모든 불리한 조건에 맞서는 일종의 저항심이 있었고, 이는 키스 자렛의 여러 음반에서도 공통적으로 드러나는 태도라 할 수 있다. 모차르트 피아노 협주곡을 담은 이 두 개의 CD 박스에서 무엇보다 분명하게 느껴지는 것은 기분 좋은 세속성이다. 여기에는 모든 아다지오 구절을 멜로드라마로 바꾸어 버리는 우울한 사색이나 부적절한 심오함이 없다. 대신 과시적이지 않으면서도 단호한 기본 어조를 지닌, 신선하고 생기 있는 음악 만들기가 있다. 〈피아노 협주곡 9번, KV 271〉, 이른바 '죄놈 협주곡'의 단조 색채를 띤 안단티노에서 흔히 들을 수 있는, 거의 고통스러울 정도의 부산스러운 서두름조차 피하고 있으며, 피아노는 과장이 전혀 없는 자연스러운 음악적 제스처로 오케스트라를 따른다. 몇몇 협주곡에 나타나는 서정적 구절 역시 감상적인 규모로 확대되지 않는다. 이 해석들은 조각 작품처럼 다가온다. 마이욜도, 물론 자코메티도 아니라, 어쩌면 로댕에 가까운 조각처럼 외형상 약간 거칠고 꾸밈이 없는 느낌이다. 이러한 성격은 자렛이 피아노를 오블리가토 악기로 사용하며 오케스트라에 합류할 때 더욱 분명해진다. 키스 자렛의 모차르트 해석을 높이 평가한 비평가는 많지 않지만, 이 모든 비평의 평결을 한 단어로 요약할 수 있다면 그것은 바로 "눈에 띄지 않음"이다. 그렇다고 해서 누구도 그의 해석을 심각하게 부적절한 주해라고 비난하지는 않았다.

반면 20세기 작품 연주의 경우에는 자렛이 거의 반대에 부딪힌 적이 없다. 오히려 여기서는 재즈 음악가와 클래식 음악가에 대한 고정관념이 뒤집히며, 위대한 즉흥연주자 자렛은 이 시대의 절제된 음악에 강한 리듬적 추진력을 불어넣은 인물로 자주 평가된다. 그 이유 중 하나는 20세기 미국 작곡가들의 많은 작품이 미묘한 전

　　　　　　　　　　　　　　　　　　　　　　키스 자렛

이, 다중리듬 구조, 혹은 미니멀 음악에서 볼 수 있는 회전하는 음향들처럼 아프리카계 미국 전통에서 유래한 요소들을 지니고 있어 재즈 경험을 가진 연주자만이 제대로 연주할 수 있기 때문이다. 그리고 물론 자렛은 페기 글랜빌-힉스의 〈에트루리아 협주곡〉 같은 작품에서 자신의 음악적 창작과의 유사성을 발견했을 것이다. 이 작품은 민속적 서정성의 명상적 고요함과 대비되는 도취적인 폭발들을 지니고 있다. 작곡의 영감을 제공한 D. H. 로렌스의 『에트루리아의 장소들』에 나오는 다음 문장에서도 그는 자신의 음악 철학과 공명하는 울림을 발견했을 것이다. "부처나 예수가 말하기 이전에, 이미 나이팅게일은 노래하고 있었다." 이 문장은 스스로가 배운 음악적 문법을 의심하며, 고통스럽게 '전(前) 논리적'인 소리의 언어를 되찾고자 했던, 음반 《Spirits》 시기의 키스 자렛이 남겼다고 해도 전혀 어색하지 않을 모토다.

트릴과 음 반복이 폭죽처럼 터지는 앨런 호바네스의 〈피아노 협주곡 1번〉 같은 음악적 괴물이나, 잔혹한 블록 코드, 클러스터 군집, 그리고 자렛이 자신의 섬세한 터치의 뉘앙스를 덧입혔고, 프레스토의 맹공으로 가득 찬 버르토크 벨러의 〈피아노 협주곡 2번〉은 순수한 기술적 차원에서 볼 때, 이처럼 뛰어난 재즈 즉흥연주자에게 결코 큰 시련이 아니다. 자렛은 〈미크로코스모스〉와 함께 성장했고, 버르토크는 그의 음악적 사회화 과정의 일부였다. 버르토크의 〈피아노 협주곡 3번〉은 오랫동안 자렛의 레퍼토리에 포함되어 있었으며, 독일 자르브뤼켄에서의 실황 연주가 녹음으로 남아 있다. 만프레트 아이허는 이 녹음을 새뮤얼 바버의 〈피아노 협주곡, Op.38〉과 함께 묶어, 2015년 5월 8일 키스 자렛의 일흔 번째 생일에 그에게 선물로 발매했다.

　자렛의 다층적인 즉흥연주 문화와 표현력 넘치는 재즈 리듬 덕분에, 그는 자신을 위해 특별히 쓰인 루 해리슨의 〈피아노 협주곡〉 속으로 자연스럽게 들어갈 수 있었다. 이 작품은 풍부한 음향적 분화, 팔뚝으로 연주하는 클러스터, 광란의 질주처럼 제한 없는 속도, 서로 다른 음향 세계에 대한 개방성, 그리고 초민족적 성격까지 갖추고 있는데, 이 모든 요소는 자렛 자신의 미학적 철학과 완전히 궤를 같이한다. 1980년대의 작은 일화 하나는 해리슨과 자렛의 세계관이 얼마나 잘 맞아 떨어졌는지를 보여준다. 키스 자렛은 파리에서 음악가들과 함께 루 해리슨의 〈바이올린, 피아노와 소규모 오케스트라를 위한 모음곡〉 연주를 준비하고 있었는데, 이 작품은 그가 이미 1984년 자르브뤼켄에서 독일 초연을 맡았던 곡이었다. 연주가 끝난 뒤 해리슨은 자렛에게 이렇게 말했다. "마치 내가 당신을 위해 이 곡을 쓴 것처럼 연주했군요." 자렛의 건조한 대답은 이랬다. "실제로 그렇게 쓰셨잖아요."

Keith Jarrett

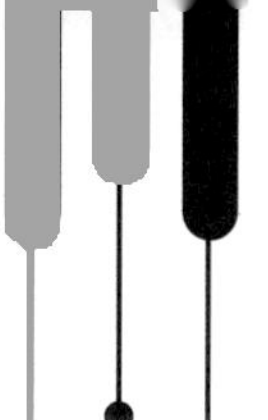

11장 완성된 예술가

재즈의 위계질서 속에서 작곡가와 그들의 작품은 최정점의 자리를 차지하지 못한다. 이는 재즈가 민속 음악적 전통이라는 모호한 뿌리에서 기원했다는 점이 남긴 유산이다. 그곳에서 노래들은 유럽 문화의 민요들처럼 지극히 돌발적이고 익명으로 등장했다. 민요란 나무에서 자라나고, 하늘에서 떨어지며, 대지를 가로질러 날아와 수천 곳에서 동시에 불리는 것이었다. 적어도 테오도르 슈토름의 소설『임멘 호수』속 시적 은유의 상상력 속에서는 그러했다. 아프리카계 미국인들은 자신들이 노래하고 연주하는 그 곡들의 기원에 대해 이처럼 환상적인 견해를 갖지 않았다. 19세기 중반에 출간된 『미국의 노예 노래들(Slave Songs of the United States)』모음집의 서문에는, 한 북부인이 노예에게 이토록 강렬한 노래들이 다 어디서 오는 것인지 묻는 장면이 인용되어 있다. 노예는 이렇게 대답한다. "이 노래들은 만들어지는 겁니다, 선생님.” 그럼 어떻게 만들어지는가? “글쎄요, 이런 식이죠. 주인이 저를 불러 옥수수 배급량을 줄이고 채찍질 백 대를 가합니다. 친구들이 그 소식을 듣고 저를 가엾게 여기죠. 저녁에 예배를 보러 갈 때, 친구들은 그 일에 대해 노래를 부릅니다. 그중 몇몇은 노래를 잘하고 어떻게 만드는지도 잘 알죠. 그들은 제대로 된 모양새가 나올 때까지 계속 다듬고 또 다듬습니다. 그렇게 노래가 만들어지는 겁니다.”

이 호기심 많은 북부인이 그 대답에서 무언가 깨달음을 얻었는지는 전해지지 않는다. 하지만 수십 년 후, 누군가 제1세대 재즈 음악가에게 뉴올리언스의 혼키톤크, 배럴하우스, 그리고 특정 살롱에서 연주되는 그 수많은 곡이 어디서 오는 것인지 물었다면, 아마도 비슷한 대답을 들었을 것이다. 혹은 재즈의 오랜 화두이자 키스 자렛이 역시 비슷한 질문을 받았을 때 내놓았던 답변을 들었을지도 모른다. “곡 자체가 중요한 것이 아니라, 그 곡으로 무엇을 만들어내는지가 관건입니다.” 재즈 역사의 모든 단계에서 즉흥연주, 심지어 편곡조차 작곡보다 훨씬 더 높게 평가받았다. 예외가 있다면 기보된 클래식 음악과 재즈를 혼합한 ‘서드 스트림 재즈’나 ‘심포닉 재즈’ 정도일 것이다.

재즈는 언제나 연주자의 예술이었으며, 작곡가를 위한 것은 아니었다. 그럼에도 불구하고 오늘날까지 특정 스타일이나 연주자와 결합하여 수많은 음악가의 고정 레퍼토리가 된 기보 작품을 남긴 위대한 재즈 음악가들이 존재해 왔다. 젤리 롤 모턴, 듀크 엘링턴, 찰리 파커, 마일스 데이비스, 델로니어스 멍크, 호레이스 실버, 베니 골슨, 소니 롤린스, 제리 멀리건 등은 자신의 악기를 다루는 위대한 스타일리스트일 뿐만 아니라, 〈King Porter Stomp〉부터 〈Creole Love Call〉, 〈Donna Lee〉, 〈I Remember Clifford〉, 〈Doodlin'〉, 그리고 〈So What〉에 이르기까지 잊지 못할 명곡들을 창조해낸 인물들로서 재즈 역사에 이름을 남겼다.

물론 기능 화성적 규칙이 여전히 유효하고, 작품으로서의 성격이 온전했으며, 레코드판의 녹음 용량이 제한적이었던 초기 시절에 더 많은 작곡 작품이 전해 내려오는 것은 우연이 아니다. 프리 재즈의 '10월 혁명가'들이 개방된 형식, 무조성, 그리고 박절에서 자유로운 리듬을 모든 것의 척도로 선언하고 연주 시간 따위는 더 이상 신경 쓰지 않게 된 이후, 레퍼토리로 삼을 만한 작곡 작품은 그만큼 줄어들었다. 그러나 이것이 1960년 이후에 작곡 활동이 줄어들었음을 의미하지는 않는다. 오히려 그 반대다. 프리 재즈와 함께 작곡가들도 해방되었다. 1940년대와 50년대까지만 해도 재즈 음악가는 타인의 레퍼토리나 에버그린에 의지하는 것에 양심의 가책을 느낄 필요가 없었다. 하지만 그 이후로 대접을 받으려면, 아무리 감동적으로 〈Round About Midnight〉을 즉흥연주한다 한들 그는 2인자에 머물 뿐이었다. 중요한 것은 '자신만의 작업실'에서 나온 소리 재료를 바탕으로 연주하는 것이었다.

재즈에서 작곡과 즉흥연주의 균형은 언제나 섬세한 문제였으며, 특히 1960년대 프리 재즈 운동이 구조와 전개에 관한 많은 형식적 규칙을 포기한 이후에는 더욱 그러했다. 동시에 1960년대 이후의 시기는 재즈 역사 각 단계마다 널리 합의된 표준 레퍼토리를 연주하던 관행에서 벗어나, 점점 더 많은 연주자가 자신의 자작곡을 기반으로 연주하기 시작한 시기이기도 했다. 그러나 키스 자렛의 경우는 늘 그렇듯 상황이 조금 달랐다. 자작곡을 발표하는 것이 유행이던 시기에 그는 한편으로는 『Great American Songs Book』의 작품들에 대한 새로워진 관심을 공공연히 드러냈고, 다른 한편으로는 어떠한 작곡이나 편곡, 사전 조직도 필요로 하지 않는 자신의 '자유 연주'의 극단적 측면을 더욱 강조했다. 두 명의 집요한 일본 음악가가 완전히 즉흥적으로 연주된 《The Köln Concert》 전체를 채보해 악보로 출판함으로써 그의 음악을 일종의 '작품'으로 변모시킨 일은, 베토벤 소나타 전체를 즉흥연주로 해체하는 것만큼이나 그에게는 부조리하게 느껴졌을 것이다. 이런 이유로 그는 이 악보 초판의 서문에서, 이것은 인쇄된 즉흥연주의 '재현'에 불과하며, 원화의 인쇄본과 같다고 적었다. 악보로는 표면만 인식될 뿐, 그 깊이는 여전히 숨겨져 있다는 것이다. 그러나 『Great American Songs Book』을 연주하는 즉흥연주자 자렛, 고전음악에 봉사하는 피아니스트 자렛, 그리고 경계를 넘나드는 자유로운 솔로 피아니스트 자렛과 더불어, 자렛에게는 세 겹의 작곡가로서의 면모 또한 존재했다. 하나는 재즈 작품을 쓰는 작곡가, 또 하나는 '고전' 음악을 작곡하는 인물, 그리고 마지막으로 재즈적 프레이징과 고전적 질감이 결합된 상상력 풍부한 악보를 그려내는 작곡가였다.

'고전' 작곡가로서의 자렛은, 1970년대 초 그의 말대로 행운 같은 환경이 아니었다면 아마 자신의 서랍을 채우는 데서 그쳤을 것이다. 한편으로 만프레트 아이허는 상업적 고려와 무관하게 자렛이 만들어내는 모든 것을 발매할 준비가 되어 있었고, 다른 한편으로 자렛의 미국 레이블은 근시안적인 판단에 빠져 있었다. 그 레이

블의 책임자들은 도취적인 재즈 음악가 자렛을, 고전적 자렛에게
발언의 장을 제공하지 않고서는 오래 붙잡아 둘 수 없다는 사실을
이해하지 못했다. 키스 자렛은 만프레트 아이허라는 이상적인 발
행인을 만났고, 이제 그는 자신의 공적 예술성에 마지막으로 남아
있던 이 결여된 면모를 소리와 형상으로 덧붙일 수 있게 되었다.
그렇게 그는 스스로 선택한 '완전한 음악가'라는 정체성을 실제로
입증하게 되었다.

키스 자렛의 '고전' 작곡가로서의 경력은 《In The Light》에서
시작된다. 이 음반은 1973년에 발매되었지만, 그 안에는 그보다
앞선 6년에 걸쳐 쓰인 음악도 포함되어 있다. 초기 스케치는 찰스
로이드와 함께하던 시기까지 거슬러 올라갔을 것이다. 자렛은 이
작품에서 놀라울 만큼 다채로운 음악적 스펙트럼을 제시한다. 플
루트와 현악을 위한 〈Metamorphosis〉는, 마치 그가 새로 발전시
키고 있던 자유 즉흥연주 기법을 악보에 그대로 적용한 것처럼 들
리기도 한다. 이 작품에는 재즈 프레이징의 흔적이 전혀 없지만,
응축된 구조 감각, 선율 중심의 사고, 종지 없이 계속 발전해 나가
는 연관적 모티프 연쇄 등에서 작곡가가 자렛임을 쉽게 알아볼 수
있다. 그는 이 작곡 방식을 초현실주의 문학에서 가져온 용어인
'자동기술'이라 불렀는데, 의식적 주체의 통제를 벗어난 몽유병적
음악 생성으로 경험된다. 이러한 이상은 자렛의 즉흥연주 스타일
을 설명하는 데 중요한 개념일 수 있지만, 대편성을 위한 작곡에서
는 당연히 구현하기가 훨씬 어렵다. 그럼에도 이러한 반(半) 의식적
작곡 제스처와 '스스로 써 내려간' 흔적들이 믈라덴 구테샤의 지휘
아래 슈투트가르트 쥐트푼크 오케스트라와 플루티스트 빌리 프라

이포겔의 연주에서 실제로 감지된다는 점은 더욱 놀랍다.

자렛 자신이 연주한 〈A Pagan Hymn〉은 그의 음악에서 작곡과 즉흥을 잇는 방식이 어떻게 구현되는지를 보여주는 훌륭한 예다. 이 곡은 그의 솔로 즉흥연주와 너무도 많은 공통점을 지니고 있어, '자유 연주' 음반 가운데 한 곡으로 잘라 넣어도 전혀 이질감이 없을 정도다. 피아노와 타악기(둘 다 자렛이 연주했다) 그리고 현악을 위한 〈In The Cave, In The Light〉 역시 마찬가지인데, 이 작품에서는 상당 부분이 고전 현악 오케스트라가 반주하는 재즈 음악가의 넘쳐흐르는 즉흥연주처럼 들린다. 자렛은 네 대의 첼로와 두 대의 트롬본을 결합해, 트롬본의 슬라이드 효과로 더욱 강조된 깊고 어두운 우울감을 만들어내며, 세련된 색채 조합가이자 큰 사전 경험 없이도 독창적인 오케스트레이터로서의 면모를 드러낸다. 또한 브라스 퀸텟 작품에서는 선율 성부들을 극도로 자율적으로 이끌어, 극적인 고조가 필연적으로 발생하도록 만들고, 정교하게 구성된 호모포니적 화해로 곡을 마무리한다.

이 음반에서 가장 놀라운 작품은 〈현악 사중주〉다. 이 곡에서 자렛은 정지된 발전과 주제 구성의 영역에서 장인의 기량을 유감없이 발휘한다. 이는 그가 하이든의 〈여섯 개의 현악 사중주, Op.33〉을 집중적으로 연구하지 않고서는 도저히 습득할 수 없었을 성취다. 자렛은 어린 시절 피아노 레슨은 물론 몇 년간 바이올린 교육도 받았는데, 이것이 훗날 그의 음악에 능숙한 현악 파트를 자연스럽게 구축할 수 있었던 한 이유일지도 모른다. 구겐하임 재단의 지원을 받아 제작된 《In The Light》에 수록된 음악을 자렛이 '보편적 민속 음악'이라 부른 사실은, 낙인과 한정, 그리고 무엇보다 '재

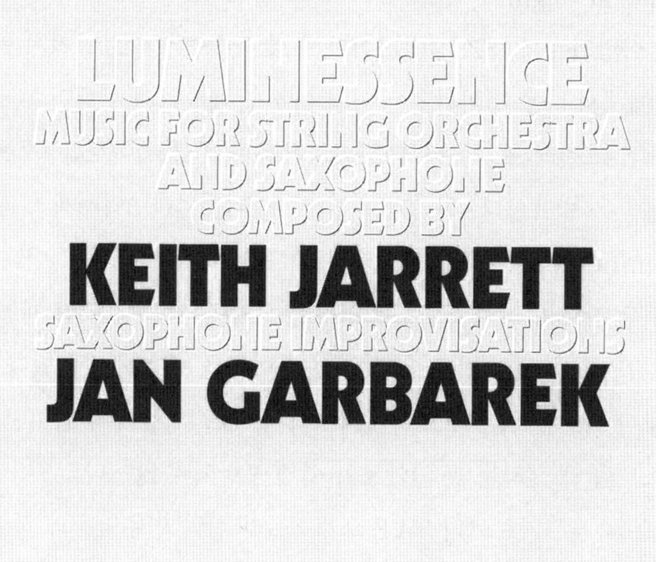

Keith Jarrett / Jan Garbarek – Luminessence, ECM 1049

즈’라는 용어 자체에 대한 그의 전반적인 거부감을 드러낸다. 그는 ‘재즈’를 이 음악을 규정하기에는 부적절한 양식적 꼬리표로 보았다. 하지만 새로운 명칭 역시 이 음악을 ‘재즈’보다 더 정확히 규정해 주지는 못했으며, 설령 ‘재즈’라는 말이 이 음악이 지닌 양식적 다원성의 요구를 충분히 반영하지 못한다 하더라도 마찬가지였다.

《In The Light》는 찰스 로이드, 마일스 데이비스와 함께 연주하던 아방가르드 재즈 음악가이자 솔로 즉흥연주자로 알려져 있던 자렛에게서 나올 것이라고는 거의 아무도 예상하지 못했던 프로젝트였다. 그런데 불과 1년 뒤, 그는 어떤 면에서는 이보다 더 놀라운 음반을 발표한다. 현악과 즉흥 색소폰을 위한 3악장짜리 작품 《Luminessence》를 통해, 그는 재즈도 아니고 고전도 아니며, 종종 두 장르의 비양립성을 드러내는 음악인 ‘서드 스트림 재즈’가 실패작만을 낳을 수밖에 없다고 믿는 이들을 단호히 반박했다. 동시에 이 작품은 너무나도 독자적이어서, 애초에 문제적 범주인 ‘서드 스트림 재즈’라는 틀 안에조차 쉽게 포함되지 않는다.

그는 슈투트가르트의 SWF 오케스트라 현악 연주자들과 작업하면서, 이들 고전음악 연주자들에게는 본래 익숙하지 않았을 리듬 감각과 타이밍의 개념을 전달하기 위해 상당한 끈기를 발휘했음이 분명하다. 그리고 물론, 노련한 즉흥연주자인 그는 얀 가바렉의 우울한 색소폰을 재즈의 우주로 떠도는 여정에 불붙이기 위해 어떤 종류의 음악적 배경이 필요한지도 정확히 알고 있었다. 현악기의 선율적 두쿠투스(선율의 흐름)는 가바렉의 프레이징 감각, 그의 템포, 그리고 길고 박자에 구속되지 않은 칸틸레나와 완벽하게 어울린다. 가바렉은 현악 배경의 느린 전개에 가장 미묘한 변주로 반응하며, 강하게 불어낸 동기를 사용해 고음 현악기의 배음 구조에까지 자신의 연주를 적응시킬 수 있다. 이 전체가 이루는 리게티풍의 음향 풍경의 모든 세부에서, 우리는 자렛이 가바렉의 이전 녹음들을 양식적으로 분석하고, 그의 스타일에 맞는 작곡 기법을 은근히 적용하려 했던 것은 아닐까 하는 질문을 던지게 된다. 예컨대 첫 번째 악장 〈Numinor〉의 중간부에는 첼로와 콘트라베이스 파트를 중심으로 펼쳐지는 어지러울 만큼 강렬한 관현악 오스티나토가 등장한다. 여기서 자렛의 솔로 즉흥연주에 흔히 등장하는 이른바 '뱀프' 구간에서 가져온 듯한 구불구불한 모티프가 집요하게 반복되면서, 청자는 마치 흔들리는 부교 위에 서 있는 듯한 감각에 사로잡히게 된다.

두 번째 곡 〈Windsong〉과 세 번째 곡 〈Luminessence〉의 상당 부분에서 자렛은 현악 사운드의 윙윙거리는 연속체를 만들어내고, 그 화성 속으로 가바렉의 테너 혹은 소프라노 색소폰을 흡수시킨다. 그러다 색소폰은 때로 그 덩어리에서 빠져나와, 동성 아카펠라 합창에서 빛나는 상성부처럼 울려 퍼진다. 이곳에서 색소폰에서 나오는 소리는 때로 관악기라기보다는 기묘한 첼로의 음색에 더 가깝게 들린다. 만약 '오케스트라가 독주자를 떠받친다'는 비유가 진정으로 성립하는 순간이 있다면, 바로 이 장면이 그러하다.

이 믿을 수 없을 만큼 밀도 높은 음향 언어와 어떤 식으로든 연결되는 음악을 찾으려 한다면, 우리는 오넷 콜먼의 〈Skies of America〉의 몇몇 대목에서 그 실마리를 발견할 수 있을지도 모른다. 이 작품은 《Luminessence》보다 2년 앞서 작곡되었고, 런던 심포니 오케스트라와의 녹음으로 발표된, 마찬가지로 야심 찬 작업이다. 이 음악은 한 나라 전체의 문화사를 음악적 수단으로 휩쓸 듯 통과하며, 당연히 다양한 민족적 자원과 참조들을 포괄한다. 이 음반은 우상 파괴자로 알려진 오넷 콜먼을, 그가 실제로 항상 그러했듯 전통 속에서 혁신을 이끌어낸 존재, 즉 진화론자의 모습으로 드러낸다.

슈투트가르트에서 《Luminessence》 녹음을 마치자마자, 자렛은 가바렉과 함께 이 작품을 연주하는 미국 투어에 나섰다. 1년 뒤에는 미니애폴리스에서 열린, 오로지 자렛의 작품만을 다룬 페스티벌에서도 다시 한번 가바렉과 함께 《Luminessence》가 프로그램에 올랐다. 투어와 여러 공연은 관객을 끌어모으는 데에는 성공했지만, 작곡가로서의 자렛에 대한 음악평론가들의 평가는 극명하게 갈렸다. 훗날 자렛을 특집 인물로 다룬 『타임』은 이 작품을 '폐쇄적이고 불쾌한 음악'이라고 평한 반면, 뉴욕 타임스는 《Luminessence》에서 가브리엘 포레와 알렉산드르 스크랴빈의 울림을 찾아내며, 키스 자렛이 재즈가 오랫동안 기다려 온 혁신가이자 '다음 위대한 음악가'로 축복받았다는 과감한 전망까지 내놓았다.

자렛 역시 진화론자였다는 사실은, 《Luminessence》와 밀접하게 연결된 또 하나의 그의 작품, 2년 뒤에 발표된 곡을 통해서도 증명된다. 음반 《Arbour Zena》는 이전 작품의 연장선에 있으면서도 전혀 다른 수단을 사용한다. 《Luminessence》의 단일 덩어리 같은 사운드 속에서 결여되어 있었지만 그다지 아쉽게 느껴지지 않았던 요소들―리듬적 추진력, 솔로 패시지에서의 분명한 윤곽, 한층 강한 재즈적 요소들―이 《Arbour Zena》에서는 보완된다. 여기서는 자렛, 가바렉, 찰리 헤이든이라는 세 명의 즉흥연주자가 슈투트가르트 오케스트라의 오블리가토 사운드를 배경으로 등장한다. 동시에 재즈와 클래식 사이의 마찰은 더욱 선명해지는데, 이는 특히 찰리 헤이든의 두툼한 베이스 음색 때문이기도 하다. 그의 베이스는 등장할 때마다 중요한 선율적 재료를 맡아 처리하며, 종종 색소폰과 피아노를 배경으로 밀어내는 경향을 보인다. 파블로 카잘스에게 헌정한 두 번째 악장의 라틴아메리카 리듬에서는 세 연주자가 마치 스튜디오의 오케스트라를 완전히 잊어버린 듯 연주하다가, 어떤 마법에 의해 그 앙상블이 재즈 연주자들 사이의 잼 세션 같은 상호작용에 합류하는 듯한 순간이 펼쳐진다. 이러한 장면들이야말로 압권인데, 이는 오케스트라의 재즈 연주에 대한 이해가 그 이전까지의 거의 모든 유럽 오케스트라를 능가할 정도로 성숙한 단계에 이르렀음을 보여주기 때문이다.

그의 작품을 둘러싼 의견이 엇갈렸음에도 불구하고, 키스 자렛은 불과 4년이라는 짧은 기간 안에 재즈의 영역을 넘어선 음악의 창작자로서 확고한 이름을 남겼다. 물론 재즈 음악가로서의 명성은 자렛을 클래식 작곡가로 주목하게 만드는 데 분명한 촉매 역할을 했다. 그의 작품이 지닌 폭넓은 다양성에도 불구하고, 그가 고전음악 전체의 지형을 단숨에 가로지르기 위해 일곱 리그 장화를 신은 듯한 인상을 주는 일은 결코 없다. 그는 독주 악기를 위한 협주적 기악 작품과, 재즈 연주자와 클래식 연주자가 함께하는 실내악 작곡에 스스로를 한정했다. 성악곡, 무대음악, 전자음악(이는 물론 제외될 수밖에 없고), 혹은 서로 다른 민족 문화 간의 크로스오버 프로젝트 같은 것은 그의 작업에서 찾아볼 수 없다. 자렛의 작곡은 본질적으로 재즈 음악가로서의 사회화 과정과, 유럽 및 미국 음악 3세기에 대한 그의 지식에서 비롯된다. 그는 결코 이국적인 가면을 쓰지 않았고, 유행을 좇지도 않았으며, '시대의 최전선'에 서 있으려 하지도 않았다. 이것은 모두 그의 성격의 일부이자 건강한 자아의 결과다. 키스 자렛은 언제나 키스 자렛으로 남는다.

아마도 이런 이유 때문에 녹음을 위해 자렛의 요청으로 피아니스트이자 지휘자인 데니스 러셀 데이비스가 연주한 그의 피아노 작품 〈Ritual〉은 그의 작품들 가운데 가장 기이한 곡으로 다가온다. 이 작품은 기본적으로 즉흥연주를 그대로 악보로 옮겨 놓은 것에 불과하다. 여기에는 자렛의 솔로 연주를 특징짓는 거의 모든 경향이 담겨 있다. 탑처럼 쌓인 화음, 건반 전체를 가로지르는 광적인 기교적 패시지, 유혹적인 반복, 절제된 명상, 동기 발전에서의 변주 기법, 돌연한 화성 변화와 다이내믹의 격화까지. 데니스 러셀 데이비스는 이 음악을 충실히 연주하며 악보를 정확히 따른다. 그럼에도 어딘가 어긋난 느낌이 남는다. 이 녹음은 불완전하게 들린다. 일류 피아니스트가 악보로 옮겨진 《The Köln Concert》를 연주한다면 이런 소리가 나지 않을까 싶다. 데이비스가 말했듯, 자렛을 아는 사람이라면 이 음악에서 그의 존재를 들을 수 있을 것이고, 오직 자렛만이 이런 곡을 쓸 수 있었을 것이다. 그러나 바로 그 이유 때문에 이 작품은 다른 피아니스트가 연주할 때 '한 번 거친 것'처럼 들린다. 이언 카는 이를 한마디로 요약했다. "자렛 자신이 부재한 탓에, 음반 《Ritual》은 그의 작품 세계에서 변두리로 밀려난다."

1970년대 중반, 키스 자렛의 작곡과 연주는 대서양 양쪽의 클래식 음악계에서 매우 높은 평가를 받고 있었기 때문에, 1976년 그는 보스턴 심포니 오케스트라와 그 수석 지휘자 세이지 오자와와의 협업으로 피아노 협주곡을 작곡해 달라는 의뢰를 도이치 그라모폰으로부터 받게 된다. 그러나 이것은 정말로 미국에서 가장 중요한 오케스트라 중 하나와 명문 레이블이 내린 순수한 위촉이었을까, 아니면《The Köln Concert》의 컬트적 인물을 유인하기 위한 미끼였을까? 당시까지 자렛이 이른바 '정통' 클래식 음악 영역에서 쓴 대규모 작품은《Luminessence》와《Arbour Zena》정도였고, 그중에서도 후자는 위촉이 이루어졌을 시점에는 거의 알려져 있지 않았을 것이다. 바흐에서 쇼스타코비치에 이르는 피아노 레퍼토리, 그리고 새뮤얼 바버에서 앨런 호바네스에 이르는 작품들을 연주한 일련의 라이브 콘서트는 그보다 훨씬 뒤인 1983년 이후에야 본격적으로 시작된다. 이런 추측은 이쯤에서 접는 편이 낫겠지만, 한 가지 사실은 분명하다. 자렛이 약 40분 분량의 작품 〈The Celestial Hawk〉를 완성했고, 그 피아노 파트가 전적으로 유럽 클래식 음악 전통에 따라 쓰였으며 즉흥연주 부분이 전혀 없다는 사실이 드러나자, 오자와와 오케스트라는 재정 지원에서 손을 뗐다. 천재적 즉흥연주자를 전면에 내세운 화려하고 상업적으로도 성공할 만한 이벤트라는 기획은, 모든 것이 악보로 적힌 작품 앞에서는 무용지물이었던 것이다.

　이때가 바로 만프레트 아이허와의 돈독한 협력 관계가 말 그대로 제값을 한 순간이었다. 아이허는 자신의 레이블로 이 공백을 메웠고, 자렛의 매니지먼트는 미국 내에서 몇 차례의 연주 기회를 만들었다. 이 작품은 1980년 3월, 뉴욕 카네기홀에서 크리스토퍼

킨이 지휘한 시러큐스 심포니 오케스트라와 함께 녹음되었고, 곧 ECM을 통해 발매되었다. LP 발매 이후 〈The Celestial Hawk〉에 대한 평가는 호의적인 것부터 혹독한 것까지 다양했는데, 그중 다수는 말러나 버르토크의 영향이 지나치게 드러나는 대목을 문제 삼았다. 교향곡과 피아노 협주곡 사이를 오가는 형식을 지닌 이 작품은 자렛이 쓴 최초의 진정한 대규모 관현악 작품으로, 형식적 완성도, 악기 처리, 그리고 규모를 다루는 능력면에서 충분히 존중받을 만한 인상을 남긴다. 만약 우리가 언제나 다른 작곡가로 이어지는 소리의 계보를 집요하게 추적한다면, 브람스 역시 바흐의 대위법을 오용했다는 혐의를 피할 수 없을 것이다. 실제로 후고 볼프를 중심으로 한 '신독일악파'는 이미 그런 비판을 제기한 바 있다.

이 거대한 3악장 작품에는 자렛의 음악에서 흔히 그렇듯, 암시적인 순간들이 여럿 존재한다. 예를 들어 1악장에서 몇 분이 지난 뒤 피아노가 오스티나토를 시작하고, 이어 관악기가 또 하나의 큰 동기의 묶음을 제시하며, 뒤이어 현악이 합류하는 대목이 그렇다. 이 부분은 점점 불어나는 행렬을 연상시킨다. 관현악적 사건들이 고조되어 타악기 파트로 이어지고, 마침내 소란스럽고 격렬한 전체 클라이맥스로 폭발한다. 전반적으로 이 작품의 음악은 전투적인 행진곡과 평화로운 목가적 분위기 사이를 오간다. 3악장에서 사방에서 관현악 그룹들이 밀려 나오고, 두터운 금관 사운드가 피아노를 뒤로 밀어낼 때면, 뉴잉글랜드의 소도시에서 서로를 압도하듯 연주하던 소박한 군악대들을 음악으로 그려낸 찰스 아이브스에 대한 익살스러운 암시를 쉽게 알아차릴 수 있다. 아이브스는 다조성 아방가르드가 설정한 규칙에 크게 개의치 않았다. 서로 다른 조로

찬가를 연주하는 군악대들이 충돌할 때, 다조성은 자연스럽게 발생하는 결과이기 때문이다.

키스 자렛이 자신의 '클래식' 작곡에 대해 라이너 노트에서 직접 언급한 것은 단 한 번뿐이었다. 바로 《In the Light》의 음반 재킷에서였는데, 자렛은 사람들에게 열린 마음으로 이 작품들을 받아들이고, 다른 음악들 심지어 자렛 자신의 음악과의 비교조차도 피해 달라고 당부했다. 오늘날 보기에 이 말이 순진하게 들릴 수도 있지만, 그것은 탁월한 선견지명에서 나온 조언이었다. 그러나 이런 당부에도 불구하고 자렛의 클래식적 포부를 향한 가혹한 평가는 막을 수 없었다. 예컨대 울리히 올샤우젠이 《Arbour Zena》에 대해 쓴 글과 같은 일부 평론들은 결코 무차별적인 비난은 아니었지만 매우 냉정했다. 그는 이렇게 적었다.

"이 음악이 다른 작업들만큼 독창적이지 않다는 점에는 의심의 여지가 없다. 교향적인 파스텔 색채로 쓰였고, 화성적으로는 말러, 아이브스, 초기 쇤베르크 사이에서 갈팡질팡한다. 현악은 화음이나 트레몰로 장식으로 사용될 뿐, 전개에는 거의 참여하지 않는다. 그 결과 현악은 단순한 음향적 부속물로 남아 과장되게 들린다. 클러스터를 통한 몇 가지 현대성의 시도가 있음에도 불구하고, 이는 세련되지 못한 상업적 제작물들을 연상시키지 않을 수 없다. 다만 베이스를 맡은 찰리 헤이든, 색소폰을 맡은 얀 가바렉, 그리고 자렛이 즉흥연주에서 이 소재를 다루는 방식만큼은 여전히 탁월하다."

『다운 비트』의 한 기자도 비슷한 결론을 제시했다. 이 작품이 단조롭고 반복적이라는 것이었다. "《Luminessence》에서 그렇게 신선하고 생기 있어 보였던 요소들이, 이제는 위험할 정도로 자기 패러디에 가까워졌다." 미국의 비평가들이 음악 내부로부터 접근하며, 작곡에서의 단조로움이나 선율적 독창성의 결핍을 문제 삼는 경향을 보였다면, 유럽의 평론가들은 종종 이 음악의 음향 언어 전체를 문제 삼았다. 그들은 사용된 재료와 형식이 이미 소진되고 낡았다고 보았고, 그 결과 자렛을 "잘못된 작곡"을 하고 있다고 비난했다.

이와 같은 판단은 1980년대에 작곡된 실내악 작품들을 모은 앨범 《Bridge of Light》에 대해서도 내려졌다. 이 음반에서 자렛은 바이올린, 비올라, 오보에를 위한 작곡에서 실천적·기술적 측면에서는 놀라운 숙련도를 보여주지만, 스타일 면에서는 20세기 이전의 시대로 되돌아간다. 예컨대 〈바이올린과 오케스트라를 위한 애가〉는 브람스가 헝가리 민요를 편곡한 작품으로 착각해도 무리가 없을 정도다. 냉소적으로 말하자면, 이 곡은 음악원 졸업 작품으로 쓰인 완벽한 과제물 정도로 치부할 수도 있다.

이러한 작곡들에 대해 부정적인 평가를 내리는 것은 쉬운 반면, 그것들을 정당하게 평가하는 일은 훨씬 어렵다. 자렛의 클래식 작품들을 시작과 끝이 없는 절충적 괴물, 실패한 '서드 스트림 재즈'의 부활, 이미 유효 기간이 지난 재료를 사용하는 순진한 작업이라고 규정하는 발언들이 구조 분석을 통해 일정 부분 입증될 수 있다 하더라도, 그러한 비판들은 자렛이 보여준 미학적 용기 앞에서는 되돌아오게 된다. 그는 구식일 권리, 비역사적일 권리, 사유 체계나 유행에 오염되지 않을 권리를 주장하며, 실험하고, 인식을 탐색하고, 경험을 축적하며, 어디에 있는지 확신할 수 없을지라도 음악적 진실을 찾으려는 태도를 고수해왔다. 더 나아가, 하나의 동기에서 다음 동기로 연상적으로 이어지는 진행, 단일한 음향 풍경에 장시간 머무르는 방식, 그리고 학문적 분류를 거부하는 전체적인 스타일의 혼합체는 모두 '순간적 창조'와 '자동적 음악 만들기'라는 개념이 클래식 음악 영역으로 이식된 흔적이라 할 수 있다. 자렛은 모방을 추구하는 대신 마법을 찾고, 음악적 무(無)를 감수하는 위험을 감행한다. 키스 자렛의 이 놀랍도록 무사유적인 작품들은 세관원이며 화가였던 앙리 루소의 이미지와도 같다. 읽기는 쉽지만, 해독하기는 어렵다.

그렇다면 재즈 작곡가는 어떠한가? 이것은 또 하나의 자렛, 즉 독학에 가까운 클래식 작곡가보다 자기 분야에서 더 유능한 또 다른 자렛일까? 하지만 유럽의 예술가 키스 자렛과 미국의 예술가 키스 자렛을 나누는 일이 어려운 것만큼이나 이 둘을 구분하는 것 역시 쉽지 않다. 더 나아가 즉흥연주자와 작곡가를 구별하는 일은 거의 불가능에 가깝다. 그의 자작곡들 상당수는 처음부터 어떤 형태로든 변주나 위장을 통해 제시되었고, 매 연주마다 항상 다른 방식으로 연주되었기 때문이다. 재즈 작곡가로서의 자렛 역시 클래식 레퍼토리를 다룰 때와 마찬가지로 상상력이 풍부하고 다재다능하며 선입견이 없다. 음악 대중이 자렛의 즉흥연주와 작곡을 명확히 구분하지 않고 하나의 단일한 실체로 인식하고 있음을 보여주는 사례는 여러 가지가 있다. 예를 들어《The Köln Concert》의 Part II 일부와 같은 그의 즉흥연주 단편들이 재즈 기타리스트 울프 바케니우스의 레퍼토리에 포함되었을 뿐 아니라, 주로 클래식과 현대 음악을 연주하는 쿠바 출신 기타리스트 마누엘 바루에

코의 연주 레퍼토리로도 흡수되었다. 또 다른 예로는, 변화하는 화성 위에 부드럽게 반복되는 음들로 이루어진 단순한 발라드 〈My Song〉을 들 수 있다. 이 곡은 작곡가 스티브 라이히에게 영감을 주었을 뿐 아니라, 클라리네티스트 리처드 스톨츠먼이 가수 주디 콜린스와 함께 매우 개인적인 듀오 편곡으로 재해석하기도 했다.

키스 자렛의 가장 큰 강점 가운데 하나는, 연주자로서 최고의 능력을 지니고 있음에도 불구하고 작곡가로서는 스스로 절제할 줄 안다는 점이다. 그 결과 〈My Wild Irish Rose〉, 〈Lucky Southern〉, 〈My Song〉과 같은 작품들은 그의 정신, 마음, 영혼, 그리고 육체 깊은 곳에서 자연스럽게 손끝으로 흘러나와, 마치 민요와도 같은 성격을 띠게 된다. 자렛은 선율적 일관성에 대한 거의 오류 없는 감각을 지니고 있으며, 미학적으로 개방된 장르인 재즈에서는 하나의 동기나 곡 전체가 지닌 단순함이 거의 경멸의 대상이 되지 않는다. 재즈 음악가들이 오래전부터 알고 있듯이, 중요한 것은 곡 그 자체가 아니라 그 곡으로 무엇을 하느냐이기 때문이다.

Keith Jarrett

12장 반대

키스 자렛. 우리 시대 가장 창조적인 음악가 가운데 한 사람. 말을 한다면 조용히 말하는 사람, 뛰어난 지적 청취자, 두려움 없는 피아니스트, 예민한 동시대인, 세상 돌아가는 일을 알고 있는 지적인 시민, 훌륭한 반주자, 그보다 더 훌륭한 협업자, 그리고 무엇보다 뛰어난 솔로이스트. 바흐에서 존 케이지에 이르기까지 음악 전반에 정통한 권위자, 라이너 마리아 릴케와 로버트 블라이의 애독자, 사설을 쓸 만큼 뉴욕 타임스를 진지하게 읽는 독자, '좋은' 미국을 믿는 미국인, 세계인, 복잡한 유럽에 끌리는 인물, 평화주의자, 여성을 사랑하고 위험을 감수하는 사람, 수줍고 내성적인 성격, 결코 잊지 않는 사람, 급진주의자이자 전통주의자, 낭만주의자, 소리 높이지 않는 정치적 사상가, 절대음을 지닌 인물, 지진계 같은 감각의 소유자, 선율가이자 타악기 연주자, 민족음악학자, 몽유병자,

적절한 상대를 찾으면 충직한 친구, 일이 어려워질수록 진가를 발휘하는 재즈 음악가, 미리 정해진 아이디어가 필요 없는 즉흥연주자, 뮤즈를 필요로 하는 천재이자 스스로 완결된 천재, 사색가이자 혁신가, 좌도 우도, 위도 아래도 아닌 우리 시대의 인간, 영향력 있는 인물, 가수, 자기 방어자, 종교 없는 신앙인, 금욕가, 줄타기 곡예사, 침묵을 사랑하는 사운드스케이퍼, 자유사상가, 스키어, 일본 전문가, 아버지, 형제, 할아버지, 남편, 소위 전문가들의 주장에 반박하기 위해 모차르트가 살아 있기를 바라는 음악적 옹호자, 영원한 탐구자, 북미 동부 해안과 남프랑스의 사람, 바흐의 헌신적 신봉자이자 버드 파월의 전문가, 만물 속 신비를 인식하는 인물, 황홀경의 인간, 관능주의자, 서정가, 일 중독자, 올곧은 사람, 발견자, 상처 입은 운동선수, 개척자, 교양 시민, 고고학자, 숨은 교육자, 컬트적 인물, 매개자, 원치 않으면서도 끊임없이 타인을 상처입히는 예의 바른 사람, 모든 것을 잘하지만 여전히 배우고 있는 사람….

그러나 수년간에 걸쳐 키스 자렛에게서 가장 두드러진 특징은 거부하는 습관, 아니 거부에 대한 집착이었다. 자렛은 '아니오'라고 말하는 인간의 화신이다. 이런 점에서 그는 자신의 자서전 제목에조차 '거부'를 포함시킨 또 다른 위대한 예술가와 많은 공통점을 지닌다. 독일의 사회비판적 화가 게오르게 그로스가 자신의 삶을 요약하기 위해 사용한 좌우명, "Ein kleines Ja und ein großes Nein^{작은 예와 큰 아니오}"는 키스 자렛의 전기에도 그대로 들어맞는다. 물론 자렛은 즉각 반박하며, 자기의 경우에는 "작은 아니오와 큰 예"가 더 정확하다고 설명할 것이다. 어떤 주제나 문제를 다루든 키스 자렛의 인터뷰들을 살펴보면, 그의 반응 속에서 노골적으로 드러나든 그렇지 않든 일종의 잠재적 적대감을 쉽게 감지할 수 있다. 자렛의 성격을 가장 잘 설명하는 단어는 바로 '반대'일 것이다. 그리고 이는 그의 예술가로서의 작업과도 무관하지 않다. 자렛은 언제나 스스로 반대편에 위치한다. 그는 이의를 제기하고, 회의하며, 말해지거나 행해지거나 주장되는 모든 것을 의심한다. 물론 대부분의 경우 그런 태도에서 그는 객관적으로 틀리지 않다. 다만 수사적 논쟁의 국면에서조차 이렇게 끊임없이 전선을 치는 것이 과연 현명한 일인지, 그래서 그것이 옳은 일인지는 전혀 다른 문제다.

그러나 만약 키스 자렛이 '예스맨'이었다면 그의 예술은 지금과는 전혀 다른 모습이었을 것이며, 결코 이토록 매혹적이지도 않았을 것이다. 자렛의 연주 속으로 진부한 요소들이 스며들 때 그가 종종 자기비판적 절제를 사용하지 않는다는 점은 충분히 지적될 수 있다. 하지만 이 겉보기의 관용 뒤에도(그리고 이것은 궤변이 아니다) 우리는 하나의 '아니오'가 존재하고 있음을 감지하게 된다. 즉, 아방가르드의 교조적 인사들이 주장해온 아름다움, 파토스, 낭만적·감상적 표현에 대한 일반적인 경멸에 대한 '아니오'다.

자렛의 첫 번째 공식적인 '아니오'는 아마도 1961년 스탠 켄턴 서머 캠프에서였을 것이다. 그는 자신의 작품 〈Carbon Deposit〉을 판매하라는 제안을 거부했다. 당시 그는 분명히 그 돈이 필요했을 것이고, 경험 많은 디렉터의 지도 아래서라면 열여섯 살 소년의 이 작품은 어느 정도 주목을 받았을지도 모른다. 어쩌면 자렛의 경력에 작은 도약이 되었을 가능성도 있다. 그러나 재정적 고려는 자렛의 음악 인생에서 단 한 번도 중요한 요소였던 적이 없었던 듯하다.

더 나아가 위의 사례에서도 드러나듯 그의 자기비판적 자기평가
는 언제나 인정받고자 하는 욕구보다 강했다. 이 사건 직후, 보스
턴의 버클리 음악대학 장학금을 받고 입학한 학생 자렛의 창의적
개방성은 놀랄 만큼 협소한 사고방식을 지닌 음악원 교수진의 원
칙들과 충돌하게 된다.

그가 즉각적으로 실행하지는 않았지만 혐오감을 숨기지도 않았
던 하나의 '아니오'가 있었다. 그것은 마일스 데이비스 밴드의 일
원으로 활동하던 시기였다. 바로 데이비스가 돌이킬 수 없이 전자
음악의 길로 접어들어, 자렛에게 전자 오르간과 전자 피아노 앞에
앉으라고 명령하던 때였다. 이 협업이 불과 1년 반 만에 끝난 것
은, 상당 부분 전자 키보드에 대한 자렛의 점점 심해지는 알레르기
때문이었다. 실제로 그는 이후 다시는 이런 악기들에 조금의 관심
도 보이지 않았고, 당연히 자신의 음악으로 그들을 '존중'한 적도
없었다.

그 다음의 반대는 더 심각한 것이었다. 그것은 타인을 향한 것
이 아니라, 자기 자신을 향한 것이었기 때문이다. 즉 그때까지
는 주어진 소재의 자발적 변주, 혹은 '헤드 어레인지먼트'로 정의
되어 왔던 즉흥연주라는 개념 자체에 대한 반대였다. 《Bremen/
Lausanne》 라이브 음반과 함께, '자유 연주' 개념이 세상에 등장
했다. 도구는 있으되 소재는 없는 즉흥, 윤곽 없는 순수한 피아노
솔로 즉흥연주, 오직 그 순간의 영감에서만 생성되는 음악이었다.

그것은 즉흥연주의 혁명이었지만, 동시에 이미 재즈 음악가로서
솔리스트가 안고 있던 난점을 한층 더 증폭시키는 일련의 문제들
을 동반했다. 이러한 얽힘은 아마도 1975년, 쾰른 오페라하우스에

서의 연주를 위해 마주한 피아노 앞에서 자렛에게 처음으로 분명해졌을 것이다. 알프레트 브렌델에서 랑랑에 이르기까지, 어떤 클래식 피아니스트라도 이런 상황이었다면 주최 측의 비전문성을 이유로 즉각 모든 계약을 취소했을 것이다. 합창 리허설에 쓰이던 낡은 베이비 그랜드 피아노가 무대 위로 옮겨졌다는 사실 자체가 당시 클래식 음악계 전반에 퍼져 있던 재즈 음악가들에 대한 일종의 편협함을 드러낸다. 숙련된 무대 기술자라면, 그리고리 소콜로프나 마르타 아르헤리치의 연주를 위해 이런 피아노를 무대에 올리라는 말을 들었을 때, 머릿속에서 즉시 경보 사이렌이 울렸을 것이다. 적어도 자렛이 클래식 음악의 훌륭한 해석자로서 명성을 쌓아가면서, 이런 환경에 대해서는 곧 긍정적인 변화가 일어나게 된다.

솔로 즉흥연주자로서의 자렛의 작업에서는 다시 한번 '반대자'의 역할을 요구하는 새로운 문제들이 등장했다. 예측 불가능하고 사전 준비가 불가능한 자유 독주 공연을 수행하기 위해 요구되는 극도의 집중력은, 전통적인 재즈 콘서트의 한층 느슨한 분위기에 익숙한 청중의 태도와 곧 충돌하게 되었다. 어쩌면 이런 청중들은 진지한 콘서트 피아니스트가 연주하는 음악을 듣기보다는, 하나의 컬트적 인물을 '체험'하는 데 더 관심이 있었는지도 모른다. 그 결과 자렛이 요구한 완전한 침묵은 곧바로 팝 디바식 히스테리로 오해되었다. 더 나아가 1990년대의 젊은이들은 눈에 보이는 모든 것을 휴대전화로 촬영하는 짜증스러운 습관을 갖기 시작했고, 그 와중에 자렛은 끊임없이 새롭고 영감 넘치는 콘서트 경험을 창조하려 애쓰고 있었다. 이렇게 서로 다른 기대는 화해할 수 없는 거부의 의례로 굳어졌다. 키스 자렛이 더 많은 집중을 요구할수록 그의 관객들은 더 강하게 반발했고, 무대의 양쪽에서 과잉 반응이 벌어졌다. 자렛은 아주 미세한 헛기침조차 예술적 방해 행위로 받아들였고, 그의 청중들 역시 때로는 충분히 이해할 만하게도 끝없는 꾸중에 지쳐갔다. 연주는 연주자 스스로의 설득력만으로 청중의 주의를 끌어야 하며, 연주자가 이를 강요해서는 안 된다는 주장에도 일정한 설득력이 있다. 다음에 제시될 두 가지 극단적인 사례에서, 예술가와 청중 사이의 이러한 대립이 어떻게 독자적인 생명을 갖게 되었는지를 확인할 수 있다.

첫 장면은 2006년 11월 3일, 파리의 살 플레엘에서 열린 키스 자렛의 솔로 콘서트다. 연주자는 검은 옷을 입고 무대에 등장하고, 사방에서 터지는 우레 같은 박수와 함께 카메라 플래시가 번쩍인다. 그는 피아노 앞에 앉아 잠시 기다린 뒤 연주를 시작하지만, 플래시는 멈추지 않는다. 자렛은 연주를 중단하고, 이런 상황에서는 도저히 집중할 수 없다며 정중하게 사진 촬영을 멈춰 달라고 관객에게 요청한다. 다시 연주를 시작하지만, 곧 플래시가 또 터진다. 그는 다시 연주를 멈추고 자리에서 일어나 무대 가장자리로 걸어가 이렇게 말한다. "지금은 사진을 찍어도 됩니다. 하지만 그 다음엔 멈춰 주세요." 잠시 휴대전화는 조용해진다. 자렛은 다시 피아노로 돌아가 연주를 재개하지만, 첫 음이 울리자마자 또다시 플래시가 터진다. 결국 그는 무대를 떠나 사라진다. 5분 동안 고함, 박수, 발 구르기가 이어지고, 이 상황이 어떻게 끝날지 아무도 모른다.

키스 자렛이 다시 무대로 돌아왔을 때, 그는 열광적인 환호를 받으며 콘서트를 다시 시작한다. 플래시는 한동안 계속되다가 점점 줄어들고, 마침내 완전히 사라진다. 분위기는 가라앉고, 자렛은 반짝이는 아이디어로 가득 찬 매혹적인 연주를 펼친다. 피아노는 홀 안의 관객들과 함께 흥분으로 떨리는 듯하고, 관객들은 그의 연주에 분명히 만족하며 수많은 앙코르가 끝날 때까지 콘서트를 즐긴다. 공연 후 자렛의 기분은 매우 좋다. 관객에 대한 질문을 받자 그는 이런 일도 일어날 수 있다는 듯이 그저 어깨를 으쓱할 뿐이다.

　장면 전환, 이번에는 2007년 10월 21일, 프랑크푸르트의 알테 오퍼다. 키스 자렛이 독일에서 솔로 콘서트를 여는 것은 15년 만의 일이다. 2,400석 규모의 이 공연장은 콘서트가 공식 발표된 지 불과 사흘 만에 완판되었다. 자렛이 무대에 오르자 우레 같은 박수가 터지고, 곧 완벽한 침묵이 뒤따른다. 이곳의 관객은 예술가의 요구를 이해하고 있다. 아무도 감히 기침을 하지 못하고, 숨 쉬는 것조차 위험해 보인다. 휴대전화는 어디에도 보이지 않는다. 좌측 발코니에 있던 한 노인이 어지럼증을 느끼고, 동행인이 도우려 애쓰다가 마침내 상황을 수습한다. 그러자 공연장 다른 쪽에서 기침 소리가 하나 들리고, 이어 또 하나가 들린다. 키스 자렛은 분명히 동요한 모습으로, 집중하기가 얼마나 어려운지, 자신은 기침하지 않는데 왜 자제력을 발휘하는 것이 그렇게 힘든지에 대해 장황한 독백을 시작한다. 그리고는 연주를 중단하고 무대를 떠난다. 다시 돌아온 그는 음악적 아리아드네의 실을 찾듯, 오스티나토를 붙잡고 간신히 안정된 지점으로 돌아온다. 휴식 후 극도로 집중한 자렛은 자신의 사운드스케이프를 방해하는 어떤 것도 용납하지 않겠다는 결심으로 다시 무대에 오른다. 다른 많은 경우와 마찬가지로, 이 훌륭하지만 탁월하다고까지는 할 수 없는 콘서트 역시 녹음되었다.

과연 발매될까? 가령 《The Frankfurt Concert》라는 제목으로?
큰 반향을 일으킬 수 있을까? 만프레트 아이허는 회의적이다. 그리
고 이 문제에 관해서라면, 그가 가장 잘 아는 인물이다. CD로 나올
가능성은 파리에서의 그 사건 쪽이 훨씬 크다.

이와 비슷한 사례는 수없이 많다. 하지만 이 두 가지 예만으로도
기대가 서로 어긋날 때 어떤 일이 벌어질 수 있는지는 충분히 보
여 준다. 동시에, 키스 자렛이 어느새 빠져들고 만 딜레마를 이해
하는 데에도 도움이 된다. 파리 관객의 무감각한 행동에 대해 그가
보인 부정적 반응은 충분히 이해할 수 있지만, 프랑크푸르트에서
드러난 그의 훈장 같은 고압적 태도를 변호하기란 그만큼 어렵다.
이 지점에서 무언가가 심각하게 잘못되었다는 느낌이 든다. 더 나
아가, 아이디어의 고갈을 감추기 위해서, 혹은 최소한 스스로에게
다시 한번 기회를 주기 위해, 자렛이 관객의 아주 사소한 경솔함을
기다리며 시간을 끌고 있는 것은 아닐까 하는 음산한 의심마저 고
개를 든다.

이러한 과잉 반응은 깊은 감정에서 비롯되며, 그 안에는 사회적,
문화적 차별 속에서 축적된 감정도 포함되어 있다. 전통적으로 콘
서트 피아니스트들은 기침 몇 번쯤은 감수해야 하지만, 연주 중 사
진 촬영을 견뎌야 하는 경우는 거의 없다. 말할 것도 없이, 베토벤
소나타 연주 중 사진 촬영은 상상조차 할 수 없는 일이다. 사진 촬
영에 공격적으로 반응하는 재즈 연주자들은 대체로 두 부류 가운데
하나에 속한다. 하나는 재즈의 높은 예술적 가치를 적극적으로 옹
호하는 이들이고, 다른 하나는 재즈가 자신들의 문화의 일부인 만
큼 유럽 음악과 동일한 존중을 받아야 한다고 느끼는 이들이다. 이

두 입장은 모두 이해할 수 있지만, 동시에 어딘가 아쉬움을 남긴다. 수십 년 동안 재즈 연주자들은 재즈가 독자적인 예술 현상이며, 그 나름의 규칙에 따라 작동하는 음악임을 강조해 왔다. 그렇게 본다면 재즈는 관객의 한층 즉흥적인 참여를 허용할 수도 있을 것이다. 예컨대 즉석에서 이루어진 즉흥연주가 끝난 직후 박수를 치는 것처럼 말이다. 이는 베토벤 연주처럼 곡이 끝난 뒤에만 절제된 박수를 보내는 방식과는 다르다. 자신의 음악을 "보편적 민속 음악"이나 "민족적 포크 댄스 음악"이라 불러 놓고, 정작 '사람들'이 춤을 추기 시작한다고 해서 놀라는 것은 앞뒤가 맞지 않는 일이다.

설령 이러한 관객을 향한 간헐적인 폭언들이 하나의 의례가 되어 청중 스스로가 이를 예상하거나 심지어 유도하게 되었다 하더라도, 그것들은 주변적 현상에 불과하다. 더 중요한 것은 키스 자렛이 평생에 걸쳐 싸워 온 대상들이다. 그는 음악적 유행과 단명하는 패션, 그리고 뉴욕 링컨센터 재즈의 예술감독이자 음악적 교도관을 자처해 온 윈턴 마살리스 같은 인물들과 맞서 싸워 왔다. 마살리스는 1960년대 말 이후 재즈에 스며든 모든 '외부적 영향'을 타락으로 규정하며, 사실상 금욕의 규율을 수십 년간 설파해 왔다. 마일스 데이비스는 이미 이와 같은 마살리스의 성향을 간파하고 있었다. 그는 마살리스가 스물한 살 무렵 이미 전통의 올가미에 포획되었으며, 이후로는 결코 그 굴레에서 벗어나지 못했다고 느꼈다. 그리고 키스 자렛이 훗날 덧붙였듯, 그 판단은 끝내 바뀌지 않았다. 마살리스가 전파하는 이른바 진정한 재즈, 즉 스윙, 기능화성, 엇박, 변조 위의 즉흥연주는 그가 묘사하는 방식으로는 실제로 존재한 적이 없다. 듀크 앨링턴이 태어났던 1899년에 이미 쇼팽식 패러프레이즈와 당김음이 가미된 행진곡을 혼합한 래그타임을 작곡하던 유비 블레이크에서부터, 지미 헨드릭스, 카를하인츠 슈톡하우젠, 자코모 푸치니의 영향을 동시에 받은 마일스 데이비스, 블루스 화성보다 전자음을 더 탐닉했던 허비 행콕에 이르기까지, 약백 년에 달하는 재즈의 역사는 비교적 명확히 규정 가능한 재즈 요소들과 무한히 다양한 음향 개념들이 끊임없이 교차해 온 역사였다. 키스 자렛만큼 이 사실을 잘 아는 사람도 없겠지만, '순수 재즈'란 교조주의자들이 좇아온 하나의 환영에 불과했다.

그러나 키스 자렛의 비스듬한 성격을 가장 분명하게 정의하는 것은 무엇보다도 그의 피아노 연주 방식이다. 그것은 전통적인 연주 규칙을 모조리 거스른다. 그의 음악은 피아노를 동반자라기보다는 오히려 정복해야 할 적으로 대하는 것처럼 들린다. 책략과 속임수, 춤추듯 회피하는 몸짓, 때로는 노골적인 힘을 통해 길들여야 할 대상인 것이다. 하지만 그보다 더 자주 그는 자신을 악기 안으로 밀어 넣어 피아노와 하나로 융합되는 방식을 택한다. 차라리 '마법적인 순간'이라 부르고 싶어지는 지점인 이 음악의 가장 뛰어난 순간들의 경계는 사라지고, 건반과 손가락은 하나가 되며 형식적으로 응축되고 군더더기 없는 음악이 탄생한다. 자렛의 음악 실천에 깃든 이러한 신체성, 그리고 소리 속에 몸을 담그고 검은 피아노 속으로 기어들어가듯 연주하며 무엇보다도 피아노와 대위법적으로 노래하는 그의 과시적인 허밍까지 포함한 육체적 몸짓의 음악성은, 관객을 매혹시키는 동시에 음악 그 자체에도 영향을 미친다.

이러한 '안무'는 거의 불가능해 보이는 결과들까지 낳았다. 자렛의 즉흥연주 속 어떤 순간들에서는 피아노 건반 위에서 비브라토가 발생하는 것처럼 보이기까지 한다. 피아니스트들은 언제나 페달 효과나 레가토를 통해 상대적으로 경직된 피아노 음색을 넘어 보려 애써 왔지만, 키스 자렛은 마치 스트라디바리우스를 다루듯 손가락으로 건반에 비브라토를 건다. 그리고 바로 그 손가락의 떨림 속에서 음들은 분해되고, 이선에는 존재하지 않았던 색재와 온기를 획득한다.

키스 자렛은 이제 세계의 콘서트 무대에서 독보적인 존재가 되었다. 그의 영향력은 자신이 몸담은 직업적 주변부를 훨씬 넘어, 분명 재즈의 세계를 훨씬 초과하는 지점까지 미치고 있다.《The Köln Concert》가 처음 발표되었을 때, 작가 헨리 밀러는 깊은 감동을 받아 거의 잊혀졌던 '편지를 쓰는 행위'라는 형식을 되살려, 정제된 언어로 자렛을 찬미했다. 1981년 6월 2일, 키스 자렛의 솔로 공연을 들은 지휘자 세르지우 첼리비다케는 그 마법 같은 음악적 사건의 현장에서 좀처럼 몸을 떼지 못했다. 뮌헨의 여름 밤 속으로 관객들이 모두 사라진 뒤에도, 그는 헤르쿨레스 홀에 남아 자신의 자리를 떠나지 않았다. 음악 취향은 슈베르트의 가곡이나 바그너의 음악극 쪽에 더 기울어 있었지만 독일의 영향력 있는 문학 비평가이자 음악 애호가인 마르셀 라이히-라니츠키 역시 2007년 10월, 동료 음악 비평가들로부터 생생한 이야기를 전해 들었던 그 '피아노 독백'을 직접 경험해 보기 위해 프랑크푸르트의 알테 오퍼를 찾았다. 과연 자신의 경험의 저장고에 추가할 만한 무엇인가가 존재하는지 확인하고 싶었던 것이다. 비록 라이히-라니츠키가 드뷔시나 어쩌면 스크랴빈을 연상시키는 대목들에 더 큰 흥미를 보

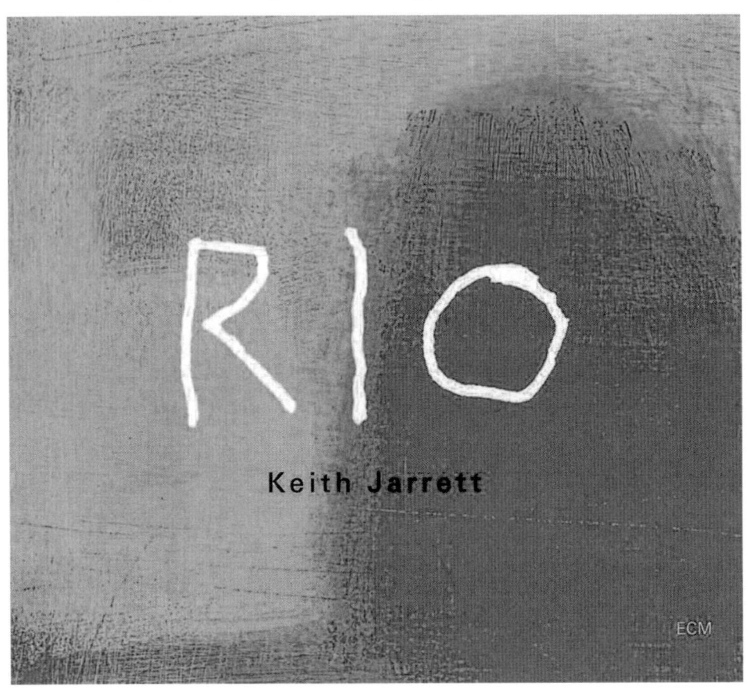

Keith Jarrett – Rio, ECM 2198/99

이긴 했지만, 그 콘서트는 충분히 가치 있는 경험으로 남았다.

이제 키스 자렛은 콘서트홀에서 보기 드문 인물이 되었다. 최근 몇 년간 발표된 음반들은 예외 없이 웅장한 녹음들이었으며, 그의 거의 모든 중요한 편성들을 아울렀다. 두 번째 트리오와 함께한 《Somewhere》, 찰리 헤이든과 듀오로 녹음한 《Last Dance》, 솔로 녹음인 《No End》, 첫 번째 트리오의 《Hamburg '72》, '유러피언 쿼텟'의 《Sleeper》, 그리고 사무엘 바버의 〈피아노 협주곡〉까지. 그러나 이 녹음들은 대부분 아주 오래전인 70년대와 80년대에 이루어진 것들이다. ECM의 음향 보관소에 묵혀두지 않고 즉시 발표된 마지막 음반은 2011년의 라이브 앨범 《Rio》였다. 자유롭게 숨 쉬는 음악, 경쾌한 음향적 몸짓을 담은 이 음반은—자렛 스스로 밝히기도 했지만—그의 새로운 사랑인 일본인 여성 아키코 덕분이었다. 그는 2010년 말 도쿄 트리오 투어에서 그녀를 만났고, 그녀는 이제 그의 아내가 되었다.

《Rio》를 제외하고 보면, 최근 몇 년간 키스 자렛은 뉴저지의 자택에서 예전보다 더 외부 세계와 단절된 채 자신의 삶을 정리하는 듯한 인상을 준다. 아마도 약간의 회한이 섞여 있을지도 모른다. 2011년 말에는 폴 모션이, 2014년 7월에는 오랜 동료이자 절친한 친구였던 찰리 헤이든이 세상을 떠났다. 잭 디조넷은 자신의 앙상블과 투어를 다니는 일이 많아졌고, 게리 피콕은 청력 문제를 겪고 있다는 소문이 돌며 트리오의 종말을 예고하고 있다. 키스 자렛은 아마도 그의 경력에서 중대한 기로에 서 있는 듯 보인다. 물론 그런 적은 예전에도 많았고, 그때마다 그는 음악계를 놀라게 하는 결정을 내리며 새로운 키스 자렛의 모습으로 나타나곤 했다. 지금 암

시되는 이 정리는 어쩌면 중간 결산일지도 모른다. 어쨌든《Rio》
를 통해 쌓아 올릴 토대는 마련되었다. 그리고 또 다른 거장 오넷
콜과의 만남도 남아 있다. 자렛과 콜먼의 뉴욕 공연. 그것은 미래
를 향한 새로운 전망이 될 수 있을 것이다. 두 음악가뿐만 아니라
음악 전체를 위해, 그리고 재즈를 위해서도 말이다. 비록 그때가
되면 그것을 더 이상 재즈라고 부르지 않을지라도.

키스 자렛

Keith Jarrett

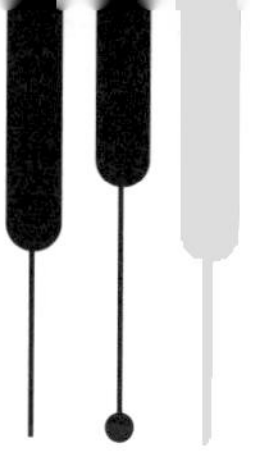

에필로그

그는 작은 은회색 BMW를 몰고 나를 데리러 왔다. 우리는 완만한 언덕 위에 자리 잡고, 울창한 숲으로 둘러싸인 그의 집으로 향했다. 잔디가 끝나는 지점과 자연 그대로의 시골 풍경이 어디서 시작되는지 분간할 수 없었다. 미국의 이런 지역에는 울타리가 없다. 해질 무렵이면 집 뒤쪽의 공터에 사슴들이 모습을 드러낸다. 족제비만큼이나 커 보이는 복슬복슬한 다람쥐들이 현관 위를 뛰어다니고, 키스 자렛은 자연과 문명이 맞닿는 이곳에 가끔 먹이를 찾아들르는 주머니쥐 이야기를 들려주었다.

우리는 목조의 콜로니얼 스타일 주택 안으로 들어갔고, 이미 식사를 준비해 둔 듯한 로즈 앤의 환영을 받았다. 이곳은 매우 고요하다. 원형적이라 할 만큼의 고요함이다. 마치 이 집 자체가 평온의 정신을 간직하고 있는 것처럼 느껴졌다. 저녁 식사 자리에서 키스 자렛은 낮은 목소리로, 방금 샌프란시스코에서의 공연을 마치고 돌아왔다고 담담하게 말했다. 나는 샌프란시스코가 쇠퇴하는 도시처럼 보이지 않느냐고 물었다. 때는 1987년 가을, 북미에서 에이즈가 첫 정점을 찍던 시기였다. "아니요." 그가 답한다. "오히려 아주 활기찬 인상을 받았어요." 나는 그 말에, 어쩌면 그런 도취감이야말로 곧 닥칠 몰락의 가장 강력한 징후일지도 모른다고 말했다. 키스 자렛은 고개를 들고 잠시 침묵했다. 그리고는 그런 생각은 미국인이라면 결코 떠올리지 않을 거라고, 그런 발상은 오직 유럽인에게서만 나올 수 있는 것이라고 말했다.

이윽고 자렛은 집 안을 안내해 줬다. 천장이 낮은 거실은 세월의 무게로 약간 몸을 굽힌 듯 보이는데, 그 안은 따뜻한 기운으로 가득 차 있었다. 아무렇게나 놓인 듯 보이지만 사실은 제자리를 찾은 것 같은 물건들, 창가에 놓인 크고 오래된 나무 테이블, 몇 점의 조각들, 편안한 쿠션 의자들, 벽에 기대어 선 드럼 하나, 그리고 누가 보아도 여러 번 정독한 흔적이 역력한 책들. 그곳에서 우리는 좁은 목재 계단을 따라 위로 혹은 아래로 이동했다.

자렛은 걸음을 멈추고 로즈 앤이 그린 한 점의 그림 앞에 섰다. 분필 가루 같은 희디흰 바탕 위에, 단 한 번의 크고 유려한 붓질로 그어진 검은 선이 있다. 그것은 글자의 일부처럼 보이기도 하고, 일본 서예의 한 단편처럼 보이기도 한다. 이 그림이 발산하는 조화로움, 그리고 이 단순한 장식에 담긴 자연스러운 제스처는 키스 자렛의 예술적 태도 전체를 상징하는 것으로 읽힐 수도 있을 것이다.

동시에 피아니스트 빌 에반스가 떠올랐다. 그가 참여하여 지대한 영향을 끼쳤던 마일스 데이비스의 전설적인 앨범 《Kind of

　　　　　　　　　　　　　　　　　　　키스 자렛

Blue》의 해설지에 썼던 글 말이다. 에반스는 그 앨범의 즉흥연주를 수묵화에 비유했다. 수묵화는 본래 중국에서 시작되어 14세기 불교 승려들이 일본으로 전한 단색 잉크 회화 기법으로, 선(禪)의 예술 가운데 하나로 여겨졌다. 이 예술에서 즉흥성은 절대적인 조건이었다. 화가는 특수한 붓과 검은 먹을 사용해 극도로 얇은 양피지나 화선지 위에 한 줄의 선을 그려야 했다. 그 선은 부자연스러운 움직임이나 멈춤으로 인해 흐트러져서도 안 되고, 종이에 구멍이 나서도 안 되었다. 첫 시도 이후에는 어떤 수정이나 되돌림도 허용되지 않는다. 이러한 예술가들은 외부의 어떤 잡념도 개입하지 못하도록, '손과 직관의 연결을 통한 표현'을 가능하게 하는 엄격한 훈련을 받는다. 이 글은 마치 키스 자렛의 예술적 신조가 그대로 구현된 것처럼 느껴졌다.

키스 자렛은 자신의 작업실을 보여줬다. 이곳은 《Spirits》를 포함해 중요한 녹음들이 이루어진 장소로 그 즉흥연주는 인근 애팔래치아산맥의 새소리만큼이나 자유롭다. 그는 언제나 이런 작업들에 음악에서 극도로 인위적인 것들보다 더 큰 가치를 두어 왔으며, 우연적이고, 규정되지 않고, 미완의 상태로 남아 있는 것, 그리고 말 그대로 경계 없는 것을 항상 우선시해 왔다. 해방되고 자율적인 예술가는 규칙을 만드는 데 시간을 낭비하지 않는다. 더더욱 그것을 따르는 데에는. 예술 작품은 규칙을 따르지 않는다. 오히려 그것은 규칙의 예외로 존재한다.

자렛은 〈평균율 클라비어곡집〉 중 몇 곡을 막 녹음한 참이었다. 바흐는 그와 평생을 함께해 왔다. 감정의 '표현'이 중심이 되었던 베토벤 이후의 시대와 달리, 회화와 시각예술에서 그러했듯 자연

모방이 지배하던 시대의 음악이다.

그날 저녁 우리는 많은 이야기를 나눴다. 음악, 즉흥, 피아노, 그리고 단 하나의 음이 얼마나 큰 효과를 촉발할 수 있는지 같은 사소한 것들까지 말이다. 자렛은 거실의 편안한 소파에 몸을 맡긴 채 낮고 부드러운 목소리로 말했다. 감정을 드러내지 않는 음역을 일부러 택한 것처럼 보이기도 하고, 말이 성대를 타고 흘러나오기 전, 그 생성 과정을 스스로 살피며 내면의 목소리에 귀를 기울이는 듯하기도 하다. 모든 것이 이토록 평온하지만, 동시에 많은 위대한 인물들이 그러하듯 단단히 닫혀 있는 느낌도 있다. 이렇게 그를 바라보고 듣고 있노라면 루트비히 비트겐슈타인의 말이 떠오른다. "모든 위대한 예술 안에는 길들여진 야생 동물이 있다."

이튿날 나는 뉴저지주 옥스퍼드에 있는 그의 집을 떠났다. 늦가을이지만 바깥 공기는 차갑지 않았다. 나무들은 거의 모든 잎을 땅에 떨군 상태였다. 공기에는 갈색 나무껍질과 축축한 흙내가 배어 있는데, 마치 게오르크 트라클의 시 한 편에서 풍겨 나오는 향기 같았다. 이것은 자연인가, 아니면 이미 예술인가? 아니면 그 반대인가? 이러한 경계의 흐릿함은 레프 톨스토이가 루체른을 묘사하며 썼던 글을 떠올리게 한다. 페루초 부소니는 자신의 저서 『음악예술의 새로운 미학 초안』에서 이 글을 인용하며, 음악이 어떻게 모든 건축적, 음향적, 미학적 도그마로부터 스스로를 해방시키고 본래의 본질을 다시 발견할 수 있는지를 보여주는 사례로 들었다. "호수에도, 산에도, 하늘에도 단 하나의 직선, 순수한 색, 혹은 고정된 지점은 없다. 오직 움직임, 불규칙성, 자의성, 다양성, 그림자에서 선으로 끝없이 흐르는 유동만이 있을 뿐이며, 그 안에는 고요, 부드러움, 조화, 그리고 아름다움에 대한 갈망만이 존재한다.”

톨스토이의 이 꿈은 시대와 장르, 영역을 초월해 수많은 위대한 예술가들에 의해 반복되어 왔다. 베토벤과 존 케이지, 라비 샹카르와 헤르만 헤세, 드뷔시와 파울 클레, 프랭크 게리와 칼라 블레이, 머스 커닝햄과 보티첼리, 오귀스트 로댕과 잉마르 베리만, 지미 헨드릭스와 윤이상, 톰 웨이츠와 산도르 페퇴피, 제수알도와 푸치니. 그리고 키스 자렛.

역자의 말

키스 자렛의 음악을 처음으로 접했던 것은 대학 초년생 시절 90년대 말 무렵이었다. 말러나 브루크너 같은 대편성 교향곡에 심취해있던 나에게 당시 한 친구가 《My Song》 앨범을 들려주었고, 담백하고 서정적인 피아노 곡들이 예쁘고 감상적으로 들리기는 했지만 그다지 큰 인상을 받지는 못했다. 그러다 당시 몸담고 있던 한 음악 동호회에서 키스 자렛 감상회에 들렀다가 《The Köln Concert》, 《Facing You》, 그리고 바흐의 평균율 클라비어 곡집의 몇 곡을 처음으로 들을 수 있게 되었다. 그 중 《The Köln Concert》의 물 흐르듯 자연스러운 즉흥 연주와 중저음역대의 반복적인 리듬을 활용한 영성적인 다이내믹은 꽤나 충격적으로 다가왔다. 그 날로 음반점에 들러 ECM에서 나온 그 음반을 집어들고 휴대용 CD 플레이어에서 한참을 들었던 기억이 난다.

이후 클래식 음반 리뷰어를 하던 시절 바흐, 헨델, 쇼스타코비치, 바르톡, 아보 패르트 등 키스 자렛의 다양한 클래식 음반들을 접할 기회가 있었지만 그의 즉흥 연주가 주었던 충격을 능가하지는 못했다. 바흐의 〈Goldberg Variations〉 같은 음반에서는 페달링을 극도로 자제하여 하프시코드 같은 느낌을 내려는 모던 피아니스트의 노력이 돋보이기는 했지만, 이미 시대악기의 흐름이 한국 클래식 음악계에도 많이 보편화 된 상황이었기 때문에 그 당시의 나에게는 새롭게 들리지는 않았다. 물론 키스 자렛의 클래식 음반들이 주로 녹음되었던 80~90년대에 이를 처음 들었다면 꽤나 다른 인상을 받았을 수도 있다.

한국 재즈 음악 팬들에게 키스 자렛은 민감한 무대 매너로 잘 알려져 있었다. 그가 한국을 찾아 열었던 3번의 내한 공연 중 첫 공연과 두 번째 공연을 보러 갔었다. 한국에서 볼 수 있을 것이라 예상하지 못했던 아티스트의 첫 내한 공연이었기 때문에 관객들의 집중도와 환호성도 대단했었다. 다만 그 날 재즈평론가 김현준 선생께서 절대 사진을 찍지 말라며 공연 전에 일부러 무대 앞에 나오셔서 주의를 주었지만, 공연 막바지에 플래시가 한 번 터졌고 다행히 키스 자렛은 연주를 멈추지는 않았다. 다만 곡을 마치고 퇴장하면서 "당신을 저주할거야"라고 외쳤다. 그 날 게리 피콕, 조 디조넷와 함께 했던 무대는 세종문화회관 대극장의 열악한 음향 상태 때문에 많은 부분이 희석되기는 했지만, 〈Body And Soul〉이나 〈When I Fall in Love〉 같은 곡들의 해석이 멋겼을뿐더러 실연으로 처음 보는 키스 자렛 특유의 허밍과 퍼포먼스에 압도되었다. 그는 한국 관객들의 엄청난 환호와 여러 차례 이어진 커튼콜에 "여러분들은 최고의 관객이다. 너무 오랫동안 기다려줘서 고맙다."는 메시지를 남기고 이듬해 솔로 콘서트 형태로 다시 내한 공연을 가졌다.

두 번째의 내한 공연은 솔로 피아노 콘서트였기에 그간 기대했던 그의 즉흥 연주를 유감없이 들을 수 있었던 기회였다. 이 날 그는 마지막 앵콜 곡 〈I Love You Porgy〉 말고는 거의 모든 곡들이 즉흥 연주라고 느꼈을 정도였다. 그만큼 미리 코드 진행을 정하지 않고 그 날의 느낌과 컨디션에 따라 진행되는 즉흥 연주였지만, 그 안에는 블루스나 가스펠 같은 요소의 활용이나 구조적으로 곡을 쌓아올리는 대위법적 구조까지 어렴풋하게 느낄 수 있을 정도로 다양한 모습의 즉흥 연주를 들을 수 있었다.

그의 전기를 번역하면서 키스 자렛의 솔로, 트리오, 콰르텟, 그리고 클래식 음반까지 거의 모든 음반을 연대기 순으로 따라가면서 듣는 경험을 했다. 자발적 고독 속으로 끊임없이 탐닉하면서도 언젠가는 공연장으로 돌아와 관객들과 함께 했던 그의 음악 여정이 고스란히 느껴질 수 있었던 좋은 경험이었다. 현재 뇌졸중을 앓고 있는 그가 다시 건강을 되찾아 우리에게 새로운 음악을 다시 선사해줄 수 있기를 빈다.

키스 자렛

1판 1쇄   2026년 3월 30일
ISBN   979-11-24110-18-8 (03670)

저자   볼프강 잔트너
번역   이정엽
편집   김효진
교정   황진규
제작   재영 P&B
디자인   우주상자
펴낸곳   마르코폴로
등록   제2021-000005호
주소   세종시 다솜1로9
이메일   laissez@gmail.com
페이스북   www.facebook.com/marco.polo.livre